金砖国家新工业革命伙伴关系创新基地研究系列丛书

委托单位／厦门市金砖创新基地建设领导小组办公室

金砖国家新工业革命伙伴关系创新基地发展报告
(2021)

全国经济综合竞争力研究中心福建师范大学分中心

主　编／黄茂兴

REPORT ON INNOVATION CENTER FOR BRICS PARTNERSHIP ON

NEW INDUSTRIAL REVOLUTION(2021)

社会科学文献出版社
SOCIAL SCIENCES ACADEMIC PRESS (CHINA)

编写承担机构

全国经济综合竞争力研究中心福建师范大学分中心

编著人员名单

主　　编　黄茂兴

编写组人员　（按姓氏笔画排列）

王　荧　王珍珍　叶　琪　白　华　李成宇

吴武林　余官胜　张宝英　陈伟雄　陈洪昭

易小丽　周利梅　郑　蔚　郑清英　唐　杰

韩　莹　程俊恒　蔡菲莹

全国经济综合竞争力研究中心
福建师范大学分中心简介

　　2006年1月，由福建师范大学联合国务院发展研究中心、中国社会科学院等单位发起成立全国经济综合竞争力研究中心，同年11月，福建师范大学党委批准设立全国经济综合竞争力研究中心福建师范大学分中心。16年来，在主任李建平教授、副主任李闽榕教授的带领指导下，该研究中心现已形成了一支30多人的紧密型研究团队，成员中96%具有博士学位。该研究中心以"竞争力"为特色研究方向，逐渐形成了省域经济综合竞争力、环境竞争力、国家创新竞争力、低碳经济竞争力等特色研究领域，并以"中国省域竞争力蓝皮书"、"环境竞争力绿皮书"、"G20国家创新竞争力黄皮书"、"世界创新竞争力黄皮书"、"金砖国家黄皮书"、"城市创新竞争力蓝皮书"和"全球环境竞争力绿皮书""七大产品"的形式，接连推出60多部著作，在国内外都产生了积极的反响，已成为在国内外竞争力研究领域有重要影响力的知名智库。

　　该研究中心自2009年开始，连续发布了近10部"G20国家创新竞争力黄皮书"。在此基础上，积极承担金砖前沿课题研究，已出版了《金砖国家峰会概览》《直面2017：金砖国家峰会的热点聚焦》《金砖国家综合创新竞争力发展报告（2017）》《金砖国家综合创新竞争力研究报告（2019）》《金砖国家综合创新竞争力发展报告（2020）》《金砖"增色"：金砖国家科技创新与可持续发展合作》等一系列著作，撰写了40多份金砖战略研究报告，提交给各级部门决策参考，获得多位省部级领导的批示和肯定。值得一提的是，鉴于该研究中心在第九次金砖国家领导人厦门会晤筹备和服务保障工作中的突出表现，福建省委、省政府授予其"厦门会晤筹备和服务保障工作先进集体"，该中心常务副主任黄茂兴教授和兰筱琳博士生均荣获"厦门会晤筹备和服务保障工作先进个人"荣誉称号。

该研究中心科研团队曾入选教育部、人力资源和社会保障部的"全国教育系统先进集体"，财政部支持的"国家科技创新团队"和福建省教育厅支持的"福建省高校科技创新团队"，以及荣获"第九届'福建青年五四奖章集体'""五一先锋岗"等称号。该研究中心党支部曾入选"教育部首批'全国党建工作样板党支部'""首批全国高校'双带头人'教师党支部书记工作室""全省先进基层党组织""福建省高校先进基层党组织"等。2021年6月，该研究中心党支部被中共中央授予"全国先进基层党组织"荣誉称号。

主编简介

　　黄茂兴　1976年生，福建莆田人。现为福建社会科学院党组成员、副院长，福建师范大学经济学院教授、博士生导师。主要从事区域经济、技术经济、国际经济和竞争力问题研究，主持国家、部厅级课题70多项；出版《直面2017：金砖国家峰会的热点聚焦》《金砖"增色"：金砖国家科技创新与可持续发展合作》《金砖国家综合创新竞争力发展报告（2017）》等著作80多部（含合作），在《经济研究》《管理世界》等国内外权威刊物上发表论文220多篇，科研成果荣获近30项省部级奖励。入选"全国文化名家暨'四个一批'人才""国家有突出贡献的中青年专家""百千万人才工程国家级人选""教育部新世纪优秀人才""中国青年五四奖章"提名奖等多项人才奖励计划。享受国务院政府特殊津贴专家。第十三届全国人大代表。

前　言

　　金砖国家是推进全球团结抗疫、守护人类生命健康的重要力量，是维护真正多边主义、捍卫国际公平正义的重要力量，是助力世界经济复苏、促进全球共同发展的重要力量。2020 年 11 月 17 日，中国国家主席习近平在金砖国家领导人第十二次会晤上宣布，中方将在福建省厦门市建立金砖国家新工业革命伙伴关系创新基地（以下简称"金砖创新基地"），开展政策协调、人才培养、项目开发等领域合作。当前，建设新工业革命伙伴关系已成为金砖国家的共识和深化合作的新领域、新亮点、新方向。金砖国家正按照《金砖国家领导人第十二次会晤莫斯科宣言》达成的共识，进一步深化新工业革命伙伴关系，务实推进数字化、工业化、创新等领域合作，共同实现更高质量、更具韧性的发展。

　　2021 年是"金砖国家"概念提出 20 周年，也是金砖合作在政府层面开启以来的第 15 个年头。2021 年 9 月 9 日，中国国家主席习近平在北京以视频方式出席了金砖国家领导人第十三次会晤并发表题为《携手金砖合作应对共同挑战》的重要讲话，指出当前形势下，我们要坚定信念、加强团结，推动金砖务实合作朝着更高质量方向前进，并就此提出 5 点倡议。在新冠肺炎疫情依旧肆虐、世界经济复苏艰难、国际秩序复杂演变的大背景下，习近平主席的讲话为金砖合作坚定信念、加强团结注入了强大动力，为确保金砖合作顺利实现第二个"金色十年"起到了凝心聚力的重要作用。

　　当前，福建省和厦门市正认真落实国家主席习近平发出的在厦门设立"金砖创新基地"的重大倡议，在中联部、工信部、科技部、外交部等部委的大力指导和支持下，秉承"开放包容、合作共赢"的金砖精神，立足"国家所需、厦门所能、金砖国家所愿"，聚焦重点任务，加快实施一系列重大工程，全力建设好金砖创新基地，为金砖创新基地建设开好局、起好步。

鉴于此，受厦门市金砖创新基地建设领导小组办公室委托，全国经济综合竞争力研究中心福建师范大学分中心组织编撰《金砖国家新工业革命伙伴关系创新基地发展报告（2021）》一书，该书分为总报告、分报告、专题报告和附录。其中，总报告深入分析金砖创新基地近一年来的建设进展情况；分报告从政策协调、人才培养合作、产业合作、科技创新合作四个方面介绍了金砖创新基地建设推进情况；专题报告进一步阐述了金砖国家合作发展基础及其全球影响、金砖国家新工业革命伙伴关系概要、金砖创新基地的发展愿景、福建省及厦门市与金砖国家合作情况，努力找寻金砖各国利益契合点、合作增长点、共赢新亮点。

本书着眼于对金砖创新基地阶段性建设成效进行回顾与展望，力图为推动金砖国家务实合作提供分析依据和决策借鉴。2022年，中国将再次担任金砖国家主席国，期待中国为推动金砖国家实现发展目标注入更多动力。我们愿与社会各界携手深化金砖创新基地战略研究、智库合作，为我国积极参与金砖国家新工业革命领域合作提供智慧成果，让金砖合作绽放更加闪亮的光芒！

全国经济综合竞争力研究中心福建师范大学分中心

2021年9月15日

目 录 ⌐⟩

Ⅰ　总报告

Ⅱ　分报告

Ⅲ　专题报告

Ⅳ　附　录

总 报 告

General Report

金砖国家新工业革命伙伴关系
创新基地总体情况

2020 年 11 月 17 日，中国国家主席习近平在金砖国家领导人第十二次会晤上强调，中方愿同各方一道加快建设金砖国家新工业革命伙伴关系，宣布将在福建省厦门市建立金砖国家新工业革命伙伴关系创新基地（以下简称"金砖创新基地"），开展政策协调、人才培养、项目开发等领域合作。自 2020 年 12 月 8 日正式启动金砖创新基地建设后，在相关部委的指导和统筹部署下，福建省和厦门市立足"国家所需、厦门所能、金砖国家所愿"，聚焦政策协调、人才培养和项目开发等重点领域，全力推进金砖创新基地建设，取得了积极进展和明显成效。

一 金砖创新基地的建设背景和意义

（一）建设背景

1. 金砖国家的由来

"金砖四国"（BRICs）这一词最早是由高盛首席经济学家吉姆·奥尼尔

于 2001 年在一份研究报告①中提出的，由巴西（Brazil）、俄罗斯（Russia）、印度（India）和中国（China）四个国家的英文国名开头字母组成，其发音类似英文的"砖块"（brick）。21 世纪初，中国、印度、巴西和俄罗斯四个新兴经济体的经济出现快速增长态势，对全球经济增长格局产生影响。与传统发达国家和发展中国家相比，这四个国家都是人口大国，实行市场化改革，在一些产业上有比较大的优势，比如巴西是资源大国，矿产和农产品极其丰富，有"世界原材料的供应地"之称；俄罗斯的石油和天然气出口规模巨大，被称为"世界加油站"；印度的软件、钢铁和医药业在国际上有很强的竞争力，劳动力资源尤其丰富，素有"世界办公室"之称；中国工业体系非常完善，制造业实力凸显，被称为"世界工厂"。因此，如果四个国家能够发挥各自资源和产业优势进行优势互补，且在经贸领域加强合作的话，则既能够使四国保持经济高速增长，又能够实现在全球市场中的崛起。2003 年，吉姆·奥尼尔在一份题为《与金砖四国一起梦想：通向 2050 之路》②的研究报告中预测，如果保持当前发展趋势，到 2050 年世界经济格局将重新洗牌，"金砖四国"将成为世界经济的重要一极，超越包括英国、法国、意大利、德国在内的西方发达国家，与美国、日本一起跻身全球新的六大经济体。高盛公司的报告把中国、印度、俄罗斯和巴西打造为新兴市场国家的"领头羊"，"金砖四国"开始受到各界广泛关注。

2003 年，巴西总统建议巴西、中国、俄罗斯和印度四国展开对话机制。最开始的对话主要是四国外长在联合国会议或其他国际会议期间的会晤，直到 2007 年美国次贷危机的爆发，各国为了应对危机从美国金融领域到全世界的经济、贸易、投资领域的快速蔓延，"金砖四国"领导人于 2009 年 6 月在俄罗斯叶卡捷琳堡举行首次正式会晤，"金砖四国"合作机制正式启动。2011 年 4 月，金砖国家领导人第三次会晤在中国海南三亚举行，南非

---

① Jim O'Neill, Building Better Global Economic BRICs（Goldman Sachs Global Economics Paper, No. 66, 2001）.

② Jim O'Neill, "Dreaming with BRICs: The Path to 2050", ideas, 30 Oct. 2003, https://ideas. repec. org/h/elg/eechap/3988_1. html.

作为金砖国家新成员国首次参会，此次会晤将"金砖四国"扩大为"金砖五国"，至此，"金砖国家"（BRICS）正式形成。

"金砖五国"具有意义非凡的代表性。作为新兴市场国家，"金砖五国"分处美、欧、亚、非四大洲，地跨南北半球，五个国家的领土面积占世界领土面积 26.46%，人口占世界总人口 41.87%。2020 年，五国经济总量已占到全球的 24.42%，对外贸易总额占全球的 16.98%，10 年间对全球经济增长的贡献超过 50%，成为推动全球经济增长和稳定的重要力量。① "金砖五国"发展模式各异，资源禀赋也有很大的不同，但这给五国加强合作提供了广阔空间，五个国家的市场、资源、技术、资金、劳动力等要素的合作交流，不仅有利于促进本身经济、贸易和金融的快速发展，也将成为世界经济新的增长极，带动全球政治经济多极化发展。

2. 金砖国家合作机制

从 2003 年"金砖四国"对话机制的最早提出，到 2006 年四国外长的首次会晤，再到 2009 年 6 月 16 日四国领导人在俄罗斯叶卡捷琳堡的首次会晤，交流议题从国际金融机构改革、粮食安全、能源安全扩大到应对气候变化以及"金砖四国"未来对话与合作前景等重大问题领域。多年来，金砖国家合作机制不断优化、成熟，合作基础日益夯实，合作领域逐渐拓展，目前已经形成以领导人会晤为引领，以安全事务高级代表会议、外长会晤等部长级会议为支撑，在经贸、财金、科技、农业、文化、教育、卫生、智库、友城等数十个领域开展务实合作的"全方位、多层次、宽领域"的金砖国家合作体系。金砖国家合作机制大致分为四个层级：最高级是每年例行举办的金砖国家领导人会晤，其对整个金砖合作发挥政治和战略引领作用，历届领导人会晤主要讨论两方面的重大问题，一方面是国际金融、国际贸易、粮食安全、环境等全球性问题，另一方面是金砖国家合作机制本身的建设以及成员国合作；第二级是部长级会议和协调人会议，包括安全事务高级代表会议、外长会晤、财长和央行行长会议、贸易部长会议等，这些会议主要是落

---

① 外交部网站，https://www.fmprc.gov.cn/。

实领导人会晤的重要决定，在推进金砖国家务实合作上发挥着重要作用；第三级是企业、反腐败、人口、科技、经贸、文化、农业、司法论坛等高官会议和工作组会议，起到重要的技术支撑作用，其中智库理事会、工商理事会、友好城市暨地方政府合作论坛、智库论坛、工商论坛等合作交流，为金砖国家合作机制的可持续发展发挥智力支持作用；第四级是青年科学家论坛、中小微企业圆桌会议、旅游大会、电影节等各种民间交流活动，其目的在于加深金砖国家民众和社会交流，强化各国合作的社会民意基础，为金砖国家长期合作创造良好环境。

目前，金砖国家合作机制的合作领域不断扩大，合作势头持续上升。在世界经济贸易方面，金砖国家合作机制对五国经济贸易都产生了积极的效果，为促进各国项目合作、工商界分享最佳实践、反映企业诉求、拓展外部空间提供了难得的发展机遇；在世界政治经济方面，由于金砖国家之间存在广泛的共同利益，面对多极化的发展格局，它们需要在重大国际事务中不断加强沟通和协调，为各国应对严峻国际形势、参与国际治理发挥了重要作用。同时，金砖国家合作机制的影响不限于五国本身，已经逐步扩散到世界经济合作的其他角落，进而成为稳定世界经济增长、促进国际关系平衡的主要建设性力量，在全球治理体系中发挥越来越重要的作用。

3. 金砖国家新工业革命伙伴关系

当前，全球面临着技术革命和产业变革的重要战略机遇期。以智能化、网络化、数字化为核心的新工业革命方兴未艾，大数据、人工智能、区块链等前沿技术的研发和应用不断取得突破，各种新产业、新业态、新模式蓬勃发展，各国经济发展生产方式和商业模式需要及时做出调整，以适应新的发展格局。作为新兴经济体的代表，"金砖五国"处于相近的经济发展阶段，有较为相同的发展战略和利益诉求，在产业基础、市场规模、资源禀赋等方面各具优势，互补性很强，并在机械制造、电子信息、资源能源等领域有良好的合作基础。抓住新工业革命发展新机遇，建立新型合作关系，深入开展经贸合作，已成为金砖国家共识。

2015年在俄罗斯莫斯科召开的金砖国家第一届工业部长会议，达成了扩大关键领域产业合作和共同采取行动方面的共识。2017 年在中国杭州召开的金砖国家第二届工业部长会议，制定了在政策协调、基础设施建设、产能合作等七个方面的行动计划。2017 年金砖国家领导人厦门会晤，提出要共同抓住新工业革命机遇，加强各国在产能和产业政策、新型工业基础设施与标准、中小微企业等领域的合作，加速推进金砖国家工业化进程。2018 年金砖国家领导人约翰内斯堡会晤，中国携手南非提出金砖国家新工业革命伙伴关系倡议，旨在深化金砖国家在数字化、工业化、创新、包容增长、投资等领域的合作。为落实领导人会晤成果，全面启动金砖国家新工业革命伙伴关系的运作，伙伴关系咨询组分别于 2018 年 12 月和 2019 年 1 月在南非约翰内斯堡和巴西首都巴西利亚举行了会议，各方确立了以中国提案为基础的新工业革命伙伴关系基本架构，包括目标愿景、组织架构、合作领域和工作计划等。

金砖国家新工业革命伙伴关系的目标愿景是，秉持开放包容、合作共赢的金砖精神，本着共商、共建、共享原则，旨在深化金砖国家在数字化、工业化、创新、包容增长和投资五大领域的合作，推动实现金砖国家合作第二个"金色十年"美好愿景。在组织架构设置方面，成立了由五国工业主管部门牵头及有关部门代表组成的咨询组，负责推进落实金砖国家新工业革命伙伴关系。咨询组主席由金砖轮值主席国官员担任，主席国设立咨询组秘书处，咨询组每年至少召开一次咨询组会议，制定年度工作计划，提交金砖国家工业部长会议和金砖国家领导人会晤方案。

金砖国家新工业革命伙伴关系合作领域主要包括以下五个方面：一是通过圆桌会议、研讨会进行政策对话，分享最佳实践；二是开展高端技术方面的人力资源开发与合作，推动金砖国家产业创新和技术研发；三是分享数字设计与制造、数字经济等领域信息，以及数字化转型的政策、战略、规划和最佳实践，提高金砖国家成员应对新工业革命挑战的能力；四是建立工业科技园、创新中心、科技企业孵化器和企业网络，推动落实金砖国家未来网络研究院、技术转移中心、青年科学家交流计划、青年创新创业人才交流等倡议或项目；五是推动联合实施新工业革命试点示范基础设施项目，发挥工业化进程的更大作用。

金砖国家新工业革命伙伴关系是金砖国家领导人会晤通过的重要倡议，对我国而言，是着眼全局、面向未来，引领金砖国务实合作的重要机制。习近平主席多次强调金砖国家新工业革命伙伴关系的重要性，在 2019 年金砖国家工商论坛闭幕式上，习近平主席发表讲话指出："金砖国家新工业革命伙伴关系是下阶段金砖经济合作的一个重要抓手。要敢于先行先试，将企业合作同新工业革命伙伴关系结合起来，争取在创新、数字经济、绿色经济等领域拿出更多亮眼成果，助力五国经济实现高质量发展。"[1] 建设金砖国家新工业革命伙伴关系不仅是推动金砖国家合作机制发展的重要途径，也将为培育和提升金砖国家的国际竞争力发挥关键作用。

4. 金砖创新基地

2017 年 9 月，金砖国家领导人第九次会晤在厦门成功举办，厦门为会晤的成功召开做了卓有成效的工作，在服务国际合作方面积累了丰富的经验，为更好地加强合作交流奠定了基础。厦门市委、市政府认真贯彻习近平主席"办好一次会、搞活一座城"的重要指示精神，高度重视金砖国家合作机制的发展机遇，努力发挥金砖国家合作机制的长期积极作用。

2020 年 5 月 19 日，厦门市政府与工信部正式签署《共建金砖国家新工业革命伙伴关系创新基地合作协议》，2020 年 5 月 28 日，厦门市工信局与工信部国际经济技术合作中心签订《推进金砖国家新工业革命伙伴关系创新基地建设合作协议》。2020 年 6 月，金砖创新基地成功纳入金砖国家工业部长会议宣言。2020 年 11 月 17 日，习近平主席在金砖国家领导人第十二次会晤上宣布，中方将在福建省厦门市建立金砖创新基地，开展政策协调、人才培养、项目开发等领域合作。金砖创新基地成为金砖国家领导人第十二次会晤成果之一，是以习近平同志为核心的党中央赋予福建省厦门市的光荣使命和重大责任。

---

[1] 赵成、颜欢：《习近平出席金砖国家工商论坛闭幕式并发表讲话》，《人民日报》2019 年 11 月 15 日。

2021 年 9 月 9 日，习近平主席在金砖国家领导人第十三次会晤上发表重要讲话，提到"金砖国家新工业革命伙伴关系厦门创新基地已经正式启用，举办了人才培训、智库研讨会、工业创新大赛，明年还将开展工业互联网与数字制造发展论坛等活动，欢迎金砖国家政府有关部门和工商界积极参与"①，肯定了金砖创新基地前期工作取得的进展，也为金砖创新基地建设进一步走深走实指明了方向。

（二）重大意义

建设金砖创新基地是以习近平同志为核心的党中央着眼全局、面向未来发出的引领金砖国家务实合作的重大倡议，是落实新工业革命伙伴关系的重要抓手，是深化金砖国家务实合作的崭新平台，是推进金砖国家更紧密合作、强化新工业革命伙伴关系的内在要求和重要载体，是习近平主席对福建省以及厦门市的深切关怀和厚望重托。

1. 引领金砖国家务实合作的重要平台

近年来，全球经济增长日趋缓慢，逆全球化形势日益明显，发达经济体金融霸权主义、贸易保护主义逐步抬头，国际经济运行环境面临各种新的风险和挑战。金砖国家在外需持续低迷，加之各成员国内部经济结构性因素、周期性因素和突发性因素等叠加影响下，经济增速出现波动加剧、不稳定、不平衡的情况，金砖国家合作也面临较大的挑战。面对日益复杂的国际政治经济形势，金砖国家各成员国一方面都在积极推出各种改革政策，努力调整经济结构，通过结构性改革和基础设施建设，拉动内需以促进经济增长；另一方面，各国都在努力发挥资源禀赋、市场、技术和人口优势，通过扩大出口抢占国际市场，达到扩大外需提振国内经济的目的，从而在很多领域的合作关系转变为竞争关系，影响了金砖国家开展深层次合作的积极性。建立金砖创新基地，开展政策协调、人才培养、项目开发等领域合作，能够为"金砖五国"的新工业革命伙伴关系创造更大的发展空间和更多的发展条

① 《携手金砖合作 应对共同挑战》，《人民日报》2021 年 9 月 10 日。

件，可以提高政府和企业之间沟通交流的效率，挖掘金砖国家合作的潜力，为金砖国家开展实质性合作提供重要的平台。

2. 落实新工业革命伙伴关系的重要抓手

与传统国际经贸合作关系不同，构建金砖国家新工业革命伙伴关系不仅仅是扩大投资和贸易，其任务旨在深化金砖国家在数字化、工业化、创新、包容增长和投资五大领域的合作。深化和加强这些领域的合作，需要在合作方式和合作模式上有所创新，而建设金砖创新基地，就是落实新工业革命伙伴关系的重要抓手。目前，欧美发达国家在技术储备和技术创新方面仍然引领全球，金砖国家大都处于工业化中后期，技术创新能力与发达国家相比仍然存在较大差距，亟须在新工业革命中加强技术创新与合作，形成新型合作伙伴关系，逐步突破技术封锁和技术壁垒。金砖创新基地的建设，为金砖国家召开会议、科技人才培养和交流、孵化科技企业和项目开发提供平台，推动金砖各国在技术变革和数字化浪潮中加强合作，提升自身创新驱动能力，更好地应对全球技术壁垒和技术封锁。厦门是我国改革开放进程中最早对外开放的城市之一，在改革开放浪潮中，它通过设立台商投资区、保税区，实行计划单列，建设保税港区，实施深化两岸交流合作综合配套改革，开展自贸区改革试验等一系列精彩嬗变，蜕变成高素质、高颜值的现代化、国际化城市，经济建设取得了辉煌成绩，对外开放积累了丰富经验，始终走在时代前列。建设金砖创新基地，是厦门探索金砖国家合作机制新路径的历史使命，也是厦门为金砖国家乃至全球做出新贡献的新起点。

3. 完善全球治理体系的重要途径

当前世界正面临百年未有之大变局，国际政治经济格局正发生深刻变化，传统的全球经济治理体系不能适应新时代新潮流的急剧变化，新兴经济体的快速崛起，需要反映更多的利益诉求，获得更多的话语权，推动国际治理体系不断完善。金砖国家不仅是五个国家的组织，金砖国家合作机制不仅解决五个国家的合作诉求，更代表了其所在地区更多发展中国家的利益。2006 年金砖国家外长首次会晤以来，金砖国家已经发展成为一个全方位、多层次的新兴国家合作平台，每个成员国都是其所属区域的重要经济体，金砖国家的合作带动了其所在区域更多国家的合作，有利于区域经济水平的整体提升。继续完善金砖国家与区域发展互动的"金砖＋"的合作模式，吸引更多发展中国家加入合作机制，建设新工业革命伙伴关系，通过发展数字经济和技术创新，加快新工业革命步伐，推动工业产品和技术成果在全球流动，推动技术进步，弥补数字鸿沟，让更多国家享受技术进步带来的发展红利，引领广大发展中国家拓宽增长空间、创新增长路径、释放增长潜力，这将逐步提高"金砖五国"和发展中国家在国际经济舞台上的地位，完善全球治理体系，促使国际经济更加繁荣发展。

二　金砖创新基地的发展环境

金砖创新基地是党中央、国务院赋予福建和厦门的重大历史使命。在百年变局和世纪疫情叠加的特殊历史时期，金砖创新基地建设既面临重大历史机遇，也面临诸多风险挑战。因此，不仅要科学判断国际国内发展形势的深刻复杂变化，而且要正确把握金砖国家新工业革命伙伴关系走深走实的发展方向，更要持续释放金砖创新基地对福建以及厦门实现更高水平对外开放的推进效应。围绕"国家所需、厦门所能、金砖国家所愿"，充分发挥金砖创新基地对深化金砖国家战略伙伴关系的重要作用，以实际行动为增进金砖国家的民生福祉、推进全球治理体系变革、建设人类命运共同体贡献中国力量。

（一）战略机遇

1. 全球新工业革命的时代机遇

新工业革命是指，以信息技术和互联网技术协同创新和应用为基础，以互联网和制造技术双向融合为动力，推动制造业向信息化、智能化和网络化发展的一次工业技术创新和变革，是工业文明史上继蒸汽机革命和电力技术革命之后的又一次重大突破，是 21 世纪经济增长的主要动力。新工业革命引发的技术—经济范式变革将导致全球价值链、供应链和产业链的分解和重新组合，重塑全球经济形态、发展方式和竞争格局，并有力推动世界经济新旧动能转换。

为抢占新一轮工业革命的制高点，各国纷纷出台积极的产业政策和科技政策，推动新技术和新产业发展。发达工业国家希望通过加快技术突破和先导产业发展强化其竞争优势，已经具备一定工业基础和技术能力的后发国家希望通过这一机会"窗口"实现赶超。以金砖国家为代表的新兴市场国家和发展中国家应抓住这一时代机遇，通过积极和多样化的政策促进新技术和新产业的培育发展，并主张加强对话、深化合作、扩大开放，共同探讨新技术、新业态和新模式，探寻新的增长动能和发展路径，在多边主义原则下构建更加开放的产业生态和创新生态，以实现跨越式发展。

2. 金砖国家共建新工业革命伙伴关系的合作机遇

2009 年 6 月金砖国家领导人在俄罗斯叶卡捷琳堡举行首次会晤以来，金砖国家合作机制不断深化，合作基础日益夯实，合作领域逐渐拓展，已经形成以领导人会晤为引领，以安全事务高级代表会议、外长会晤等部长级会议为支撑，在经贸、财金、科技、农业、文化、教育、卫生、智库、友城等数十个领域开展务实合作的多层次架构。金砖国家国力不断增强，并成为促进世界经济增长、完善全球治理的建设性力量。

2018 年，习近平主席在南非约翰内斯堡举行的金砖国家工商论坛上提出"共同建设金砖国家新工业革命伙伴关系，加强宏观经济政策协调，促进创新和工业化合作，联手加快经济新旧动能转换和转型升级"① 的重要倡议。《金砖国家领导人第十次会晤约翰内斯堡宣言》中明确提出"新工业革命伙伴关系旨在深化金砖国家在数字化、工业化、创新、包容、投资等领域合作，最大程度把握第四次工业革命带来的机遇，应对相关挑战"，并宣布"启动新工业革命伙伴关系的全面运作"。建设金砖国家新工业革命伙伴关系是提升金砖国家合作水平和层次，推动各国在经贸财经、政治安全、人文交流等领域合作不断走深走实的重要举措，也是维护全球稳定、共同安全和

---

① 《习近平：顺应时代潮流 实现共同发展》，《人民日报》2018 年 7 月 26 日。

创新增长的关键力量。金砖国家应抓住共建新工业革命伙伴关系的合作机遇，加强宏观政策协调和发展战略对接，发挥产业结构和资源禀赋互补优势，培育利益共享的价值链和大市场，以开放包容的合作理念加强与其他新兴市场国家和发展中国家的合作和对话，推进全球发展版图向着更加全面均衡、坚实稳固的方向发展。

3. 中国与其他金砖国家加强新工业革命伙伴关系的发展机遇

金砖国家合作机制不断走深走实的 10 年，也是中国全面推进改革开放、经济社会实现快速发展的 10 年。作为世界上最大的发展中国家，中国不断发展自身、融入世界，成功开辟了中国特色社会主义道路，并为世界和地区经济发展做出重要贡献，成为世界和平的维护者、国际安全秩序的建设者。中国积极投身智能制造、"互联网＋"、数字经济、共享经济等创新发展浪潮，加快新旧动能转换，通过深化改革打破制约经济发展的体制机制障碍，激发市场和社会活力，实现更高质量、更具韧性、更可持续的增长。

面对地缘政治热点此起彼伏、单边主义和保护主义愈演愈烈、恐怖主义和武装冲突相互交织，中国坚定不移走和平发展道路，深入贯彻创新、协调、绿色、开放、共享的发展理念，不断适应、把握、引领经济发展新常态，推进供给侧结构性改革，加快构建开放型经济新体制，以创新引领经济发展。中国真诚地与其他金砖国家共建新工业革命伙伴关系，联手营造有利发展环境，共同构建相互依存、彼此融合的利益共同体，引导经济全球化实现包容、普惠的再平衡，推动形成更加公正合理的国际经济新秩序。

4. 福建以及厦门实现更高水平对外开放的政策机遇

福建北临长三角，南接粤港澳大湾区，西接广阔内陆，东与台湾隔海相望，具有得天独厚的区位优势和高效便捷的交通网络。近年来，福建充分发挥多区叠加优势，加快"21 世纪海上丝绸之路核心区"建设，积极实施新一轮高水平对外开放，通过体制机制创新，积蓄发展动能，增强发展活力，不断向着"机制活、产业优、百姓富、生态美"的方向前进。厦门经济特区成立 40 余年来，立足"成为改革开放的重要窗口、试验平台、开拓者和实干家"的战略定位，发力产业转型升级、城市转型发展、营商环境优化、社会治理创新等多个领域，从地处海防前线的海岛小城华丽蜕变为高素质、高颜值的现代化、国际化城市。

建设金砖创新基地，开展政策协调、人才培养、项目开放等领域的合作，既是福建和厦门肩负的重大历史使命，也是纵深推进福建以及厦门实现更高水平对外开放的重大机遇。这是福建建设更高水平开放型经济新体制、推动共建"一带一路"高质量发展、构建面向全球的高标准自由贸易区网络的重要抓手；这是厦门对接国际投资贸易规则体系，在更高水平上融入国内国际双循环，加快优质资源集聚和创新赋能、强化中心城市辐射引领作用、打造都市圈高质量发展样本的重要机会。

（二）面临的挑战

1. 世界经济形势面临不确定性

当前，逆全球化思潮高涨、逆全球化行为此起彼伏，给世界经济实现强劲、可持续、平衡包容增长带来不确定影响。一方面，世界经济增长乏力，经济全球化发展的良好环境缺失。2008 年全球金融危机爆发以来，全球经济下行风险持续加剧，新旧增长动能尚未有效接续，主要经济体加速增长的潜力有限。2012 年以来，全球贸易保护主义措施持续增加，2018 年以来，中美两国贸易争端的陡然升级，造成市场信心受挫、股市大幅震荡、大宗商品价格波动加剧，全球经济前景面临巨大不确定性。另一方面，新冠肺炎疫情加剧全球经济不确定性。疫情使全球供给和需求骤然收缩，全球经济大面积"停摆"，主要经济体面临严峻考验。疫情冲击的持续时间和强度的不确定性将加大世界经济复苏的难度。随着多国疫情防控隔离措施收紧，全球产业链、供应链断裂风险将加大。主要经济体为应对疫情冲击推出空前规模的财政政策和货币政策，债务水平突破历史高位，可能为后期的金融风险埋下隐患。

2. 全球经济治理改革滞后

全球金融危机发生后，国际贸易环境日趋复杂，贸易保护主义升温，国家间的贸易争端增多。全球性问题的日益增多和尖锐化暴露了二战后由发达国家主导的全球经济治理体系的改革明显滞后，有效性、包容性和安全性不足等问题造成全球公共产品供给不足和全球资源配置扭曲，该体系已难以适应经济全球化持续健康发展的需要。而以金砖国家为代表的新兴经济体的群体性崛起使国际力量对比发生深刻变化。当经济全球化进入金融全球化和全球价值链构建的新阶段，新兴经济体既是全球化进程的重要参与者，也在国际贸易规则、国际金融秩序、国际投资规则、国际金融机构架构等议题上积极表达诉求，共同推进全球经济治理体系变革，以推动全球生产要素自由流动、资源高效配置、市场深度融合。但由于新兴经济体在社会形态、经济发展以及外交战略等方面存在显著差异，这给新兴经济体整体参与全球经济治理带来一定的挑战。因此，要弱化利益冲突和意识形态，从战略高度充分认识和积极推进合作，共同应对和防范各类风险，对共同利益事项集体发声达成共识。

3. 金砖国家合作面临的新挑战

金砖国家共同致力于推动世界经济增长、完善全球治理，在金融、贸易、投资、人文交流等领域进行了务实有效的合作。面对错综复杂的国内国际形势，金砖国家合作也面临许多新的挑战。从内部来看，在结构性、周期性和突发性因素的多重叠加下，金砖国家经济增速总体放缓且出现分化，加大了金砖国家经济合作的不稳定性和不确定性，主要表现为：金砖国家为应对国际政治经济新形势调整各自对外经济合作战略规划，因此国家定位与整体战略之间还需要进一步对接；金砖国家对经济合作的利益诉求存在差异，因此既要考虑发挥优势又要兼顾战略协同；金砖国家在有共同利益和需求的议题领域已取得重要进展，但在传统经济合作领域继续取得重大突破的难度也随之加大。从外部来看，一些新的不利因素也在干扰金砖国家的发展和合作进程，主要表现为：新冠肺炎疫情对全球政治、经济、社会造成不可估量的负面影响，也对金砖国家共同落实《2030 年可持续发展议程》带来干扰；当前，全球民粹主义和逆全球化势力的急剧膨胀，国际贸易保护主义、单边主义有所抬头，这给金砖国家共同维护多边主义和自由贸易带来一定冲击。

4. 新工业革命为福建和厦门带来新机遇

新工业革命在转变全球要素配置方式、生产方式、组织模式与人们生活方式的同时，将进一步加剧区域经济的分化。如果抓住机遇，福建将跻身全国经济发展前列，如果不能抓住机遇，福建和厦门将可能面临巨大冲击。从国内市场来看，面对广东、浙江等兄弟省份的竞争，福建传统优势正在逐步减弱，迫切需要转变发展动能，寻找建设先进制造业强省的核心动力，推动由"福建制造"向"福建创造""福建智造"的转变；从国际市场来看，受新冠肺炎疫情和全球经济下行压力加大、保护主义抬头的双重影响，再加上企业用工难、疫情防控难、交通物流难、工厂不能及时开工、订单无法履约、企业不敢接单等多方面问题，福建和厦门在稳外贸、稳外资等方面面临压力和挑战。福建和厦门具有独特的对台优势、港口优势和生态优势，在当前和今后一段时期，要立足优势，充分利用金砖创新基地这一重要平台，以人才为导向、以创新为核心、以产业化为根本，实现更高水平的对外开放和更高质量的发展。

三 金砖创新基地的整体构想

（一）指导思想

以习近平新时代中国特色社会主义思想为指导，深入学习贯彻习近平主席在金砖国家领导人第十次、十一次、十二次、十三次会晤上的重要讲话精神，践行"共同构建人类命运共同体"的倡议，立足新发展阶段、贯彻新发展理念、构建新发展格局，把握改革创新的时代机遇，秉承开放包容、合作共赢的金砖精神，搭建高水平交流对接和创新合作平台，不断激发金砖国家创新合作潜力，开展政策协调、人才培养、项目开发等领域合作，深入推进金砖国家新工业革命伙伴关系，提升共同应对新工业革命挑战的能力，增强福建及厦门的引领、辐射和带动作用，为中国建设制造强国和深入参与全球治理提供有力支撑。

（二）基本原则

1. 开放包容，互利共赢

以金砖创新基地建设为重点，打造高度开放、惠及各方的重要平台，加快培育参与全球竞争的新主体；坚持包容性，求大同存小异，允许金砖各国利益诉求的差别和冲突，逐步夯实新工业革命伙伴关系的基本面和主体性；坚持互惠互利，共同落实、深化金砖国家新工业革命伙伴关系，共同应对全球新形势、新挑战。

2. 统筹协同，优势互补

以推进落实金砖国家新工业革命伙伴关系为主线，加强政策沟通，统筹贸易投资、人文交流等多领域合作；坚持遵循协商一致，联合金砖及"金砖＋"国家政府、企业、智库，共同参与建设金砖创新基地；坚持互学互鉴、互帮互助，充分发挥金砖各国比较优势，共同开展创新和工业化合作，共同分享合作成果。

3. 多元适用，精准培养

面向金砖及"金砖＋"国家的需求，全方位、多层次地培养国际化复合型人才，使推进金砖国家新工业革命伙伴关系与人才培养目标相结合；聚焦新工业革命领域，围绕新产业、新技术、新业态，研究制定务实有效的人才培养合作规划，打造高素质、专业化人才队伍。

4. 创新合作，共同发展

营造高效、畅通的合作环境，推动联合实施一批新工业革命领域示范项目，畅通供应链、产业链、创新链、人才链国际循环通道，促进金砖国家共同实现技术进步、产业转型和经济发展；加强与金砖新开发银行、联合国工业发展组织等其他金砖机构和国际组织的合作，打造创新合作新标杆。

（三）建设目标

1. 近期目标

完成组建金砖创新基地实体机构，进一步夯实金砖及"金砖＋"国家民间基础和社会基础，聚焦新工业革命重点发展方向，开展务实合作，推动金砖国家新工业革命伙伴关系走深走实。

建设金砖创新基地是在新工业革命的背景下提出的，其目的是以实体机构的方式为金砖国家机制化、系统性开展新工业革命领域国际交流与合作搭建互为借力的有效平台，进一步打造参与全球国际合作竞争的新优势，强化金砖国家新工业革命伙伴关系，共同实现国家经济转型和产业升级。因此，要坚持问题导向、科学引领，做好总体部署和顶层设计，加快组建完成金砖创新基地实体机构，统筹推进金砖创新基地建设工作，避免分散化、碎片化。

金砖创新基地的建设并没有成熟的经验可以遵循，因此，如何依托厦门的制度创新、产业配套、区位交通、人文环境等基础条件，将金砖创新基地打造成为金砖各国合作的重要桥梁和纽带，需要大胆探索、先行先试。比如，打造金砖国家科技创新转化和产业协作发展的核心区；推行依托平台、共享成果、对接产业的多层次跨区域合作模式；搭建制度创新共享平台，实现项目、技术和人才共享等。要立足当前、着眼长远，逐步开展新工业革命领域应用示范项目建设，切勿盲目推进、搞粗放式发展，急功近利。要把握好建设金砖创新基地的节奏和力度，既要在金砖创新基地建设的初期给予必要的政策支持，增强启动能力，又要在金砖创新基地建设的中后期保证政策可持续性，增强持续发展动力。

2. 远期目标

打造金砖及"金砖＋"国家新工业革命领域合作的重要国际平台，充分考虑金砖各国技术、标准和规则，促进金砖及"金砖＋"国家的工业发展、贸易和投资合作，并在全球范围内逐步形成新工业革命领域"引力场"，推动全球多边主义发展，引领新一轮全球化进程。

金砖创新基地是金砖国家领导人会晤的共识，旨在引领金砖及"金砖＋"国家在新工业革命领域开展务实合作，推动实现金砖合作第二个"金色十年"。因此，要依托金砖创新基地，建立金砖国家合作的长效机制，不断强化金砖国家在新工业革命领域的合作成效，深化金砖国家新工业革命伙伴关系。但在标准、规则等方面，金砖各国必然会存在冲突。要秉持"平等互利、优势互补"的原则，寻求共同利益诉求，比如寻找金砖国家在谋求经济发展、推动人文交流、参与全球治理等方面的利益交汇点。只有消除金砖国家新工业革命关系中的障碍和协商未达成的共识，保障金砖各国在新工业革命领域的合作中处于平等地位，才能充分调动金砖国家合作的积极性，建立稳定的长期合作关系。

具体来看，金砖创新基地的远期目标应包括三个方面。首先，高标准高水平规划建设好金砖创新基地。在充分尊重金砖国家主权的前提下，与其他金砖国家共同商讨促进和服务金砖国家新工业革命伙伴关系的合作机制、合作规划、合作标准、合作领域、合作路径，提高金砖国家合作意愿，共同抢抓新一轮科技革命机遇。其次，依托金砖创新基地，推进金砖国家更紧密合作，强化新工业革命伙伴关系。比如，发挥金砖各国在数字经济领域的优势，围绕工业4.0、机器人和自动化、人工智能、5G和互联网平台经济方面加快合作，打造金砖国家数字经济发展平台；推动金砖及"金砖+"国家开展联合研究、政策交流以及对话合作；研究制定培训规划，并面向金砖及"金砖+"国家开展培训活动；搭建对接平台，并倡导金砖及"金砖+"国家开展项目开发合作；等等。最后，依托金砖创新基地，推动构建人类命运共同体。金砖创新基地的建设，不但要推动金砖及"金砖+"国家之间开展创新合作，实现金砖国家的共同繁荣发展，更要以全球视野谋划，推动创新，促进全球科学家们相互交流、学习，彼此借鉴、接力传递，共同应对气候变化、疾病瘟疫等全球性问题，推动人类科技进步。

（四）功能定位

1. 将金砖创新基地打造为新工业革命领域合作平台

依托金砖创新基地，最大限度地汇聚国内外新工业革命领域的优势资源，全面支撑金砖国家开展新工业革命伙伴关系下的各项合作，营造一个互利共赢的国际环境；探索"金砖+"的拓展模式，实现金砖及"金砖+"国家的贸易畅通、投资畅通、民心相通，促进金砖各国更紧密合作，共同应对新形势、新挑战；结合"一带一路"合作倡议，将金砖创新基地打造为金砖务实合作的旗舰项目，推进建设制造强国，实现高水平对外开放和全方位高质量发展。

2. 将厦门打造为高水平开放型经济示范区

依托金砖创新基地，继续深化政策创新，推动全方位改革，进一步吸引金砖国家新工业革命领域的技术、人才和资金等资源聚集，并赋能厦门，提升厦门的国际化、现代化水平；强化地方使命担当，充分利用厦门作为2017年金砖国家领导人第九次晤举办地、中国最早设立的经济特区之一、自贸区等的有利基础条件，并进一步向国家争取政策扶持和项目支持，打造金砖创新基地国际化名片，对标高质量发展，引领有国际影响力的示范区建设。

3. 将厦门打造为金砖国家新工业革命示范城市

依托金砖创新基地，充分发挥厦门经济特区政策优势和作为对外开放窗口的作用，尽快打造厦门重点标志性项目，比如中俄数字经济研究中心、金砖未来技能发展与技术创新研究院、金砖未来创新园、厦门金砖新工业能力提升培训基地等，进而推动金砖及"金砖+"国家在环保技术、可再生能源、新能源汽车、航空航天技术、生物医药等领域实现更高层次的合作；将金砖创新基地建设成深化金砖会晤合作的"试验田"，引领新工业革命示范城市建设，在金砖国家中发挥示范引领作用，并形成可复制、可推广的经验。

（五）重点任务

1. 加强金砖国家新工业革命领域政策协调合作

充分发挥金砖各国的协同效应和互补优势，深入开展宏观经济战略对接和产业发展经验分享活动，促进政策沟通，强化正面溢出效应，形成政策和行动合力，促进新旧动能转换和经济结构转型升级。

（1）加强新工业革命领域联合研究

组织金砖及"金砖+"国家大学、研究机构、企业、智库等，就新工业革命领域技术、规则层面政策战略重点问题开展联合研究，以专家报告形式发布相关建议、白皮书或共同文件，为各国制定宏观经济政策战略以及做出相应决策提供参考。

（2）促进政策沟通与交流

组织开展政府层面政策沟通与交流活动，推动各国分享最佳政策和实践，共同探讨面临的问题和挑战，探索研究可行的解决方案，推动各国制定符合新工业革命需求和发展现状的政策、战略和规划，提升金砖及"金砖+"国家在发展理念、发展战略及规则标准等方面"软联通"水平。

（3）深化新工业革命领域对话合作

聚焦新工业革命领域重点、难点、热点问题，深入挖掘各方合作兴趣点，主动设计议题，引领对话进程，广泛增信释疑，推动达成共识，争取在国际社会形成金砖及"金砖+"国家共同声音和共同方案。

2. 促进金砖国家新工业革命领域人才培养合作

在工信部主导下，联合中联部、教育部、科技部等国家部委，发挥我国技术比较优势，建立厦门金砖新工业能力提升培训基地，开展金砖及"金砖+"国家人才培训，联合开展职业素养和技能提升培训，共同培养掌握先进技术、具有国际科技视野的创新型人才和适应新工业革命需求的新技能型人才，为新工业革命伙伴关系建设储备更多优秀人力资源。同时，加强民间交流与合作，互学互鉴，深化民心相通，推动金砖各国人民相互理解、相互尊重、相互信任，为开展金砖务实合作奠定民众基础和社会基础。

（1）制定培训规划

结合金砖及"金砖+"国家比较优势和发展特点，聚焦新产业、新技术、新业态，积极争取中联部、外交部、科技部、教育部、工信部、商务部、国家国际发展合作署等部门培训资源，充分利用福建以及厦门有利条件，协同发挥行业龙头企业优势，研究制定面向金砖及"金砖+"国家政府、高校、企业和研究机构的人才培养合作规划。

（2）开展培训活动

开发针对金砖及"金砖+"国家发展需求的多语种线上线下培训课程，系统建立专业的师资、后勤、保障团队，配备充足的培训硬件及空间资源，机制化组织开展面向金砖及"金砖+"国家的多双边人才培训活动和专家学者交流互访。利用福建以及厦门的大学、企业、科研机构等资源，开展产学研互动等多种形式的交流合作，全方位、多层次开展人才交流培养活动。

（3）创新人才培养合作方式，多元化开展人才培养合作

倡议金砖及"金砖＋"国家共同建立人才专业水平评价机制，遴选、培养新工业革命领域的专业化人才，以服务新产业、新技术、新业态。围绕新工业革命领域，联合金砖国家或其他金砖合作机构，共同举办相关赛事活动，助力培养国际化、未来技术技能人才。

3. 推动金砖国家新工业革命领域项目开发合作

搭建政府与企业、企业与企业交流合作平台，推动技术、标准、产品"引进来""走出去"，畅通供应链、产业链、数据链、人才链国际循环通道，推动联合实施一批新工业革命领域示范项目，以务实合作聚人气、促交流、助发展。

（1）搭建项目对接合作平台

积极推动在伙伴关系框架下建立各方参与的项目开发合作机制。搭建企业及项目对接合作平台，建立持续更新的企业名录和项目库。机制性举办新工业革命企业家论坛和项目对接活动。多维度拓展合作范围，积极开展与发达国家企业项目合作。推动建立金砖国家新工业革命产业创新联盟。加快建设金砖国家科技创新孵化中心，搭建中国—金砖国家工业创新技术转移平台和企业孵化中心。

（2）促进示范项目合作

围绕智能制造、工业互联网、工业设计、软件研发、绿色工业、生物医药等领域，聚焦数字化、网络化、智能化、绿色化，以推进落实2030年碳达峰和2060年碳中和等战略目标为重点，研究提出金砖及"金砖＋"国家新工业革命领域项目开发合作规划，选取条件较为成熟、战略示范意义较大的项目先行开展合作。发挥福建以及厦门的优势，助力新工业革命领域应用示范项目建设。

（3）推动项目资源互补

加强与新开发银行、各国开发银行、商业银行、基金、投资公司等合作交流，为重点项目争取商业性融资服务。加强与国内外新工业革命领域已有机制平台、金砖国家工商理事会、金砖国家女性工商联盟以及

联合国工业发展组织、国际电信联盟、亚太电信组织等国际组织沟通协作，挖掘各方潜力，开展项目合作。推动设立金砖国家新工业革命产业发展基金。

四　金砖创新基地的建设情况

2020 年 12 月 8 日，金砖创新基地启动建设，在中联部、工信部、科技部、外交部等国家部委的指导推动下，在福建省委、省政府的领导下，厦门聚焦重点任务，着眼"两个大局"、牢记"国之大者"，增强使命担当，立足"国家所需、厦门所能、金砖国家所愿"，谋划实施金砖创新基地建设"八个一"工程，重点推进政策协调合作、人才培养合作、项目开发合作等三大任务建设，在此基础上，进一步深化与金砖国家的经贸往来。

（一）实施金砖创新基地建设"八个一"工程

一是编制实施规划。启动金砖创新基地功能产业规划及"金砖创新基地建设三年行动方案"编制，系统谋划金砖创新基地建设重点工作，明确金砖创新基地建设具体实施方向及路径，确保各项建设按照目标有力、有序推进。

二是出台一套政策。厦门出台《关于加快金砖创新基地建设的若干措施》，围绕重点任务推出 26 条措施，鼓励加强与金砖国家在新一代信息技术、新能源、新材料等领域的合作，支持设立金砖创新基地技术转移机构、金砖孵化载体等。同时，厦门市金砖办会同各相关部门梳理汇总向上争取政策项目清单，积极向上对接沟通；中央驻厦金融监管部门联合推出金融支持金砖创新基地 20 条措施；中国（福建）自由贸易试验区厦门片区取得国家外管局支持，以厦航为试点在厦门开展飞机经营性租赁业务。

三是建立一支工作队伍。2021 年 8 月，工信部、科技部、外交部和福建省联合印发《金砖创新基地建设方案》，明确金砖创新基地采用理事会、战略咨询委员会、实体机构三级架构运行机制；2021 年 8 月，福建省委研究同意设立金砖创新基地实体机构，名称为"金砖国家新工业革命伙伴关系创新中心"，主要承担金砖创新基地政策协调、人才培养、项目开发等事务性、辅助性工作；2021 年 9 月 6 日，召开金砖创新基地理事会第一次会议，选举产生理事会组成人员及单位；2021 年 9 月 7 日，工信部、福建省以及厦门市签署《共建金砖创新基地合作协议》，建立部、省、市联动工作机制，金砖创新基地正式揭牌。

四是搭建一个平台。厦门市金砖办正式推出中英文网站和微信公众号，搭建公共信息服务平台，及时发布金砖创新基地建设最新资讯、金砖各国新工业革命领域相关动态及政策信息，为金砖国家企业、机构、高校等参与金砖创新基地建设提供政策咨询、人才培训、项目对接等一站式服务。同时，完成金砖创新基地空间功能规划，明确厦门全域建设金砖创新基地，并以厦门国家火炬高技术产业开发区和中国（福建）自由贸易试验区厦门片区为核心区。

五是建设一套应用场景。在厦门领事馆区大楼建设金砖创新基地展厅，以"砖新协作，智创未来"为主题，以充分翔实的内容，辅以高科技手段循序渐进呈现金砖国家发展历程、解读新工业革命背景及前沿技术、展示金砖创新基地建设情况及远景规划，打造金砖理念传播的平台、金砖国家新工业革命成果展示及体验基地和金砖创新基地建设成果展示平台。建设厦门市金砖创新基地展示厅，首批征集发布 39 个新工业革命领域示范项目，涵盖智慧城市、新型基础设施、车联网先导区和智能制造示范区标杆项目及应用场景。

六是落地一批项目。在 2021 金砖国家新工业革命伙伴关系论坛上签约第二批 28 个金砖合作项目，总投资金额达 134.04 亿元。签约项目所属行业涉及面较广，围绕新工业及相关服务领域展开合作。其中，软件信息类 5 个，技术服务类 7 个，基金类 1 个，物流运输类 2 个，经贸类 7 个，产业服务 5 个，文化产业 1 个。项目业务广泛涉及金砖国家，其中，俄罗斯 19 个，印度 13 个，巴西 16 个，南非 11 个。①

---

① 苏伟珍：《2021 金砖国家新工业革命伙伴关系论坛在厦门举行》，光明网，2021 年 9 月 8 日，https：//difang.gmw.cn/xiamen/2021 - 09 - 08/content_35149631.htm。

七是设立一只基金。对接中国通用技术集团等金砖国家工商理事会中方理事单位，推动设立金砖产业基金，积极引进金融机构总部、头部私募基金管理机构参与基金运营；火炬集团与中信建投合作设立火炬润信科技创新产业投资股权基金，重点支持金砖智能制造基地产业项目。

八是举办一系列活动。2021年4月，举办金砖国家华侨华人创新合作对接会，发挥金砖国家华人华侨作用，积极参与金砖创新基地建设。2021年6月，举办2021金砖国家智库合作国际研讨会，共有来自金砖五国智库及工商界、金融界的260多位代表围绕金砖创新基地建设展开深入探讨，搭建智库交流平台。2021年9月，举办2021金砖国家新工业革命伙伴关系论坛，促进金砖工业创新合作大赛、展览以及金砖国家新工业革命投融资论坛等活动，来自金砖国家政界、学术界、企业界的350余名嘉宾以线上线下方式出席2021金砖国家新工业革命伙伴关系论坛，共同见证金砖创新基地等机构揭牌及金砖合作项目签约。

（二）加强金砖国家新工业革命领域政策协调合作

一是加强政策研究。中联部在厦门举办2021金砖国家智库国际研讨会，来自金砖五国智库及工商界、金融界的260多位代表围绕金砖创新基地建设深入探讨，取得丰硕成果。福建省委政研室设立金砖创新基地建设专项课题，组织专家学者开展专题研究。厦门市金砖办与华侨大学、福建师范大学分别签订智库合作协议，开展"金砖创新基地内涵、模式及建设路径研究"等11项专项课题研究，完成2期《金砖及"金砖+"国家动态资讯》、4期《厦门金砖研究专报》，推动发布"金砖创新基地发展报告蓝皮书"，联合举办3场线上线下学术研讨会和专题讲座。

二是推动政策交流。厦门市金砖办与工信部教育与考试中心联合推动开展面向金砖国家的培训和资格互认；厦门市工信局与中国电子技术标准化研究院等专业机构合作，立项编制《金砖国家标准化研究报告》，推动金砖国家新工业革命领域标准制定及互认；根据2022年将举办"工业互联网和数字制造发展论坛"任务，立项金砖国家工业互联网发展指数、金砖国家数字制造发展指数研究及发布课题；厦门海关与南非德班海关开展通关便利化、智慧海关等政策交流，与俄罗斯开展"经认证经营者"（AEO）互认课题研究；厦门市税务局面向辖区企业印发《中国居民赴金砖国家投资税收指南》。

三是深化新工业革命领域对话合作。连续两年在厦门举办金砖国家新工业革命伙伴关系论坛，通过搭建金砖国家高水平交流对接和创新合作平台，促进项目对接和能力提升，逐步建立起金砖国家重点领域投资和创新合作项目库，不断激发金砖国家创新合作潜力。2020年12月举办的2020金砖国家新工业革命伙伴关系论坛，发布了"促进金砖工业创新合作"项目集、推动了5大合作项目签约、举办了2020促进金砖工业创新合作大赛颁奖仪式和展览展示活动；2021年9月举办的2021金砖国家新工业革命伙伴关系论坛，以"携手创新合作，共促全球产业链供应链稳定畅通"为主题，围绕金砖国家产业链供应链政策规划、新形势下畅通产业链供应链最佳实践、利用新兴技术提升产业链供应链韧性、促进产业链供应链绿色化转型以及加强人才培养合作等议题开展交流研讨。

（三）促进金砖国家新工业革命领域人才培养合作

一是组建培训联盟。以在厦高校为先导、企业逐步加入的模式，组建"厦门金砖新工业能力提升培训基地联盟"，首批授牌厦门大学、华侨大学、厦门技师学院等5所院校加挂"厦门金砖新工业能力提升培训基地"牌子，系统建立专业的师资、保障团队，开发针对金砖国家发展需求的多语种线上线下培训课程，为金砖国家院校和企业搭建人才培训合作交流平台。

二是形成培训体系。厦门市金砖办收集整理形成第一批6个领域（宏观经济政策解读、跨文化交流融合、智慧城市管理、智慧产业、智能制造、通信与互联网）、11个培训项目（约320门课程）的培训方案并对外发布。同时完成线上培训直播平台搭建，建立专业的翻译和保障团队，配备充足的软硬件设施，为开展常态化培训提供保障。

三是举办培训活动。厦门市金砖办围绕"进入中国市场的实用策略""科技园区管理""中国金融科技发展治理与趋势""金砖国家投资中国的相关法律问题"等金砖及"金砖＋"国家关注的议题展开 4 期线上人才培训，参训学员逾万人次，覆盖金砖五国及德国、荷兰、乌克兰、巴基斯坦、哈萨克斯坦、智利等 10 余个国家。厦门市委组织部举办 6 期金砖创新基地干部云课堂和 3 期"千人学堂"专题讲座，参训学员超 14 万人次。海关总署在厦设立的金砖国家培训中心举办南非海关培训班、德班海关能力建设研讨班等多场国际研讨培训活动。

四是创新科技服务。厦门市科技局首创外籍人才专业水平评价机制，首批 4 名来自俄罗斯、印度等金砖国家的外籍人才通过专业技术和技能认定，取得工作居留许可，来自印度的 2 名专家加入厦门市科技特派员服务队伍。

五是推动以赛促训。对接金砖国家工商理事会（中方）技能发展工作组，落地"厦门市金砖未来技能发展与技术创新研究院"，并在厦举办金砖国家技能发展与技术创新大赛，开展金砖国家间的技能开发、培训及技术认证、交流等工作，助力培养国际化、未来技术技能人才。厦门市委组织部、市人社局与火炬管委会等单位联合举办"厦门金砖创新基地人才赛道暨留学人才创新创业大赛"，来自 21 个国家的 104 名留学人员注册报名，共 57 个项目入围决赛。

（四）推动金砖国家新工业革命领域项目开发合作

一是联合搭建新工业革命领域赋能平台。厦门市工信局与中国信息通信研究院共建金砖国家工业能力共享平台等 4 个基础平台，与中国电子技术标准化研究院共建 2 个产业公共服务平台，与工信部产业发展促进中心共建 1 个成果转化平台，有效提升服务金砖国家产业转型升级能力。厦门市科技局与厦门大学、集美区人民政府共建"嘉庚高新技术研究院"，积极引入金砖及"金砖＋"国家创新资源，打造厦门金砖新工业革命技术转移转化平台。厦门火炬高新区管委会建设"金砖＋科技加速器"和 Watson Build 创新中心（金砖专区），服务金砖国家中小企业创新发展。

二是共享数字化发展。厦门市政府与厦门大学、莫斯科大学共同成立中俄数字经济研究中心。厦门大数据有限公司的成立，推动数据资源开发利用，提升面向金砖国家的国际化服务能力。厦门美图科技、梦加网络等企业为金砖国家提供数字生活服务，其中美图科技服务金砖国家用户超 3 亿人，梦加网络推出的《苏丹的游戏》位居俄罗斯游戏市场畅销榜榜首。厦门美亚柏科为俄罗斯、南非等金砖国家提供电子数据取证技术和产品服务，提供网络安全中国治理方案。

三是共促智能化发展。落地建设中国信息通信研究院（东南）创新发展研究中心。培育华为中软创新中心、金蝶云、浪潮云、摩尔元数 4 家工业互联网综合服务平台，以及中小企业公共服务平台等 2 个公共服务平台；建设 1 个以智能制造装备为核心的机器人系统集成解决方案服务超市；征集发布了 46 个制造业转型赋能平台，基本覆盖制造业全链条需求。推动 IBM、微软在厦设立人工智能创新孵化中心，为金砖国家人工智能领域的中小微企业创新创业提供技术支持。DELL、ABB、SAP 等在厦跨国龙头企业为金砖国家提供智能制造技术和产品服务。

四是共谋绿色化发展。加强与金砖国家在节能环保、清洁能源、清洁生产等领域的合作，努力探索绿色发展合作新模式。厦门科华数据、福建龙净、厦门矽创等企业为金砖国家提供绿色节能综合解决方案，广泛服务供电、医疗、水务等行业。

五是共建供应链合作。厦门的建发集团、国贸集团、象屿集团等加强与金砖国家企业产业链供应链合作；厦门互联网公司石头城打造金砖石材产业交易中心，集聚金砖国家石材供应商超 700 家。

（五）深化与金砖国家的经贸往来和交流合作

一是畅通金砖国家互联互通渠道。开拓金砖国家货运包机业务，中国（福建）自由贸易试验区厦门片区管理委员会与澳门长桥航空签署战略协议，将开通厦门至巴西等金砖国家货运包机航线；落地建发股份、厦航以及福建纵腾网络合资设立的商舟物流公司，将开通至金砖国家全货机航线；落地云泰（厦门）航空地面服务有限公司，将开通厦门—俄罗斯客改货航线。2021 年 1～9 月，中欧（厦门）班列中俄线发运 51 列 5124 标箱，进出口货值 12.6 亿元。厦门港与金砖国家港口贸易往来的集装箱班轮航线完成箱量 9.54 万标箱，同比增长 64.98%。① 建设国际互联网专用通道，畅通金砖国家大数据流通管道，服务金砖国家数字化贸易及制造业数字化协同转型，力争 2022 年 6 月完成建设开通服务。

二是搭建金砖国家贸易安全与通关便利化国际合作平台。深入推进中国与南非签署的《中华人民共和国厦门海关与南非共和国德班海关 2020—2021 年关际合作计划》，依托海关总署的金砖国家海关培训中心（厦门），承办南非海关培训班、德班海关能力建设研讨班、世界海关组织（WCO）"单一窗口"专家认证等多场国际研讨交流活动，该中心已成为国际海关交流合作的重要平台。2021 年 9 月，厦门海关与南非海关组织开展线上政策宣讲会等活动，推动双边通关便利化、智慧海关、能力建设和 AEO 培训等方面合作。

三是促进与金砖国家的经贸往来。推动跨境电商发展，建设金砖国家商品服务中心，设置金砖国家商品馆，引导金砖国家优质产品进入我国市场，落地菜鸟跨境电商项目，拓展俄罗斯速卖通市场；支持厦门国贸集团、象屿集团获取原油非国营进口资质，主动深入挖掘、布局金砖合作国家能源供应市场，加大在金砖合作国家的大宗商品供应链布局力度，带动了金砖合作国家在工业原材料、农产品、建筑原材料、纸业等领域的发展，打通厦门、福建乃至周边地域与金砖合作国家在食品加工、基础设施建设、工业制造领域的供需渠道，2021 年福建闽海能源国际贸易有限公司从俄罗斯进口原油 72 万桶，厦门象屿集团在 2021 年上半年实现从金砖国家进出口 7.2 亿美元，同比增长 75%，其中进口增长 65%，出口增长 5 倍；推动厦门火炬高新区与俄罗斯国家科技园、巴西达尔文加速器、巴西帕克科技园区开展园区管理合作、企业双向投资等交流。对接南非 2 家当地酒企，引进 2 个南非葡萄酒品牌，帮助南非酒商开拓进入中国市场的便捷渠道，推动南非成为厦门从金

---

① 数据来自 2021 年 10 月 20 日厦门市金砖办的《2021 年工作总结及 2022 年工作计划》，该文件为内部资料。

砖合作国家进口酒的主要来源国，2021 年上半年厦门口岸从南非进口酒类 60.8 万升，同比增长 770.6%，进口额 1404.9 万元，同比增长 874.7%，从南非进口酒贸易量占当年厦门口岸从金砖合作国家进口酒贸易总量 82.3%，贸易总额 90.8%。据统计，2021 年 1～6 月，厦门港与金砖国家港口贸易往来的集装箱班轮航线完成箱量同比增长 64.98%；金砖国家在厦门新设立企业 12 个，同比增长 200%；合同外资 535 万元，同比增长 21.04%；截至 2021 年 8 月，金砖国家在厦投资项目 106 个，合同外资 3.44 亿元;[1] 截至 2021 年 9 月，厦门与金砖国家进出口总额达 72.64 亿美元，同比增长 32.6%。[2]

---

① 数据来自 2021 年 8 月厦门市金砖办的《关于金砖创新基地建设进展情况的汇报》。
② 《创新务实 打造金砖合作"厦门样板"》，《厦门日报》2021 年 11 月 17 日。

分　报　告

Topical Reports

金砖国家新工业革命伙伴关系
创新基地的政策协调

2020年，习近平主席在金砖国家领导人第十二次会晤上宣布，在中国厦门建立金砖国家新工业革命伙伴关系创新基地（以下简称"金砖创新基地"），这是落实第十次会晤所提出的金砖国家新工业革命伙伴关系的重大举措。近年来，随着金砖国家实力不断增强，彼此联系与合作也日益加深，为了满足新工业革命发展需要，金砖国家要加强政策的交流互鉴，拓展交流议题、范围和内容，释放互补优势和协同效应，努力把金砖创新基地打造成为高度开放、惠及各方的重要平台，增强金砖国家的国际竞争力。本报告从四个角度分析了金砖国家在政策协调领域的合作需求，根据金砖国家政策协调机制的发展历程，归纳总结了该机制的内容，并利用金砖国家的产出波动数据对协调机制的效果进行了评价，最后提出了新工业革命背景下金砖创新基地政策协调机制发展的要求和方向。

一　金砖国家在政策协调领域的合作需求

"金砖国家"最初由巴西、俄罗斯、印度、中国四个新兴市场国家组成，2010 年 12 月，南非加入金砖国家。至此，这一机制覆盖了亚洲、欧洲、美洲、非洲等世界主要大洲，代表性明显增强，对世界的影响力进一步扩大。金砖国家政策协调主要是指金砖国家就财政货币政策、贸易投资政策、结构性改革政策等经济政策进行磋商和协调，对政策目标、政策工具、政策实施路径形成某种承诺和约束，实行某种共同或趋同的宏观经济政策和调控方式，共同抵御内外部冲击，并推动自身经济和世界经济平稳发展。具体合作需求表现如下。

（一）共同应对全球不确定风险

国际金融危机的发生，使金砖国家认识到加强宏观政策协调、共同抵御外部风险的重要性。为了应对金融危机，2009 年 6 月，"金砖四国"领导人在俄罗斯举行首次正式会晤，从此金砖国家政策协调机制正式开启，金砖各国通过采取稳健的经济政策，保持了较高速度的经济增长。可见，金砖国家政策协调机制最初起源于积极应对全球危机，保持经济稳定快速增长。

近年来，金砖国家在经济增长方面呈现一些新的变化。一方面，在综合因素的影响下，金砖国家经济增速总体有所放缓且面临较大的下行压力。2011 年，巴西、俄罗斯、印度、中国、南非的经济增速分别为 3.97%、4.30%、5.24%、9.55%、3.28%，均高于世界经济增速（3.13%），到 2019 年，"金砖五国"的经济增速分别为 1.41%、2.03%、4.04%、5.95%、0.15%，较 2011 年分别下降了 2.6 个、2.3 个、1.2 个、3.6 个、3.1 个百分点。2020 年受新冠肺炎疫情的影响，金砖国家除了中国经济保持了 2.3% 的正增长外，其他国家经济增速均为负值（见图 1）。

国际货币基金组织 2021 年 7 月发布的《世界经济展望》显示，2021 年全球经济将增长 6%，新兴市场和发展中经济体增长前景恶化，特别是亚洲新兴经济体，而发达经济体的增速预测被上调。金砖国家经济增速与 4 月预测相比，印度经济增速下调 3 个百分点，俄罗斯、巴西、南非分别上调 0.6 个、1.6 个、0.9 个百分点，中国维持不变。

另一方面，"金砖五国"经济增速出现了较为明显的分化。中国和印度

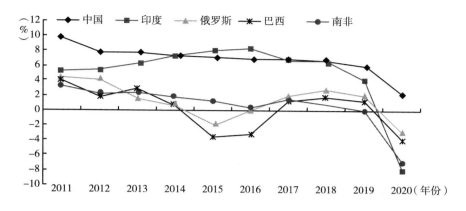

图 1   2011~2020 年金砖国家 GDP 增长率

资料来源：世界银行数据库。

经济表现较好，经济增速一直高于世界经济增速水平，处于中高速增长通道；巴西经济在 2015 年出现大幅衰退后，2017~2019 年增速保持在 1.5% 左右；俄罗斯经济在 2015 年出现萎缩后，处于缓慢复苏状态；南非经济增速在"金砖五国"中处于最低水平。2020 年，新冠肺炎疫情给各国人民生命健康带来巨大威胁，对全球经贸往来和世界经济造成严重冲击。在疫情大流行的背景下，金砖国家对疫情冲击反应迅速，比如新开发银行扩大金砖国家紧急援助计划范围，成员国积极互助，协作抗疫。在疫情冲击下，金砖国家经济出现了大幅衰退，尽管各国经济总体处于不断恢复状态，但仍面临较为严峻的疫情形势，尤其是巴西、印度疫情仍在蔓延，疫苗接种进程相对缓慢。因此，金砖国家政策协调领域的合作需求之一就是在充满各种不确定性的经济环境下、在应对疫情的政策空间逐渐收窄的背景下，确保金砖各国经济继续平稳快速增长。

（二）推进建设开放型世界经济

这些年来，金砖国家的快速发展正是得益于一个开放的世界经济环境。2020 年，金砖国家进出口贸易总额占全球进出口贸易总额的比重为 16.57%，尽管金砖国家经济发展道路不同，经济表现也存在差异，但这些并未阻碍南南贸易多年来的强劲增长。从出口所在地看，2020年，金砖国家对东亚和太平洋、中东和北非、南亚、拉丁美洲和加勒比、撒哈拉以南非洲、欧洲和中亚、阿拉伯世界等地区发展中经济体的商品出口额占金砖国家出口总额的比重将近50%，其中巴西占58.93%、俄罗斯占44.74%、印度占53.75%、中国占36.94%、南非占50.22%。[①]

但是，这种开放型经济正遇到前所未有的阻碍和挑战。单边主义、保护主义、民粹主义思潮不断抬头对世界和平与发展造成威胁，经济全球化遭遇逆流，严重影响了金砖国家自由贸易。2020年，巴西、俄罗斯、印度、中国、南非的出口贸易总额占GDP的比重分别为16.87%、25.52%、18.08%、18.5%、30.47%，与2011年数据相比，巴西上升5.3个百分点，俄罗斯、印度、中国分别下降2.5个、6.5个、8.1个百分点，南非维持不变（见图2）。可见，金砖国家中三个经济体量较大的国家出口贸易总额占GDP的比重都呈现下降趋势。美国曾一度将引领全球化作为实现美国优先的重要手段，这种全球化是以中心—外围经济结构为基础，发达国家与发展中国家之间进行工业制成品与原材料的贸易。随着中国等新兴经济体的快速崛起，中心—外围经济结构转换为"发达国家—新兴市场—外围国家"的互联互通，缩小了中心与外围之间的差距。为了维持自身经济的持续发展，金砖国家在不同场合一直主张构建开放的世界经济，在促进贸易和投资自由化便利化方面开展了大量工作。因此，金砖国家政策协调领域的合作需求之二就是推动构建开放型世界经济，维护全球化和多边主义，坚决捍卫金砖国家在国际市场中的共同利益，促进贸易和投资自由化。

目前，中国对周边以及全球各个国家开展的一系列外交活动，都把开放型经济作为突破口。商务部国际贸易经济合作研究院撰写的《中国"一带一路"贸易投资发展报告2021》显示，截至2021年6月，中国与140个国家和32个国际组织签署206份共建文件，涵盖互联互通、贸易投资、金融、科技、人文、社会、民生、海洋等多个领域。在货物贸易方面，2020年，中

[①] 资料来源：世界银行数据库。

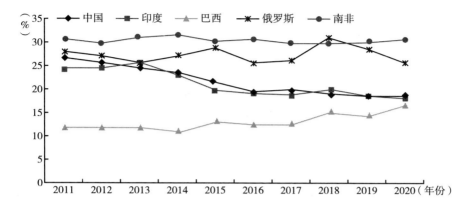

图2　2011～2020年金砖国家出口贸易总额占GDP的比重

资料来源：世界银行数据库。

国与共建"一带一路"国家和地区货物贸易总额为1.35万亿美元，占中国货物贸易总额的比重为29.1%；在服务贸易方面，2020年，中国与共建"一带一路"国家和地区服务贸易额为844.7亿美元；在投资领域，2020年，在全球对外直接投资缩水的背景下，中国境内投资者在共建"一带一路"的58个国家实现直接投资186.1亿美元，同比提升了0.3个百分点。随着"一带一路"倡议的推进，中国主动参与开放型世界经济的新格局正在形成。

（三）积极参与全球经济治理

2008年全球金融危机爆发以来，世界经济格局发生较大变化，主要表现在世界经济权重结构发生逆转。按照购买力平价计算，从2012年起，中国、印度、俄罗斯、巴西、印度尼西亚、墨西哥、土耳其七个最大的新兴市场经济体的GDP已超过西方七国集团（G7），这是发展中国家与发达国家的"南北逆转"。在这七大新兴市场经济体中，"金砖四国"的GDP所占比重超过80%，足以体现其对世界经济的影响力。新兴市场经济体的快速崛起，深刻改变了过去全球经济的治理结构。过去，全球经济以发达国家为中心，以新兴市场经济体为外围。如今，随着新兴市场经济体在全球经济中所占份额的提升，外围对中心的超越不断加快，二者的差额不断扩大。2012

年，七大新兴经济体的 GDP 与 G7 的 GDP 之间的差额为 0.75 万亿美元，2020 年，该差额扩大到 12.71 万亿美元（见图 3）。然而，现有国际经济治理结构并未体现这一格局变化，新兴经济体和发展中国家缺乏与之相匹配的发言权，缺乏统一的制衡机制对发达经济体本国优先的做法给予回应。比如，在疫情冲击下，美国推卸其在全球治理体系中的责任，反对扩大国际货币基金组织的特别提款权用于协助抗疫。此外，现有全球经济治理的主要机构侧重效率和增长，对全球发展失衡、贫富差距扩大问题缺乏足够重视，尚未找到有效解决办法。瑞士信贷发布的《2021 年全球财富报告》显示，2020 年，巴西、俄罗斯、中国、印度、英国、意大利、日本、法国等国最富有的 1% 人群拥有的财富份额在疫情下依旧实现了增长，处于全球财富底层的 50% 人群拥有的财富份额占比不足 1%，巴西、俄罗斯、印度三个国家最富有的 1% 人群拥有的财富份额超过 40%，贫富差距问题十分严重。消除贫富差距是全球各国普遍面临的社会难题，贫富分化是一个全球性挑战。只有加强合作，推动全球治理体系变革，才能解决好财富分配不均问题。因此，金砖国家政策协调领域的合作需求之三就是努力成为国际治理体系的参与者、推动者甚至引领者，推动建立一个让发展中国家发挥更大作用的，更加公正、合理的国际秩序。

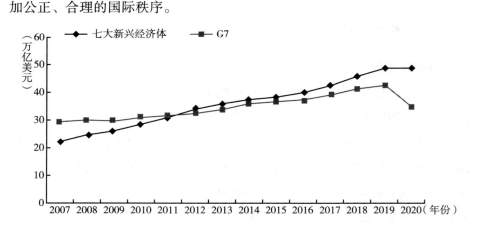

图 3　2007～2020 年七大新兴经济体与 G7 的经济总量

资料来源：世界银行数据库。

目前，金砖国家在部分国际金融机构中的份额有所提升，但与其拥有的经济实力仍不匹配。2010 年 12 月，国际货币基金组织（IMF）推出的份额与改革治理方案，最终在 2015 年 12 月获得美国国会通过。改革后，新兴市场和发展中国家新增 6% 的份额，其中中国排位上升了 3 名，在 IMF 中的份额从原来的 3.994% 上升到 6.390%，仅次于美国和日本，巴西、印度、俄罗斯的份额均有所增长。"金砖四国"的总份额为 14.159%，相比改革前的 10.71%，虽有较大提升，但是与 G7 的总份额相比，仍存在一定差距。改革后，G7 在 IMF 中的总份额为 43.362%，其中美国的份额有 17.398%（见表 1），在 IMF 重大议题决策上具有一票否决权。2020 年疫情发生以来，IMF 核准 5 亿美元用于免除 25 个世界最贫穷国家 6 个月的债务，同时考虑启用特别提款权向 189 个成员国提供至少 5000 亿美元的流动资金。但是，这一提案遭到美国的反对。鉴于此，金砖国家亟须联手，加强全球抗疫合作和宏观经济政策协调，将疫情给经济社会带来的负面冲击降到最低。

表 1　各国及组织在 IMF 中的份额

单位：%

排名	国家/组织	2015 年改革后的份额	原来的份额	排位变化
1	美国	17.398	17.661	—
2	日本	6.461	6.553	—
3	中国	6.390	3.994	↑3
4	德国	5.583	6.107	↓1
5	法国	4.225	4.502	↓1
6	英国	4.225	4.502	↓1
7	意大利	3.159	3.305	—
8	印度	2.749	2.441	↑3
9	俄罗斯	2.705	2.493	↑1
10	巴西	2.315	1.782	↑4
11	加拿大	2.311	2.670	↓2
金砖四国		14.159	10.71	↑
G7		43.362	45.3	↓

资料来源：国际货币基金组织。

（四）推动金砖国家内部结构性改革

长期以来，金砖国家是新兴市场经济体和发展中国家的"领头羊"，也是世界经济持续增长和稳定复苏的"压舱石"。从金砖国家 GDP 占全球 GDP 的比重来看，1999 年占 7.63%，2005 年占 10.56%，2012 年占 20.53%，2020 年占 24.29%。金砖国家总体经济实力稳步增强，占全球经济份额近1/4，全球影响力逐渐上升。但是，"金砖五国"经济发展步调并不一致。从近 10 年的数据来看，2020 年，巴西、俄罗斯、印度、中国、南非的 GDP 分别为 1.44 万亿美元、1.48 万亿美元、2.62 万亿美元、14.72 万亿美元、0.30 万亿美元（见图 4），与 2011 年数据相比，中国增长了 94.96%，印度增长了 43.88%，巴西、俄罗斯、南非分别下降了 44.78%、27.5%、27.5%。可见，在"金砖五国"中，中国与印度的经济保持增长，而其他三个国家经济都出现了萎缩。从人均 GDP 指标来看，2020 年，中国的人均 GDP 为 10500 美元，略高于俄罗斯的 10126 美元，巴西的人均 GDP 为 6797 美元，南非和印度的人均 GDP 分别为 5090 美元和 1900 美元（见图 5），与 2011 年数据相比，中国增长了 86.9%，印度增长了 30.4%，其他金砖国家的人均 GDP 都出现了下滑，巴西、南非、俄罗斯分别下降了 48.7%、36.4%、29.2%。

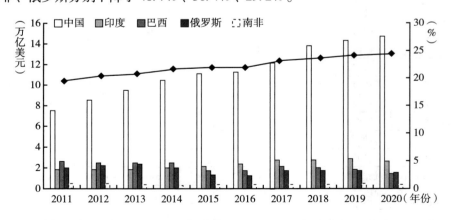

图 4　2011～2020 年金砖国家 GDP 以及其占全球 GDP 的比重

资料来源：世界银行数据库。

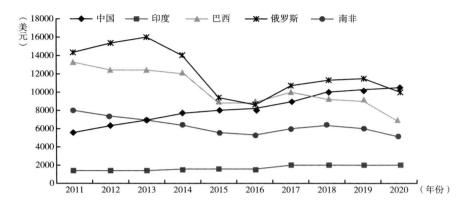

图 5　2011～2020 年金砖国家人均 GDP

资料来源：世界银行数据库。

具体来看金砖各国经济发展面临的困境，俄罗斯自然资源禀赋丰富，包括石油、天然气、煤、钻石等，经济发展过于依赖能源出口，轻工业发展较为落后。当全球经济增长低迷，国际大宗商品价格下降时，俄罗斯经济就会面临萎缩的危险，比如 2014 年国际油价大幅下降，俄罗斯经济在 2015 年和2016 年均出现了负增长。巴西矿产资源丰富，经济发展主要依靠出口铁矿石、石油等初级产品，制造业缺乏活力，趋于萎缩，产业结构十分不合理。当前，巴西各派政治力量进行重组和整合，结构性改革的障碍重重。南非虽不是金砖国家中 GDP 增速萎缩最严重的，但反映出来的问题也很难解决，比如经济各部门、各地区发展不平衡，城乡、黑白二元经济特征明显，采矿业发达但制造业增长乏力，农业在国民经济中占据较大份额等。因此，金砖国家政策协调领域的合作需求之四就是通过开展务实合作，寻找各国战略政策和优先领域的契合点，推动各国内部结构性改革。

二　金砖国家政策协调机制的进展情况

2006 年 9 月，中国、俄罗斯、印度、巴西四国外长在联合国大会期间举行首次会晤，开启金砖国家合作序幕。2008 年，国际金融危机席卷全球，不仅欧美等发达国家和地区遭受重创，金砖国家也难以幸免。为了共同抵御危机带来的负面冲击，金砖国家越来越意识到加强政策协调的重要性。2009年6月，金砖国家领导人在俄罗斯叶卡捷琳堡举行首次会晤，金砖国家间的合作机制正式启动。回顾金砖国家政策协调机制走过的10多年历程，金砖国家从一个概念发展成为具有一定国际话语权的多边合作机制，得益于五个成员国强烈的合作意愿和务实的合作精神。金砖国家政策协调机制的发展历程主要包括以下五个方面。

（一）建立金砖国家政策协调的组织架构

经过多年的协商与发展，金砖国家政策协调的组织架构已初步形成，由金砖国家领导人会晤、部长级会议、专业机构、专业论坛等四个部分组成。

首先，金砖国家领导人会晤在政策协调组织架构中居于核心地位，每年召开一次，由成员国轮流承办。2009~2021年，金砖国家领导人共举行了13次正式会晤。在首次会晤中，金砖国家领导人就应对国际金融危机冲击、二十国集团峰会进程、国际金融机构改革、粮食安全、能源安全、气候变化等重大问题交换看法。在第十三次会晤中，金砖国家领导人围绕"金砖15周年：开展金砖合作，促进延续、巩固与共识"主题深入交流，并表示将继续推动全球团结抗疫，促进世界经济强劲复苏（见表2）。每年召开领导人会议，既加深了金砖国家领导人之间的联系，有利于成员国之间的沟通，又能保证政策协调的连续性和稳定性。

表2　2009~2021年金砖国家领导人历次会晤

序号	时间	地点	主题	主要成果
1	2009年6月	俄罗斯叶卡捷琳堡	议题包括全球金融危机、粮食安全、能源安全、气候变化及金砖国家未来发展等	讨论进一步展望"金砖四国"合作的前景，推动"金砖四国"对话与合作
2	2010年4月	巴西巴西利亚	议题包括世界经济与金融形势、二十国集团事务、国际金融改革、气候变化、"金砖四国"对话与合作等	提出"金砖四国"合作协调的具体措施和建议

续表

序号	时间	地点	主题	主要成果
3	2011 年 4 月	中国三亚	展望未来 共享繁荣	南非成为金砖国家一员,制订金砖国家开展政策协调的行动计划
4	2012 年 3 月	印度新德里	金砖国家致力于全球稳定、安全和繁荣的伙伴关系	推出设立"金砖国家开发银行"的构想,通过德里行动计划
5	2013 年 3 月	南非德班	金砖国家与非洲:致力于发展、一体化和工业化的伙伴关系	决定成立新开发银行和筹建金砖国家应急储备安排;开启金砖国家与发展中国家对话的进程
6	2014 年 7 月	巴西福塔莱萨	实现包容性增长的可持续解决方案	成立金砖国家新开发银行,建立金砖国家应急储备安排,建立金砖国家与南美洲国家对话机制
7	2015 年 7 月	俄罗斯乌法	金砖国家伙伴关系——全球发展的强有力因素	金砖国家新开发银行筹建工作全面展开,应急储备安排正式启动
8	2016 年 10 月	印度果阿	打造有效、包容、共同的解决方案	签署了农业、海关、保险等方面的谅解备忘录和文件,就一系列重大国际和地区问题表达了共同立场
9	2017 年 9 月	中国厦门	深化金砖伙伴关系,开辟更加光明未来	提出"金砖 +"合作模式,举办新兴市场国家与发展中国家对话会,制定《金砖国家经济伙伴战略》
10	2018 年 7 月	南非约翰内斯堡	金砖国家在非洲:在第四次工业革命中共谋包容增长和共同繁荣	将"建立金砖国家新工业革命伙伴关系"写入《约翰内斯堡宣言》;延续厦门会晤做法,继续举办"金砖 +"领导人对话会
11	2019 年 11 月	巴西巴西利亚	经济增长打造创新未来	传递弘扬多边主义、反对保护主义和外来干涉等积极信号
12	2020 年 11 月	视频会议	深化金砖伙伴关系,促进全球稳定、共同安全和创新增长	加强国际抗疫合作;承诺维护多边贸易体制;深化经贸务实合作;制定《金砖国家经济伙伴战略 2025》
13	2021 年 9 月	视频会议	金砖 15 周年:开展金砖合作,促进延续、巩固与共识	充分肯定金砖合作 15 年来取得的成就

其次,金砖国家政策协调可以通过部长级会议进行,其作用主要在于落实和实施领导人会晤的一些表决和声明。截至 2021 年,金砖国家累计举行了 11 次经贸部长会议,其间就世界经济形势及其对金砖国家贸易投资的影响、多边贸易体制、深化经贸务实合作等议题进行探讨,并达成许多共识。除了

经贸部长会议之外，金砖国家在农业、科教、环境、工业、文卫等数十个领域展开了积极的交流。比如，2018年7月，第三届金砖国家工业部长会议深入讨论了新工业革命带来的机遇和挑战，并决定建立"金砖国家新工业革命伙伴关系"；2020年8月，第四届金砖国家工业部长会议强调金砖国家应更紧密地团结在一起，推动经济复苏，维护产业链稳定，促进数字化转型，中方为加强与金砖国务实合作，积极考虑在中国建立金砖国家创新基地；2021年8月，第五届金砖国家工业部长会议着重探讨了推动落实金砖国家新工业革命伙伴关系的举措，深化金砖国家在数字化、工业化和创新领域的合作。

再次，新开发银行的成立和应急储备安排的建立在金砖国家政策协调的组织架构中发挥着较大作用。2011年4月，"金砖五国"领导人在第三次会晤中，签署了《金砖国家银行合作机制金融合作框架协议》；在第四次会晤中，五国领导人探讨了成立金砖国家开发银行的可行性；在第五次会晤中，金砖国家同意设立新开发银行，并设定初始规模为1000亿美元的应急储备安排；在第六次会晤中，五国签署协议成立金砖国家新开发银行，并建立金砖国家应急储备安排。2015年7月，金砖国家新开发银行在上海正式开业，并召开第一次理事会会议，银行初始资本为1000亿美元，首批到位资金500亿美元，金砖国家各占20%的股份。新开发银行是金砖国家投资政策协调的成果，主要用于自身及其他发展中国家基础设施项目投资，是对现有国际金融体系的完善和改进。2016年4月，新开发银行宣布首批贷款项目，支出8.11亿美元用于支持金砖国家绿色能源项目。同年7月，发行第一只绿色金融债券。2017年9月，该银行与我国福建、江西、湖南分别签署贷款协议，支持有关绿色发展项目建设。2018年，新开发银行获得了标准普尔和惠誉国际的AA＋信用评级，2019年又获得日本信用评级机构的AAA国际信用评级。2021年9月2日，首次扩大"朋友圈"，迎来3个新的成员国——阿联酋、乌拉圭、孟加拉国。新开发银行启动运营以来，已累计批准成员国的约80个项目，贷款总金额达到300亿美元。

最后，专业论坛在金砖国家政策协调中也发挥了积极作用。为了加强金砖国家间的经贸合作，2013年3月，在金砖国家领导人第五次会晤中，与会成员决定成立金砖国家工商理事会，加强金砖国家工商界在经济、贸易、商业、投资方面的联系。此外，金砖国家之间还开展了其他多种形式的对话机制，比如金砖国家财经论坛、金砖国家智库国际研讨会等。

（二）拓展金砖国家政策协调的领域

金砖国家合作的领域从最初的经贸、商业合作，逐渐发展到全球经济政治、战略安全等全方位合作。

一方面，金砖国家在贸易投资、农业、能源、可持续等领域均展开了深入合作。在经贸领域，2011 年 4 月，面对国际金融危机对世界经济造成的影响，在首次经贸部长会议上，金砖国家探讨了金融危机后的世界经济形势和各国宏观政策，会议同意建立联络组，进一步扩大相互间贸易和投资合作以及与其他发展中国家的南南合作。2017 年 8 月，作为金砖合作进入第二个"黄金十年"后的首次经贸部长会议，金砖国家批准建立金砖国家示范电子口岸网络，批准《金砖国家电子商务合作倡议》《金砖国家投资便利化合作纲要》《金砖国家知识产权合作指导原则》《金砖国家经济技术合作框架》。2021 年 9 月，面对疫情带来的冲击和影响，在第十一次经贸部长会议上，金砖国家达成《金砖国家多边贸易体制合作声明》《电子商务消费者保护框架》《知识产权合作下开展遗传资源、传统知识和传统文化保护合作》《专业服务合作框架》等多份成果文件，制定《〈金砖国家经济伙伴战略2025〉贸易投资领域实施路线图》，决定在医疗服务、计算机服务等服务贸易领域挖掘合作潜力，在数字经济、人工智能、应对气候变化等新领域深化合作。从农业领域看，金砖国家都是农产品生产和消费大国，对保障世界粮食安全具有重要作用。2010 年 3 月，"金砖四国"就应对全球粮食安全、减缓气候变化对农业的影响，加强信息和农业科技交流与合作等问题展开讨论，并签署了《"金砖四国"农业和农业发展部长莫斯科宣言》。2021 年 8 月，在第十一届农业部长视频会议上，金砖国家围绕"加强农业生物多样性，促进粮食安全和营养"展开研讨，通过了《金砖国家农业合作行动计划（2021—2024）》。在能源领域，金砖国家是全球主要的能源生产国，也是全球能源消费主力。中国、印度、南非对能源进口的依赖性较大，俄罗斯、巴西的能源储存丰富，能源出口压力较大，五国在能源安全领域合作互补性高。金砖国家之间能源合作由来已久，早在2010年，俄罗斯就提出建立金砖国家能源合作机制；在2012年第四次领导人会晤中，能源合作被写入德里行动计划"可拓展的新领域"中；在2013年第五次领导人会晤中，能源被列为"可探讨"的议题；在2014年第六次领导人会晤中，俄罗斯提出成立金砖国家能源联盟；在2016年第八次领导人会晤中，俄罗斯再次提出成立金砖国家能源署的倡议；在2020年第十二次领导人会晤中，金砖国家提出进一步深化能源领域国际合作，发挥能源在促进可持续发展方面的关键作用。金砖国家能源部长会议是金砖机制下能源领域的重要合作机制，截至2021年，金砖国家能源部长会议已举办5次，在能源合作方面达成了许多共识。2020年10月，第五届能源部长会议上，金砖国家通过《金砖国家能源合作路线图2025》，提出建立能源领域的战略伙伴关系。在可持续发展领域，金砖国家环境部长会议机制是金砖国家共商应对全球环境挑战、共谋环境治理的重要平台，截至2021年已举办7次，各国就生态环境合作、推进全球生态文明建设达成许多共识。2021年8月，第七次环境部长会议围绕"为持续、巩固和共识而合作"展开，与会成员指出将进一步拓展金砖国家环境可持续城市伙伴关系倡议，推动金砖国家生态环境合作取得更大成效。

另一方面，从国际政治关系、战略安全领域看，当前世界政局持续动荡，各种不确定、不稳定因素较为突出，金砖国家就政治安全问题进行深入沟通交流，做到了政治和经济"双轮驱动"。金砖国家安全事务高级代表会议是金砖国家就政治和安全问题交换意见的重要平台，截至2021年已举办11次。金砖国家旗帜鲜明地反对单边主义、霸权主义、强权政治，在重大国家和地区热点问题上保持一贯立场。2010年第二次领导人会晤联合声明指出，金砖国家谴责一切形式的恐怖主义。2020年第十二次领导人会晤通过《金砖国家反恐战略》后，2021年第十一次安全事务高级代表会议通过了《金砖国家反恐行动计划》，旨在打击恐怖主义及其融资活动。此外，金砖国家还成立反恐工作组，定期举办会议。

（三）推进金砖国家政策协调的机制化建设

金砖国家政策协调机制从最早的外长会议到定期的领导人会晤，逐渐从短期的危机应急向长期的协调机制转变。在历次的领导人会晤中，金砖国家在政策协调机制方面达成了很多共识，体现在每次会晤结束后发布的宣言和文件中。

2007 年美国次贷危机发生后，欧美等国家和地区经济受到重创，金砖国家均面临外部经济环境恶化、经济增速放缓等共同挑战。同时，国际金融危机的爆发暴露了当前国际金融体系的缺陷，新兴经济体和发展中国家在主要国际金融组织中话语权不足，导致这些组织无法对所有成员实施全面有效的监管，使发达经济体金融风险不断累积，最终酿成全球危机。因此，首次领导人会晤旨在强化和加深"金砖四国"对共同挑战和共同利益的认识，进一步扩充合作内容。2010 年在举行第二次领导人会晤的同时，巴西还举办了四国企业家论坛、银行联合体、合作社论坛、智库会议等配套活动，以促进四国在经济领域的合作。2011 年第三次领导人会晤发布的《三亚宣言》正式提出"金砖国家是各成员国在经济金融发展领域开展对话与合作的重要平台"，还制订了"行动计划"加强各国务实合作，包括巩固已开展的合作项目、开拓新合作项目以及新建议三部分内容。2012 年第四次领导人会晤发布的《德里宣言》指出，"金砖国家合作是在多极化、相互依存、日益复杂和全球化的世界中为促进和平、安全与发展开展对话与合作的平台"，此次会晤在政策协调方面有两个亮点：一是要求国际货币基金组织尽快落实 2010 年治理和份额改革方案，提高新兴市场和发展中国家的发言权和代表性；二是探讨建立一个新的开发银行的可能性，作为对现有多边和区域金融机构促进全球经济增长和发展的补充。2013 年第五次领导人会晤发布的《德班宣言》指出，金砖国家致力于"将金砖国家发展成为就全球经济和政治领域的诸多重大问题进行日常和长期协调的全方位机制"，并决定设立金砖国家开发银行和筹建应急储备安排。2014 年第六次领导人会晤发布的《福塔莱萨宣言》宣布签署金砖国家开发银行协议和应急储备安排协议。2015 年第七次领导人会晤中，五国领导人签署了《金砖国家银行合作机制与金砖国家新开发银行开展合作的谅解备忘录》等合作文件，为新开发银行加强对外合作进行了机制化安排，通过了《乌法宣言》及其行动计划、《金砖国家经济伙伴战略》等纲领性文件，为金砖国家中长期合作指明了方向。成立新开发银行是金砖机制制度化和组织化的主要标志，但是，金砖机制建设还处于起步阶段，未来仍有较大的发展空间。

拓展"金砖＋"合作是金砖国家政策协调机制建设的重要举措。2017年第九次领导人会晤期间，中国首创"金砖＋"合作理念，邀请埃及、墨西哥、塔吉克斯坦、几内亚、泰国等发展中国家领导人出席对话会。"金砖＋"模式可以打造金砖机制开放多元的发展伙伴网络，有利于满足其他新兴市场国家的诉求。2019年第十一次领导人会晤期间，习近平主席指出，以"金砖＋"合作为平台，加强同不同文明、不同国家的交流对话。2021年第十三次领导人会晤上，习近平主席指出，"无论遇到什么困难，只要我们心往一处想、劲往一处使，金砖合作就能走稳走实走远"[①]。在金砖国家共同努力下，金砖机制不断焕发新的活力，为推动构建人类命运共同体做出更大贡献。

（四）提升金砖国家政策协调机制的国际地位

"金砖五国"代表了发展的新兴市场的需求，走出了一条不同于西方传统发展模式的发展道路，为发展中国家提供了一个新的选项。金砖国家政策协调机制从加强各国经贸合作到全方位参与全球治理，在联合国、世界贸易组织、二十国集团等多个国际组织中发挥了重要作用。

首先，金砖机制为维护多边主义做出贡献。当前单边主义、保护主义抬头，对发展中国家造成消极影响，金砖国家在政策协调过程中，发出了维护多边秩序、维护世界贸易组织规则、推进开放型世界经济的明确信号，表达了共同立场。早在2011年首次经贸部长会议上，金砖国家就提出反对各种形式的贸易保护主义，支持俄罗斯在2011年加入世界贸易组织，加强在G20、

---

① 黄子娟、任一林：《共同擦亮金砖这块"金字招牌"，习近平强调走稳走实走远》，求是网，2021年9月14日，http://www.qstheory.cn/qshyjx/2021－09/14/c_1127859341.htm。

气候变化谈判、发展合作等多边合作领域的协调。在 2021 年第十一次经贸部长会议上，部长们一致认为，应维护多边贸易体制，反对单边主义和保护主义，积极支持世贸组织改革。面对疫情冲击，金砖国家基于五国在全球经济总量和贸易体系中的分量，致力于引领多边合作，积极应对当前危机和推动世界经济复苏。2020 年 2 月，金砖主席国俄罗斯代表金砖国家对中国抗击疫情的努力表示支持，呼吁国际社会在世界卫生组织框架下加强合作，并先后三次向中国提供救援物资。巴西、南非、印度也纷纷表示支持中国政府全力抗击疫情。2020 年 4 月起，新开发银行先后向中国、印度、南非、巴西各提供 10 亿美元的紧急贷款。2021 年 3 月，新开发银行在中国发行了第一只可持续发展目标债券，债券募集资金主要用于向中国提供 70 亿元关于新冠肺炎疫情紧急援助的贷款。2021 年 4 月，新开发银行再次批准向南非提供 10 亿美元贷款，促进南非的经济复苏。在 2020 年第十二次领导人会晤中，金砖国家呼吁在疫情背景下实现持久的人道主义停火。在 2021 年第十三次领导人会晤中，五国领导人重申支持多边主义和国际关系基本准则，反对单边主义、霸权主义，主张各国相互尊重独立、主权和平等。此次会晤的重要议题是加强国际抗疫合作，五国领导人表示将加强公共卫生和疫苗合作，推动疫苗公平可及。

其次，金砖机制在落实《2030 年可持续发展议程》方面发挥表率作用。金砖国家的发展经验为《2030 年可持续发展议程》的 17 项发展目标和《巴黎气候协定》指明了方向。不仅如此，金砖国家积极开展对话，加强与非洲、南美等国家的合作。2013 年第五次领导人会晤后，金砖国家领导人同 15 个非洲国家的领导人举行主题为"释放非洲潜力：金砖国家和非洲在基础设施领域合作"的对话会，推进了金砖国家与非洲的开放合作。2014 年第六次领导人会晤后，金砖国家同南美国家领导人围绕"包容性增长的可持续解决方案"举行对话会，将金砖国家开放合作拓展到南美国家。2015 年第七次领导人会晤后，金砖国家领导人与上海合作组织成员国和观察员国、欧亚经济联盟成员国以及受邀国领导人和国际组织组织负责人举行了对话会，为构建"金砖国家＋"的开放合作模式提供了平台。2016 年《果阿宣言》提到，将举办金砖国家领导人同环孟加拉湾多领域经济技术合作组织成员国领导人对话会。

最后，金砖机制与现有国际组织保持密切合作。以 G20 为例，自 2009 年起，金砖国家就开始在 G20 峰会期间进行非正式会晤。G20 匹兹堡峰会召开之际，金砖国家负责 G20 事务的协调人举行了会谈，这是金砖国家首次在 G20 这一平台进行政策沟通。之后在 2011 年的 G20 法国戛纳峰会召开期间，金砖国家举行了首次领导人非正式会晤，就国际和地区问题交换意见。此后，历次 G20 峰会召开期间，金砖国家领导人举行非正式会晤成为传统，与领导人正式会晤构成了金砖国家领导人双会晤机制。2016 年 G20 杭州峰会期间，金砖国家领导人举行非正式会晤并发表媒体声明，将会晤的重要议题传递给公众。2017 年 G20 汉堡峰会期间，金砖国家领导人首次发布了新闻公报，此后每年峰会期间均保持这一传统，利用 G20 平台的关注度和影响力发出金砖国家的声音，坚决捍卫新兴国家和发展中国家的利益。

（五）发挥中国在金砖国家政策协调机制中的重要作用

中国一直是金砖国家政策协调的重要参与者。中国在金砖国家中的 GDP 最高，经济增长速度最快，目前已是全球第二大经济体，在加强金砖国家政策协调、强化金砖国家合作方面，发挥了十分突出的作用。

一是为金砖国家参与全球治理贡献中国智慧。2017 年第九次领导人会晤期间，中国提出"金砖＋"合作模式，并在厦门举行新兴市场国家与发展中国家对话会，这大幅增强了新兴市场国家与发展中国家的凝聚力，推动全球治理体系深刻转型。"金砖＋"既涉及金砖国家与 G20、上海合作组织等国际组织的机制互动，更涉及金砖国家与其他发展中国家的整体融合。2018 年在第十次领导人会晤期间，金砖国家领导人与非洲国家及新兴市场国家和发展中国家举行了第二次"金砖＋"对话会，中国对金砖机制建设的制度创新得以延续。2019 年在第十一次领导人会晤期间，中国进一步推动金砖国家领导人与金砖国家工商理事会、新开发银行等专门机制进行对话联系，推动建立国际发展融资新规则。此外，中国提出的"一带一路"倡议，也是推动全球治理的重要途径。截至 2021 年 8 月，我国已同 172 个国家和国际组织签署 200 多份共建"一带一路"合作文件。

二是为金砖国家可持续发展提供中国方案。在 G20 杭州峰会期间，中国第一次把发展置于全球宏观政策框架的突出位置、第一次就落实《2030 年可持续发展议程》制订行动计划、第一次强调支持非洲和最不发达国家工业化、第一次大力构建发展中国家深度参与 G20 峰会的有效机制与模式，彰显了中国推进南北协调发展、推进世界和平发展的领导力风格。2030 年可持续发展目标中有一项是消除贫困。在消除贫困方面，中国政府采取果断措施，加大对贫困地区和贫困群体的支持力度，最终取得了脱贫攻坚战的胜利。中国在贫困治理上的成功，将坚定金砖其他国家摆脱贫困的信心，也给它们带来很多经验启示。为应对气候变化，中国采取积极有力的政策措施，力争于 2030 年前，二氧化碳排放达到峰值，努力争取 2060 年前实现碳中和。这既是中国向世界表明坚决履行《巴黎协定》的承诺，也是向世界传递未来绿色发展的决心。

三是为金砖国家团结抗疫提供中国样本。2020 年中国抗疫所取得的重大战略性成果，得益于在中国共产党的坚强领导下，坚持以人民为中心，秉持人民至上的理念，为其他国家抗疫提供了中国样本。不仅如此，中国还积极为金砖国家抗击疫情提供援助。在 2020 年第十二次领导人会晤上，习近平主席发表题为《守望相助共克疫情　携手同心推进合作》的重要讲话，他在讲话中指出中国企业正在同俄罗斯、巴西伙伴合作开展疫苗三期临床试验，愿同南非、印度开展有关合作，中国已加入"新冠肺炎疫苗实施计划"，将在该平台上与各国特别是发展中国家分享疫苗，并愿向有需要的金砖国家提供疫苗。在 2021 年第十三次领导人会晤上，习近平主席发表题为《携手金砖合作　应对共同挑战》的重要讲话，他提出五点倡议，其中包括加强公共卫生合作、加强疫苗国际合作两方面内容，在加强疫苗国际合作方面，他承诺，"中方向有需要的国家提供疫苗和相应技术支持"，"截至目前，中方已向 100 多个国家和国际组织提供超过 10 亿剂疫苗和原液"。①

---

① 《习近平在金砖国家领导人第十三次会晤上的讲话全文》，中共中央党校网，2021 年 9 月 10 日，https：//www.ccps.gov.cn/xxsxk/zyls/202109/t20210910_150500.shtml。

三 金砖国家政策协调机制的效果分析

（一）金砖国家政策协调机制的可行性

金砖国家内部成员国之间经济波动的同周期性是评价其政策协调可行性的必要条件，也是它们进行政策协调的经济基础。经济波动的同周期性指的是国家之间产出波动呈现同步性、在一定时期内经历的经济周期大体相同。如果金砖各国之间具有一定的同周期性，这将大大消除各国在宏观经济政策制定上的冲突，促进合作；如果没有表现出同周期性，也可根据经济波动的不同，揭示各国制定不同政策的深层次原因，进而为完善金砖国家政策协调机制提供重要的参考建议。本报告接下来将利用 HP 滤波法对 1990～2020 年金砖国家的经济周期特征进行分析，同时将讨论金砖国家政策协调机制运行后对金砖国家经济周期的影响，以期分析金砖国家政策协调的效果。近年来，金砖国家作为南南合作的重要平台，积极推动国际货币基金组织等主要国际金融机构进行合理改革，引起了国际社会的广泛关注。作为由发展中新兴市场国家组成的组织，金砖国家在宏观经济、投资贸易领域的协调具备扎实的经济基础，运行 10 多年来，其协调的效果较为理想。

首先，利用 HP 滤波法对金砖国家实际产出数据进行去趋势，可得到其波动序列（见图 6）。巴西、印度、中国、南非四国在 1990～2020 年经历两个周期，其中第一个周期出现在 1991～2001 年，这正是 1997 年东南亚金融危机和 2000 年"互联网泡沫"发生的时期。邓小平南方谈话后，中共十四大明确提出建立社会主义市场经济体制，中国经济快速增长，经济增速达到本轮周期的最高点 14%，之后开始出现下滑，1998 年经济增速降为 7.8%。20 世纪 90 年代，巴西恶性通货膨胀急速上升，经济陷入低迷，宏观经济的混乱一直延续到 1993 年底。1993 年底，时任财政部部长卡多佐大刀阔斧实行"雷亚尔计划"，极力削减通胀，并在 1995～2002 年担任总统时，积极推动国有企业民营化，积极引进外资，推进多项社会改革，使巴西进入一个新的增长周期。1991 年以来，印度拉奥政府、瓦杰帕伊政府持续推行自由化、市场化经济改革，推动印度经济平稳发展，1994~1997年其经济增速超过7%。20世纪90年代初，受国际制裁影响，南非经济出现衰退，1994年新南非成立以后，通过实施"重建与发展计划"，扭转了种族隔离制度的经济衰退，这种低迷状况一直延续到2001年。

第二个周期从2002年开始，目前仍在进行中，该期间对应着2008年国际金融危机的发生。具体来看，中国从2001年加入世贸以来，出口猛增带动经济快速增长，经济增速到2007年达到本轮周期的最高点14.23%。同年，美国次贷危机发生，造成全球经济衰退，中国经济也开始连续下滑。2001~2010年，巴西经济年均增速达3.6%，是近30年来增长最快的10年，2011~2020年，由于宏观经济状况恶化，巴西经济连续出现公共账户赤字，GDP年均增速只有0.9%。2004~2008年，印度经济年均增速达9%，之后受全球金融危机影响，印度政府财政赤字居高不下，外贸逆差越来越大，通货膨胀始终处于高位。2002~2007年，南非经济年均增长超过4%，2008年全球金融危机爆发，南非经济连续2年出现负增长，2010年开始恢复正增长，但自2013年开始持续下行，GDP增长始终在1%左右徘徊。

在金砖国家中，俄罗斯只经历了一个周期，从1998年开始，一直持续到现在。自1991年苏联解体，受计划经济几十年积累的结构和体制扭曲影响，俄罗斯产出严重萎缩；1999~2008年，得益于结构性和制度性改革以及全球大宗商品繁荣，俄罗斯经历了10年快速经济增长；2008年全球金融危机重创了俄罗斯，在货币危机、大宗商品价格下跌、地缘政治因素的叠加影响下，俄罗斯产出仍处于下行通道中。总的来说，金砖国家经济波动的周期基本上是一致的，这有利于金砖国家发挥政策协调的作用。

其次，通过矩关系来分析金砖国家经济波动的同步性，利用HP滤波法得到金砖国家实际产出的波动序列并求得相关系数（见表3）。金砖国家经济波动的相关性表现出以下三方面特征。

一是巴西和南非两个国家与中国经济波动保持一致。其中巴西与中国经济保持最为密切的关系，其相关系数达到0.832。中国是巴西最大的贸易伙伴，也是巴西最大投资来源国。2020年，中巴双边贸易额达到破纪录的

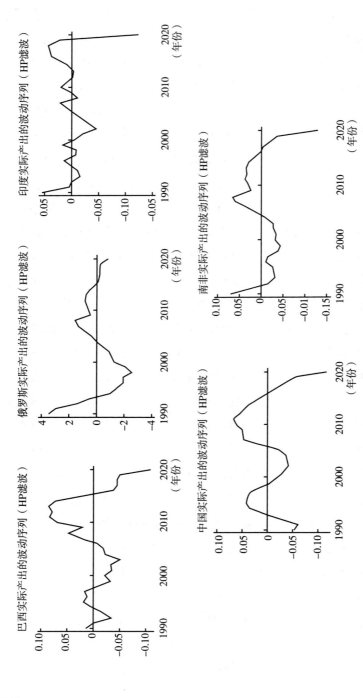

图 6　1990～2020 年金砖国家经济波动情况

数据来源：世界银行数据库。

1025 亿美元，巴西获得了 330 亿美元的贸易顺差，巴西把发展对华关系作为外交优先工作之一，希望进一步加强与中国经贸往来。南非与中国产出波动的相关系数为 0.547，两国经济周期较为一致。2020 年，中国与南非双边货物贸易额为 358.4 亿美元，同比下降了 15.7%，其中，中国对南非出口商品额为 152.43 亿美元，同比下降 7.9%；中国自南非进口商品额为 205.93 亿美元，同比下降 20.6%。

二是印度滞后中国经济波动 1 年。2020 年，中国与印度双边贸易总额为 876.5 亿美元，同比下降了 5.64%，其中印度从中国进口商品额为 667.8 亿美元，中国超越美国成为印度最大的贸易伙伴，印度对华出口商品额为 208.7 亿美元。相比其他金砖国家，中印两国边境冲突不断，印度一方面抵制中国商品，推出"印度制造"国家战略，另一方面继续依赖中国制造的电信设备、家用电器和重型机械。虽然矛盾冲突依旧，但两国经贸合作空间广阔。

三是俄罗斯领先中国经济波动 1 年。俄罗斯的经济发展和民生都依靠进出口。2020 年，中俄双边贸易总额逆势增长，达到 1077.7 亿美元，中国已连续 11 年成为俄罗斯第一大贸易伙伴。从金砖国家产出波动的相关性来看，有 2 个国家产出波动是一致的，2 个国家分别领先、滞后 1 年，这表明金砖国家经济基本上具有同步波动的性质。同步的经济周期就意味着金砖国家政策协调具有现实的经济基础。

表3 1990～2020 年金砖国家产出波动的矩关系

国家	标准差	与中国产出波动的横向相关关系 $corr[x(t), y(t+k)]$						
		-3	-2	-1	0	1	2	3
中国	0.045	0.261	0.604	0.881	1.000	0.881	0.604	0.261
印度	0.032	-0.239	-0.244	-0.149	0.360	0.372	0.372	0.334
巴西	0.046	0.341	0.550	0.693	0.832	0.812	0.653	0.398
俄罗斯	0.138	0.497	0.332	0.103	-0.024	-0.096	-0.121	-0.099
南非	0.041	0.431	0.443	0.427	0.547	0.498	0.372	0.179

注：$x(t)$ 表示中国第 t 期的产出波动，$y(t+k)$ 表示他国第 $t+k$ 期的产出波动，$corr$ 表示二者的相关系数。

（二）金砖国家政策协调机制的效果

金砖国家进行政策协调的合作需求，也是评价其协调机制效果的基础。应对全球不确定性风险、建设开放型世界经济、参与全球经济治理，都必须建立在本国经济平稳快速增长的基础上。因此，金砖国家政策协调的目标既表现为经济快速增长，又与经济周期的平稳性有关，这种平稳性包括经济波动幅度的降低、经济波动低谷值的提高等内容。金砖国家政策协调机制运行10多年，是否有助于各国经济快速增长，该合作机制运行前后金砖各国经济波动状态是否有所变化。本报告利用前文的5个国家产出的波动序列，分别计算和提取它们在2009年前后10年的波动幅度和低谷值来探究以上问题。2009年金砖国家政策协调机制运行以来，金砖各国产出的波动幅度发生了一些变化，印度、南非、俄罗斯的波动幅度均有所下降，其中俄罗斯的下降幅度最高。从低谷值来看，巴西和南非的低谷值略有上升，印度和俄罗斯的低谷值上升幅度较为明显。俄罗斯是世界上独一无二的资源超级大国，资源完全自给。苏联解体后，在人口少、资源丰富、科技底子厚等优势下，俄罗斯经济取得飞速发展。但是俄罗斯经济模式落后，对石油的依赖性太大。借助于金砖国家机制，俄罗斯与金砖国家在多个领域开展合作，与金砖国家结成战略伙伴关系，有效地维持了经济的平稳发展。值得一提的是，巴西在2000~2010年的快速增长得益于中国、印度等新兴市场对大宗商品的旺盛需求。但是，随着经济体量的日益扩大，巴西依靠单一经济结构，忽视农业、透支工业，过度依赖初级产品专业化生产和出口，容易造成经济周期性波动加剧。结果显示，巴西经济2009年以后的波动幅度上升了0.032。

总体来看，金砖国家总体的波动幅度从2009年以前的0.020下降到2009年以后的0.008，总体的低谷值从-0.026上升到-0.016（见表4）。可见，金砖国家政策协调机制的运行有助于降低金砖国家总体的经济波动幅度，提高低谷值，有助于平缓各国经济波动，促进经济增长与发展。

表 4　2009 年金砖国家政策协调机制运行前后各国经济波动的变化

时间	巴西		印度		南非	
	波动幅度	低谷值	波动幅度	低谷值	波动幅度	低谷值
2009 年以前	0.029	− 0.050	0.021	− 0.046	0.041	− 0.042
2009 年以后	0.061	− 0.049	0.017	− 0.003	0.025	− 0.035
时间	俄罗斯		中国		总体	
	波动幅度	低谷值	波动幅度	低谷值	波动幅度	低谷值
2009 年以前	0.121	− 0.212	0.035	− 0.043	0.020	− 0.026
2009 年以后	0.047	− 0.026	0.043	− 0.059	0.008	− 0.016

尽管取得较为理想的成效，金砖国家在政策协调过程中仍存在诸多问题：一些国家的决策者过于注重本国单一的政治目标，没有找到折中政策；政策传导过程中充满不确定性与分歧；目前政策协调的框架体系基本由政府主导，企业团体、民间组织、智库等非政府主体参与的深度有待加深，广度有待拓宽；国家实力以及影响力相差较大，对政策协调机制的投入以及所愿承担的责任难以达到平衡。

四　金砖创新基地政策协调机制的发展方向

从 18 世纪第一次工业革命的机械化，到 19 世纪第二次工业革命的电气化，再到 20 世纪第三次工业革命的信息化，一次次颠覆性的科技革命，带来了社会生产力的大解放。如今，全球经济正经历一场由大数据、人工智能等前沿技术带来的第四次工业革命，新工业革命的本质在于借助大数据、云计算、物联网等新一代信息技术，推动需求和供给资源以及各类生产要素实现有效对接和深度融合，加速制造业智能化、网络化、智能化转型。在 2018 年第十次领导人会晤中，习近平主席提出建立金砖国家新工业革命伙伴关系的倡议，并在 2019 年第十一次领导人会晤中，宣布在厦门建立金砖创新基地。建设新工业革命伙伴关系已成为金砖国家的共识和深化合作的新领域、新亮点、新方向，其给金砖国家政策协调机制的演进和发展指出了一些新的方向。

（一）政策协调的目标：提升在全球治理体系中的话语权

当今世界正处于百年未有之大变局，全球治理现有体系和模式已不再适应国际形势的新变化、新特征，全球治理体系和模式亟须进一步改革完善。在推进金砖创新基地建设中，要致力于提升金砖国家在全球治理方面的影响力，推动全球治理体系朝着公正合理、普惠共赢的方向发展。

一是坚持践行多边主义，推动国际秩序更加公正合理。真正的多边主义离不开联合国，要坚定维护《联合国宪章》宗旨和原则，尊重国际法，维护联合国在国际体系中的核心作用。习近平总书记在中共中央政治局第二十九次集体学习时强调，"要坚持共同但有区别的责任原则、公平原则和各自能力原则""坚定维护多边主义"。① 维护多边主义是国际社会的重要共识，新工业革命下的多边主义要立足世界格局新变化，着眼应对全球性挑战需要，在广泛协商、凝聚共识基础上改革并完善全球治理体系。

二是强化全球治理的多边机构，有效应对共同挑战。强化包括联合国、国际货币基金组织、世界银行、世界贸易组织、世界卫生组织等多个国际组织在内的多边机构，努力构建更加公平、公正、包容、平等的多边国际体系。放眼过去，在全球治理方面，金砖机制除了通过 G20 发挥有限作用外，在推动全球经济社会进步方面并没有取得实质性成果。因此，在建设新工业革命伙伴关系中，金砖国家应着力推进多边机构改革，通过提高新开发银行的影响力对世界银行形成改革压力，通过应急储备安排推动 IMF 改革，提高金砖国家的发言权，积极推动 G20 从危机应对机制向全球经济治理长效机制转型，提升金砖机制在全球治理中的地位。

三是创设新的多边合作平台，凝聚国际多边力量。创设一些推动区域或全球多边合作的新机制，让更多的新兴市场经济体、发展中国家以及不发达国家参与全球治理。积极共建中国"一带一路"，在共商共建共享的原则

---

① 《习近平主持中央政治局第二十九次集体学习并讲话》，中国政府网，2021 年 5 月 1 日，http：//www.gov.cn/xinwen/2021－05/01/content_5604364.htm。

下，最大限度地凝聚维护多边主义的国际力量，为构建全球伙伴关系和多边命运共同体创造条件。推动多边论坛与多边国际会议，探讨多边合作新机制，推动具体领域的多边合作。

（二）政策协调的内容：深化在金砖国家合作需求和重点领域的务实合作

随着全球宏观经济环境的恶化，金砖各国面临的经济增长压力也在加大，环顾全球，疫情正威胁着各国人民生命安全和身体健康，世界经济正经历着 20 世纪 30 年代以来最严重的衰退，单边主义、保护主义、霸权主义行径愈演愈烈。新工业革命伙伴关系的核心是加强金砖国家在数字化、工业化、创新、投资等领域的合作，最大限度地把握第四次工业革命带来的机遇，共同挖掘各国在人工智能、大数据、区块链等新一代信息技术领域的潜力，为未来金砖国家发展提供新的动力。

一是坚持科技创新，深化金砖国家数字领域的务实合作。数字化是新工业革命的主线。早在 2016 年第八次领导人会晤时，与会成员就提出了"数字金砖"的概念。近年来，金砖国家十分重视数字经济，企业和政府层面的合作不断提速，但仍面临一些制约因素，比如数字化基础设施投资动力不足、部分国家过于强调本地化和自主化替代、政治上战略互信不足等。在建设新工业革命伙伴关系中，要进一步凝聚共识，摒弃狭隘的技术民族主义思维，增进互信，共同把握数字化转型带来的发展机遇。要深入开展数字化政策与实践经验的分享，全力破除金砖国家之间的数据壁垒和信息"孤岛"，深入推动数字基础设施互联互通，实现全方位、全过程、全领域的数据流动和共享共治。

二是坚持同舟共济，深化金砖国家公共卫生领域的务实合作。当前国际疫情形势仍旧严峻，在建设新工业革命伙伴关系中，金砖国家应进一步加强团结，共同构建人类卫生健康共同体。在现有的卫生部长会议机制下，加强疫情信息交流与分享，深入交流抗疫经验，有效开展药物研发、疫苗研发、传统医药等领域合作，加强全球抗疫合作，推动世界经济复苏。

三是坚持互利共赢，深化金砖国家经贸领域的务实合作。新工业革命的本质是产业链的升级，金砖国家要牢牢把握新一轮科技革命和产业变革的机遇，推动国内经济结构转型升级和新工业革命领域合作，着力提升产业链、供应链现代化水平，确保全球产业链、供应链顺畅运行。针对疫情发生以来产业链区域化的特征，金砖国家应深化产能合作，实现金砖国家工业梯次发展和经济包容性增长。

四是坚持互学互鉴，深化金砖国家人文交流领域的务实合作。近年来，在文化部长会议的引导下，金砖国家人文交流有序展开，为政治和经济合作创造了良好的人文环境，为各国政府沟通、交换意见提供了平台，在创意经济、民间艺术、文化遗产等方面凝聚较多共识。在建设新工业革命伙伴关系中，应进一步深化金砖国家人文交流，夯实合作基础。努力营造交流互鉴的友好氛围，增进彼此感情，丰富文化合作形式与内涵，促进民心相通。

（三）政策协调的范围："金砖＋"

"金砖＋"最早由中国提出，该模式已成为发展中国家与新兴市场的多边经济治理机制，有助于打破金砖国家机制发展中的限制并扩大该组织在世界上的影响力。中国提出的"金砖＋"模式包括"金砖＋新成员""金砖＋区域""金砖＋国际组织"等。以前的金砖对话总体上是区域性的，比如德班对话和福塔莱萨对话主要对象是非洲和拉美国家，乌法对话和果阿对话主要对象是中亚和南亚的国际组织。仅针对地区性国家和区域性国际组织不能充分反映金砖机制参与全球治理的目标定位。对此，厦门举办的新兴市场国家与发展中国家对话会第一次把不同地区的发展中国家集聚在一起，真正实现金砖国家与发展中国家的有效对话。在建设新工业革命伙伴关系中，要继续推进"金砖＋"模式，构建更广泛的伙伴关系，提升金砖国家总体影响力。

一是团结合作，保持"金色绽放"。围绕《金砖国家经济伙伴关系2025》，进一步加强宏观经济政策协调，推动金砖经贸合作系统化、实心化，推动新开发银行扩员工作，把金砖合作做大、做实、做强，形成更强大的发展合力，在世界范围内发出更响亮的金砖声音。继续推动"一带一路"倡议与国家发展战略对接协调，构建互联互通的伙伴关系，开展有效的投资合作，推动经济复苏与发展。

二是加强对话，助推南南合作。金砖国家在巩固自身合作的同时，根据合作的需要和议题，拓展新的合作范围和合作区域，扩大金砖"朋友圈"。"金砖＋"并未止于"金砖五国"，更欢迎所有的新兴市场国家和发展中国家参与，共同寻求新工业革命的利益契合点和合作公约数，维护和增进发展中国家的整体利益和福祉。"金砖＋"只有做到尊重彼此主权、尊严和领土完整，尊重彼此发展道路和社会制度，尊重彼此核心利益和重大关切，才能就政策协调进行深入沟通，共同实现跨越式发展。

三是平等对待，构建全球伙伴关系。本着互利互惠的原则，推进大国协调和合作，处理好金砖国家内部矛盾，全面深化金砖伙伴关系，积极推动金砖国家与发达国家展开合作，以南南合作推动南北合作，打造覆盖全球的"朋友圈"，推动构建人类命运共同体。

（四）政策协调的方式：机制化建设

经过十几年的发展，金砖国家政策协调机制已发展成为一个以领导人会晤为引领，以部长级会议为支撑，涉及金融、贸易、农业、能源、卫生等数个领域的多层次、全方位的合作框架。该机制主要是"非正式对话机制＋正式约束机制"的复合机制模式，其中非正式对话机制包括领导人会晤、部长级会议以及其他各层面的政府间协调机制；正式约束机制包括新开发银行和应急储备安排。在建设新工业革命伙伴关系中，要继续推进金砖国家机制化建设。

一是加强机制化建设，服务"金砖＋"。金砖国家政策协调机制从最初的应对危机到后来设立新开发银行，取得了实质性进展，从关注经贸发展问题到解决国际政治安全问题，经过 15 年的发展，已发展成为新兴市场和发展中国家合作的重要平台。随着"金砖＋"模式推行，越来越多的国家有机会参与金砖合作，合作的领域和内容进一步拓宽，这也倒逼金砖国家要加强机制化建设。

二是多方协作，发挥智库作用。加快形成智库参与金砖国家政策决策咨询的制度性安排，鼓励金砖国家智库间建立多层次的学术交流平台和成果转化机制，分享各自发展经验和研究成果。努力建设一批服务国家发展需要、特色鲜明、创新引领的国际高端智库，为金砖各国发展提供智力支撑。鼓励高校、研究机构等广泛参与金砖国家合作，围绕构建新工业革命伙伴关系等重大议题开展研究，主动提供知识产品。

三是坚持立场，协同处理国际政治安全问题。建立长效合作机制，设立工作组，细化和推进经济治理、安全稳定等方面的合作，增强金砖合作的执行力。加强全球政治中的多边原则，加深在打击国际恐怖主义领域的对话，加强国际抗疫合作，支持世界卫生组织发挥关键领导作用，提高金砖国家人民生活质量。

金砖国家新工业革命伙伴关系
创新基地的人才培养合作

建设金砖国家新工业革命伙伴关系，迫切需要更多掌握先进科技、具有全球视野的人力资源储备。工信部与厦门市人民政府共建金砖国家新工业革命伙伴关系创新基地（以下简称"金砖创新基地"），其中一个主要的目标就是深化金砖国家工业能力建设合作。建设面向金砖国家的产业园区、能力培训中心、创新中心等合作平台，举办工业创新大赛、智库研讨会、青年创新创业人才交流等能力建设活动，在条件成熟时建设金砖国家新工业革命发展研究院，进一步深化金砖国家人才培养合作。从目前金砖国家人才培养合作的成熟方案出发，结合厦门在载体、人才、文化等方面的优势与特色资源，厦门金砖创新基地的人才培养工作已经稳步推进，取得了阶段性成效。未来可进一步在数字技术、创新创业、会展旅游等领域扩大合作，通过高校、智库、民间组织的联动创新合作方式，优化内容体系、提升培养成效。

一　金砖国家人才培养合作基础及其形势分析

（一）金砖国家人才培养合作情况

1. 历届金砖国家领导人峰会有关人才培养合作的主题与成果

2009 年首届金砖国家领导人峰会以来，金砖国家的合作机制不断充实、成熟，走向常态化。合作已涵盖政治、经济、科技、金融、贸易、社会、人文多个领域，形成多层次、全方位的合作架构。历届峰会在人文交流、科技创新、教育合作等领域达成的共识和成果，都不可避免要从人才合作培养出发。在首届俄罗斯叶卡捷琳堡峰会上发表的联合声明就提及"加强科技和教育合作，参与基础研究和研发高技术。"在第二届巴西利亚峰会上，领导人共同重申愿加强金砖国家在科技、文化、体育领域的合作。金砖国家领导人第十一次会晤上发表的《巴西利亚宣言》，对金砖国家在文化、治国理政、艺术、体育、媒体、电影、青年和学术交流等领域举行的一系列会议和活动表示满意（见图1）。这足以看出历届金砖峰会对人才培养合作的重视，并且现已取得一定的成果。

2. 金砖国家目前人才培养合作的基础

（1）金砖国家人才培养合作情况

教育部统计数据显示：2017年，巴西来中国留学的人数1624人，中国前往巴西留学的人数较少，约百人；2018年，中国去往俄罗斯留学的人数接近30000人，俄罗斯到中国留学的人数接近20000人；2019年，印度来中国留学的人数超过23000人，中国去印度留学的人数大约3000人；据不完全统计，中国到南非留学的人数约12000人，南非前往中国留学的人数3000人。在我国教育部的中外合作办学项目中，与俄罗斯达成的合作最多，共72项，但还未能与其他金砖国家开展合作办学。可见，金砖国家间的人才合作培养已经具备一定基础。

（2）金砖国家人才培养合作载体的建设情况

目前，金砖国家人才培养合作的实体化载体主要有孔子学院和鲁班工坊项目，其中，孔子学院是面向全球开展汉语教学，传播中华文化，促进中外人文交流和民心相通，推动多元多彩的人类文明发展，[1] 如今已遍布世界，在金砖各国也建立了不少孔子学院。其中，俄罗斯的孔子学院数量最多，第一所于2006年12月成立，截至2020年共建立19所。鲁班工坊是天津市原创并率先实施建设的中外人文交流知名品牌，是中国职业教育国际化发展

---

① 《办好孔子学院贡献中国智慧》，教育部网站，2018年1月24日，http://www.moe.gov.cn/jyb_xwfb/moe_2082/zl_2017n/2017_zl73/201801/t20180124_325383.html。

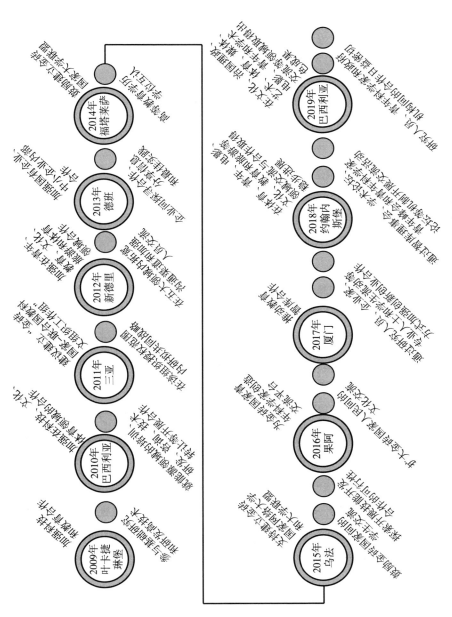

图1 历年峰会与人才合作培养相关的共识与成果

的重大创新。截至 2020 年，仅在印度和南非两个金砖国家建立两家鲁班工坊（见表 1），由于鲁班工坊在各国职业教育中的出色表现，未来还需在金砖国家中成立更多的鲁班工坊，凭借中国优秀的职业教育经验、先进的技术等，为金砖各国培育出更多优秀的职业技能人才。

表 1 截至 2020 年金砖国家孔子学院与鲁班工坊的数量

国家	孔子学院	鲁班工坊
俄罗斯	19	0
巴西	11	0
印度	4	1
南非	6	1

资料来源：国家汉办/孔子学院总部网站，www. hanban. org；张雯婧《从天津原创到国家名片》，《天津日报》2021 年 7 月 1 日。

（3）金砖国家一流智库建设情况

智库是指对国内外问题进行研究分析，提出建议并将成果递送至决策者或向民众公布以影响政府决策的专业型政策参与机构。[①] 智库尤其是全球一流智库作为金砖国家发展的重要智力支持，是金砖国家相互借鉴发展经验、寻求人才交流合作的重要载体和基础。根据国际权威的全球智库评价报告《全球智库报告 2020》（2020 Global Go To Think Tank Index Report）——由美国宾夕法尼亚大学"智库研究项目"（TTCSP）编写——评选出全球智库综合排名的 175 强。这 175 家智库是全球智库中发展水平最高、集聚人才最多，并能够对政府决策产生重大影响的全球一流智库。近年来，金砖国家已经拥有相当数量的全球一流智库，可与欧美国家和地区相媲美。截至 2020 年，在金砖国家中，中国拥有智库数量最多，南非人均拥有智库数量及单位 GDP 接受智库服务程度排名第一，巴西单位智库贡献人均 GDP 最多。金砖国家智库数量与一流智库数量基本情况见表 2。

---

① 谢毓湘等：《多媒体情报系统体系结构研究》，《计算机应用研究》2008 年第 6 期。

表 2   截至 2020 年金砖国家智库数量与一流智库数量

单位：家

国家	智库数量	智库数量世界排名	一流智库数量
俄罗斯	143	12	3
印度	612	3	9
巴西	190	9	2
南非	102	15	6
中国	1413	2	10

资料来源：J. G. Mcgann，"2020 Global Go To Think Tank Index Report"，SAMRIDDHI，Jan. 2021，https：//samriddhi. org/news - and - updates/2020 - global - go - to - think - tank - index - report/.

3. 金砖国家目前人才培养合作的典型举措

（1）法律院校联盟和法律人才培养合作

2015 年 10 月，圣保罗天主教大学、乌拉尔国立法律大学、莫斯科国立法律大学、阿米提大学、印度法律研究院、华东政法大学和开普敦大学签署了金砖国家法律院校联盟协议，成立金砖国家法律院校联盟，旨在逐步落实金砖国家大学之间的双边和多边法律合作，开展合作教育和培训计划，共同培养一批具有全球化视野、通晓国际规则、能够参与国际法律事务并为金砖国家成员国政府、专业法律人士和跨国企业提供人才支持的法学家和律师。

首期金砖国家法律人才培养项目（中国法培训）于 2015 年 10 月在华东政法大学金砖国家法律人才培养基地举办。该基地于第二届金砖国家法律论坛开幕式上成立，旨在为金砖国家法律人才开展中国法培训，增进金砖各国法学法律界的相互了解，为金砖国家更高水平合作提供法律人才保障。来自巴西、南非、印度和俄罗斯的 20 位律师和学者参加了首期培训，系统地学习了中国的法律制度，参加了形式多样、内容丰富的实务考察及学术交流等活动，对中国法治建设新进展、经贸法律制度、司法实践和法律文化有了更为深入的了解。第二期金砖国家法律人才培养项目（印度法培训）于 2016 年 9 月在印度阿米提大学举办。

（2）金砖国家标准化研究中心

为促进金砖国家合作机制走深走实，发挥标准化在互联互通中的基础性作用。2017 年 9 月，浙江省政府与国家标准委签署了省部共建金砖国家标准化研究中心合作方案，筹建金砖国家标准化（浙江）研究中心，推动中国标准"走出去"。研究中心是目前我国唯一研究金砖国家标准化战略、产业政策、标准体系、法律法规和贸易政策，支撑金砖国家标准化合作机制的综合性平台。

2018 年 10 月 22 日，新工业革命伙伴关系背景下金砖国家标准化国际交流与人才队伍建设暨第二届"之江标准"研讨会在义乌召开。"金砖四国"专家参与并围绕国际标准化合作、人才队伍建设、人才教育等问题展开交流和讨论。2019 年 5 月，金砖国家标准化研究中心筹建通过验收。两年间，研究中心在家电、纺织、皮革等方面形成了一批研究成果，发表了《标准化助力金砖国家"软联通"》等理论研究报告；搭建了"一站式、双方向、多语言"的金砖国家标准化信息共享和服务平台，服务了照明、小家电、泵阀、经编等浙江特色产品的出口；组建了以联合国原副秘书长沙祖康为首的顾问团，成立了包括复旦大学金砖国家研究中心、浙江师范大学非洲研究中心等国内知名研究机构的研究联盟；开展了一系列金砖国家标准化交流与合作，储备了一支具有较强研究能力的人才队伍，有效推动和深化了金砖国家标准化合作。

（3）金砖国家大学联盟及金砖国家网络大学

金砖国家大学联盟和金砖国家网络大学是"一带一路"倡议下金砖国家高等教育多边合作的两大机制，是金砖国家文化教育和人才培养合作共同体的重要载体。"金砖国家网络大学"指集散在五个国家、优势互补的高水平新型网络状联合大学实体。2015 年 11 月，第三届金砖国家教育部长会议签署了《关于建立金砖国家网络大学的谅解备忘录》，指出在创立阶段，每个金砖国家网络大学参与方的数量不超过 12 所。截至 2019 年，金砖国家网络大学已经有 56 所高校，其中中国有 11 所、俄罗斯有 12 所、印度有 12 所、巴西有 9 所、南非有 12 所。① 各参与院校均为各国教育部根据五国共同确定的建

---

① 高长征、田伟丽、刘嘉琪：《金砖国家网络大学人才培养模式探讨》，《高等建筑教育》2020 年第 6 期。

设标准筛选、推荐的高水平院校。

目前，金砖国家网络大学的合作方式包括"点状合作"、"线状合作"和"面状合作"。"点状合作"是以联盟高校优势学科研究机构为载体的基础合作。该类载体有明确的研究方向和任务，是培养创新应用人才、产出高水平科研成果、服务社会的智库机构，聚焦社会热点问题，涉及研究人员数量少、研究层次较高，较易于推进开展国际多边合作。

"线状合作"是以信息平台为载体的长线合作。参与高校通过搭建教育合作平台、科研信息系统平台，推动大数据、物联网、人工智能技术在教学领域的应用，推进信息技术与教学深度融合，重塑教育形态。让联盟参与师生可以突破时间和距离的限制进行高频交流，产生充分的知识碰撞和交融。各类信息平台的资源通过持续累积，为未来金砖国家国际教育深度合作发挥长效作用。

"面状合作"是以联合学院为载体的深度合作。强强联合创办学院，实现教育资源的最大化整合利用；面对面实践培养，满足应用型学科培养专业化、技术化、数字化高级工程人才的需求。2016 年，深圳北理莫斯科大学的成立就是这一阶段的合作典范。2018 年，华北水利水电大学与俄罗斯乌拉尔联邦大学联合创办了华北水利水电大学乌拉尔学院。中俄双方从以研究机构为载体的基地建设基础合作，到以多元平台为载体的串联交织线型合作，再到以创办联合学院为载体的深度合作，最终自下而上地完成了"金砖国家网络大学"中俄双边国际教学的网络状合作。

（4）金砖国家技能发展与技术创新大赛

为促进金砖各国的技能发展，搭建国际化人才合作平台，金砖国家工商理事会技能发展工作组（中方）于 2016 年底倡议开展金砖国家技能发展与技术创新大赛，通过以赛代培的方式为五国的技能、技术人才提供学习交流的机会，提升各国人才培养能力。2017 年中国作为金砖国家轮值主席国，在教育部、外交部和工信部等部委的指导下，于 6～8 月成功举办首届金砖国家技能发展与技术创新大赛，大赛共分为 5 大独立赛项：数控大赛、3D 打印与智能制造大赛、创客大赛、智能制造挑战赛、焊接大赛。俄罗斯、南非、印度参与了相关赛项并派专家参加相关活动，越南、蒙古国等共建"一带一路"国家也积极参与竞赛活动，总计吸引了 4500 余人参加。2018 年的第二届金砖大赛分为中国、南非、俄罗斯三个赛区，历时近一年，举办赛事 23 场，近 5 万人次参与。第三届金砖大赛包括了 17 场中国国内赛事，15 场中国国际赛事和 2 场俄罗斯国际赛事。第四届金砖大赛分为中国、俄罗斯两大赛区，共举办 17 场比赛，涉及 56 个赛项，参赛人数 5260 人。截至 2021 年，累积近 10 万人次参加各类竞赛及会议，金砖大赛现已成为推动金砖国家间人才交流的重要活动之一。

金砖国家技能发展与技术创新大赛的举办可为金砖各国的职业教育提供一种新的合作途径，在比赛期间各国人才不仅能够进行技术交流与人文交流，同时也可根据各国在赛事上的表现判断其职业教育存在的不足之处，对症下药，通过积极合作进一步提升各国职业教育的水平，促进金砖国家的技术、技能人才培养与选拔。

（5）金砖国家体育运动会

作为金砖合作的体育成果，首届金砖国家运动会于 2017 年 6 月胜利召开，共设置了男篮、武术、女排 3 场赛事 10 个小项的比赛，金砖国家 200 多名运动员受邀来到中国参赛角逐。2017 年 8 月，金砖国家少年足球赛举行，"金砖五国"及部分观察员国的 20 支足球代表队 400 多名运动员受邀来到中国，欧足联代表也莅临指导。运动会把越来越多的运动员请进来，体育交流越来越频繁。金砖国家运动会、金砖国家青少年足球赛、中国俄罗斯青少年运动会等相继召开，金砖国家体育交流逐步走向常态。

金砖国家间体育赛事的开展促进了国家内部体育领域的合作与发展，为国家间体育事业的优势互补提供途径，为体育人才的培养奠定基础。中、俄作为体育大国，有着较为完善的管理体系和完整的、层次鲜明的竞技训练和比赛体系，印度、巴西、南非三国在该方面亟待加强，可通过金砖国家平台向中、俄两国寻求帮助。而中国足球可向"世界足球王国"巴西取经，寻求适合中国足球运动员与教练员等的培养体系。印度的板球、南非的橄榄球等优势项目，通过金砖国家体育赛事这个平台，和各国相互借鉴与学习，达到优势互补的目的，从而培养出更多优秀的体育人才。

（二）金砖国家人才培养合作存在的问题与挑战

金砖国家在过去 10 多年中的人才培养合作成果明显，多方机构参与其中，在不断的合作中积累了经验，加快了各国国际化人才队伍建设。但在合作过程中仍不可避免遇到包括政治互信、语言文化、经济发展模式等方面的制约和挑战。

1. 文化与语言差异的制约

金砖国家内部的文化差异较大，南非、巴西受西方文化影响较大，西方殖民者带来的文化与当地文化和宗教相碰撞，形成了各自独有的文化特征。在现有的中南、中巴人才合作培养中，文化差异的影响不可避免地凸显出来。比如在人才合作培养过程中，留学生就出现了时间观念不强、不完全按照课程要求、对教学模式不适应等方面的问题。①

共同的语言是人才交流以及合作培养的基础，而金砖五国的语言差异很大。五国中只有印度和南非的官方语言之一是英语，其他国家都各自不同，而南非和印度国内的语言系统也很复杂，熟练掌握英语的人口比例不高，这就给五国人才培养合作的覆盖面造成了基础性障碍，影响了人才深入了解各国文化。加上俄语、西班牙语在我国作为小语种专业，能够熟练掌握并进行专业交流和培训的师资很有限，提升了中俄、中巴人才合作培养的成本。

2. 数字鸿沟问题限制人才培养的交流合作

数字经济已经是近年来全球关注的热门领域，金砖国家领导人峰会也多次就这一领域展开讨论，各国在数字技术、数字人才、数字市场方面各具优势，是未来合作的重点领域。但目前各国在数字技术和数字要素的标准、规范化和应用监管方面的差别很大，导致在数据存储、无线通信、安

---

① 肖娴、张长明：《非洲来华留学生跨文化适应问题与对策》，《高教学刊》2016 年第 15 期。

全维护和物联网等领域都形成了多方面的"数字鸿沟"。这不利于各国之间融合各自的技术优势、人才优势和市场优势，共同推动数字技术的应用和再创新，也影响了数字经济领域的人才培养合作。金砖国家在国家层面和行业层面上都实施了不同程度的数字技术的标准化战略，引导和鼓励企业或企业联盟实施"数字技术专利化—专利标准化—标准垄断化"的三步战略，一方面在本国推广统一标准的应用，另一方面占领国际标准的制高点。

虽然各国逐步意识到数字经济边际价值递增的特性，不断开放和共享数字技术和市场，但各国的数字发展战略主要考虑的还是如何加强本国数字设施和平台建设，未能站在更高的角度考虑如何实现在应用领域的互联互通。比如，各国在数字所有权、使用权、隐私保护等方面监管差别很大，限制了人才的交流合作。中国与印度的发展速度较快，整体规模较大，数字经济在国民经济和社会生活中的应用范围和影响越来越大，而巴西、南非与俄罗斯的数字经济在国民经济中的占比还相对较小，影响有限，无论是数字经济的总体规模还是数字产业的发展水平，与中国和印度相比，都存在明显的"数字鸿沟"。数字经济发展的阶段性和路径差异将会限制金砖国家在该领域人才合作培养的目标和方向。

3. 人才培养质量评估缺位

人才培养质量的评估是根据人才培养目标和特定标准，运用一定的途径和方法，对人才合作培养的工作开展过程和成效进行价值判断。开展人才培养质量的评估可以总结发现人才合作培养中存在的问题，并制定相应的改进方案，以帮助进一步明确人才培养的定位和目标，规范人才培养的标准。目前，大部分的金砖国家人才合作培养缺乏成效评估，无论是短期培训，还是职业教育和学位教育，往往培养期结束之后培养机构与人才就断了联系，人才各自回国之后的学习和就业情况不得而知，也就无法对合作培养项目的实际成效开展评估。比如前文提到的文化和语言障碍对培养质量的影响，以及由于技术标准和学习体系差异对培养质量的影响究竟如何？有效评估的缺位，一方面导致培养承办机构难以准确发现问题，缺乏改进培养方案的动力；另一方面导致社会和政府对培养承办单位的培养质量缺乏监督，缺少了进一步支持的动力，在一定程度上也抑制了合作培养的进一步需求。

（三）金砖创新基地人才培养合作的机遇分析

金砖国家新工业革命伙伴关系的目标愿景是秉持开放、包容、合作、共赢的金砖精神，本着共商、共建、共享的原则，深化金砖国家在数字化、工业化、创新、包容和投资五大领域的合作，推动将金砖合作第二个"金色十年"美好愿景化为现实。其中，伙伴关系合作的主要领域涉及两个方面的人才合作。其一，鼓励金砖各国开展尖端技术方面的人力资源开发合作；其二，鼓励金砖各国采取措施，推动落实金砖国家未来网络研究院、数字金砖任务组、技术转移中心、青年科学家交流计划、青年创新创业人才交流等倡议或项目。

1. 新冠肺炎疫情刺激金砖国家经济发展的内生需求

从新冠肺炎疫情的应对情况来看，发达国家未能在全球抗疫合作中发挥主导作用。在疫情中，发达国家暴露出防疫物资不足的问题引发了全球各国在自主控制医疗产业问题上的强烈内生需求。与发达国家相比，金砖国家虽然也遭受重创，但由于在市场和劳动力方面的优势，可能将在世界经济复苏中发挥更为重要的作用，尤其是中国成为 2020 年全球唯一实现经济正增长的主要经济体。为应对疫情导致的经济衰退，其他金砖国家纷纷采取财政和货币刺激政策。俄罗斯制订"经济恢复政策计划"，将经济增长和降低失业率作为两大优先目标，预计将投入 7.5 万亿卢布，到 2022 年实现 3% 以上的经济增长率和 5% 以下的失业率。[①] 印度 2020 年 5 月以来已实施三轮经济刺激政策，分别在流动性支持和基层民众的生活救助、刺激需求，以及支持旅游、酒店、餐饮等受疫情冲击严重的产业，刺激的资金总额超过 22.5 万亿卢比。并重点投资大规模基础设施以带动就业和经济恢复，预计将创造约

---

① "Russia Prices Economic Recovery Plan at $ 70 Bln", The Moscow Times, 3 Jun. 2020, https：//www. the moscowtimes. com/2020/06/02/rassia – prices – economic – recovery – plan – at 70bln – a70456.

80 万个工作岗位，拉抬经济增长 3 个百分点。① 2020 年 7 月，巴西经济部提出减税和税制改革方案，旨在刺激巴西国内投资和消费，以重振经济。俄罗斯相关机构研究预测，如果金砖国家能够避免第三波疫情的影响，在 2021 年的经济增幅将有望达到 6%～7%，② 从而成为世界经济恢复增长的主要推动力。金砖国家推出的一系列经济刺激政策，势必会使大量资源应用于新工业革命以及新技术中，催生大量的新兴就业岗位和人力资源需求。

2. 公共卫生领域人才合作培养的需求凸显

随着疫情的持续影响，公共卫生领域的合作已受到"金砖五国"的普遍重视。根据金砖国家科技和创新框架计划，俄罗斯担任金砖国家主席国期间将举办 20 多场与卫生领域相关的科技创新和供应链合作活动，涉及疫苗研发、高端医疗器械生产、智慧医疗等。一方面，疫情的冲击使得公共卫生治理相关议题在峰会上的重要性显著提升，各国在加强相关专业人才合作培养方面的需求凸显。在 2020 年圣彼得堡峰会上，中国提出设立疫苗研发中国中心，建议采用线上线下相结合的方式，开展五国疫苗联合研发和试验、合作建厂、授权生产、标准互认等疫苗相关工作，进一步推动了五国在疫苗研发和生产方面的人才合作。另一方面，疫情所引发的医疗物质短缺问题，使金砖各国在医疗产品以及供应链稳定方面的内在需求非常迫切，这就要求各国充分利用大数据、人工智能、区块链等新技术强化医疗产品需求分析、溯源管理、智能制造，从而对这些技术在医疗产品产业链和供应链基础设计及应用管理的人才需求大幅增加。

3. 数字技术的应用推动人才培养合作方式创新

2020 年以来，金砖国家的卫生、外交、科技、经贸、财政、统计、税务等部门已多次通过视频方式召开会议，就联防联控、公共卫生治理长效机制、数字贸易等问题开展沟通合作。在民间层面，各国卫生专业人员通过构

---

① 沈陈、徐秀军：《新冠肺炎疫情下的金砖国家合作：挑战、机遇与应对》，《当代世界》2020 年第 12 期。
② 王修君：《俄外经银行研究报告：明年金砖国家将成世界经济复苏主动力》，中国新闻网，2020 年 11 月 17 日，https://www.chinanews.com/gj/2020/11-17/9340167.shtml。

建虚拟平台等方式进行研讨和发布疫情数据，共享临床病例和实验进展，在线实现提升彼此疫情应对能力的同时，促进了人才交流合作的方式创新。在制定《金砖国家经济伙伴战略 2025》的过程中，五国各个高校和智库专家就电子商务收益与风险、数字商品和服务消费者保护、跨境支付安全、在线解决纠纷、网络诈骗等问题展开线上研讨。此外，金砖国家还举办了包括金砖国家科技创新指导委员会会议、金砖国家线上数学竞赛、金砖国家青年官员论坛等一系列线上人文交流活动，推动了各类人才培养方式网络化。

4. 各国深厚的文化底蕴具有天然的相互吸引力

当前，金砖国家间的文化交流已经取得了不少成果。五国都具有悠久而牢固的文化基础和沉淀，都是文化大国，文化和制度差异虽然会造成交流合作在执行层面的障碍，但彼此相互吸引，对各国人才形成了天然的吸引力，促使各国人才对于不同文化和不同发展路径产生极大兴趣，这是金砖各国人才交流合作走向新时代的重要基础，也是开创人才合作培养广阔前景的重要基础。同时，文化产业作为 21 世纪以来的朝阳产业，是全球竞争新形势下各国相互合作的重要切入点。各国在人文思想和文化习惯等方面的交流与人才合作培养，既可以避免技术和人才竞争的冲突，又可以加深相互了解，促进多方面的经贸合作。

二　金砖创新基地人才培养合作现状

（一）金砖创新基地人才培养合作举措与进展

1. 中俄共建数字经济研究中心项目

该项目合作的洽谈从 2020 年 10 月 28 日开始，历经 5 次视频会议。2021 年 3 月 12 日视频会议初步确立合作方案及设置关键绩效指标，双方拟建立数字经济研究中心（智库）、信息技术创新研究中心、技术孵化器、国际人才交流中心，互派留学生和高层次人才，重点课程以数字经济领域为主。2021 年 9 月 7 日，在厦门国际会议中心召开的"金砖国家新工业革命合作伙伴论坛"上，"中俄数字经济研究中心"正式揭牌成立。该中心由厦门市人民政府、厦门大学和莫斯科罗蒙诺索夫国立大学三方共同发起成立，是厦门务实推动金砖国家国际合作、促进高校科研成果落地转化的重点建设项目。中俄数字经济研究中心兼具"新型研发机构"与"新型高校智库"双重属性，下设中国分院（厦门）与俄罗斯分院（莫斯科）开展密切合作，以充分融合发挥两国在数字经济领域的优势，探索建立交叉学科发展特区。

2. 实施金砖工业能力提升培训基地项目

2020 年 12 月《关于联合发起厦门金砖工业能力提升培训基地建设框架协议》签署以来，根据协议内容已开展培训课程建设工作。2021 年 2 月，厦门市金砖办向厦大、华大、厦门城市职业学院、华为、西门子、IBM 等 6 家单位发函征求对厦门金砖工业能力提升培训基地建设的方案，6 家单位已回复对厦门金砖工业能力提升培训基地建设的初步方案。2021 年 3 月，厦门市金砖办相继进行现场实地考察，并与主要负责人进行洽谈，商讨具体课程方案。截至 2021 年 10 月，根据厦大、华大、华为、西门子等高校和企业提供的课程资源，厦门市金砖办已收集整理形成第一批 6 个领域（宏观经济政策解读、跨文化交流融合、智慧城市管理、智慧产业、智能制造、通信与互联网）、11 个培训项目（约 320 门课程）的培训方案并对外发布。同时完成线上培训直播平台搭建，建立了专业的翻译和保障团队，配备充足的软硬件设施，为开展常态化培训提供保障。与工信部人才交流中心、教育与考试中心合作推动将金砖国家人才培训课程纳入国家人才培训平台，并导入工信部 200 多个合作培训机构以及 4000 多项培训课程资源。凭借我国在数字经济、5G、智能制造等领域的优势，形成模块化的课程培训方案 1.0 版，后续将根据专项培训需求，调整升级培训方案。

3. 启动金砖人才培训工作

截至 2021 年 9 月，厦门市委组织部作为人才培养工作的牵头部门已组织 6 期金砖创新基地工作线上专题学习培训和 3 期"千人学堂"讲座。据不完全统计，参训学员超过 14 万人次，浏览量超过 413.67 万人次，总时长超过 10 万学时。海关总署在厦设立的金砖国家培训中心举办南非海关培训班、德班海关能力建设研讨班等多场国际研讨培训活动。厦门市金砖办开展4 期线上人才培训，参训学员逾万人次，覆盖"金砖五国"及德国、荷兰、乌克兰、巴基斯坦、哈萨克斯坦、智利等 10 余个国家。厦门市金砖办与巴西驻华大使馆共同举办 2 期面向金砖和"金砖 +"国家的线上人才培训活动，近 5000 名巴西、印度、乌克兰、巴基斯坦、哈萨克斯坦、智利等金砖及"金砖 +"国家学员参加培训，有效获取各方人才培训需求，营造了良好的人才合作氛围。毛里求斯、埃及、尼泊尔等国学员通过视频回看参训，实现了线上培训的网络效应，助力人才培训活动在更多金砖及"金砖 +"国家推广。

4. 举办促进金砖工业创新合作大赛

该大赛是工信部推动金砖国家工业领域创新合作，特别是青年创新交流的标志性平台。大赛每年一届，总决赛与金砖国家新工业革命伙伴关系论坛同期举行。第二届大赛由工信部、福建省人民政府、厦门市人民政府联合主办。2021 年 6 月开始启动项目征集，以"创新发展、共筑未来"为主题，围绕数字化、网络化、智能化、绿色化，设立工业互联、智能制造、绿色循环三大赛道，经过两个月的项目征集，吸引来自金砖以及"金砖 +"国家各重点行业的 1199 个项目参赛，其中工业互联赛道有 402 个，智能制造赛道 461 个，绿色循环赛道 336 个，共遴选出 88 个项目进入决赛，涵盖 5G、数字孪生、人工智能等领域，经过激烈角逐，19 个项目脱颖而出，其中 10 个项目与俄罗斯、南非、巴西、印度、美国、英国、法国、德国、意大利等国家开展合作，充分展示了新工业革命领域的前沿技术和最新应用成果。

5. 举办金砖国家新工业革命伙伴关系论坛

论坛由工信部牵头，会同国家有关部委及地方政府主办，是中方推动落实伙伴关系的标志性平台，每年举办一次。首届金砖国家新工业革命伙伴关系论坛于 2019 年在南京举行，第二届论坛于 2020 年在厦门市举行。第三届论坛于 2021 年 9 月 7 日在厦门举行。在主论坛下开设新工业革命企业家论坛和项目对接活动，由工信部、福建省政府及相关国家部委主办，设立百家企业现场签约大会、新工业产业对接圆桌会，以及 5G、产业数字化、工业互联网与智能制造、现代金融科技、人工智能与机器人、北斗卫星、区块链、云计算与大数据、信息与网络安全、溯源中国生态、城市更新、文旅康养、数字贸易、车联网等 19 场专题产业对接会。

（二）金砖创新基地人才培养合作面临的困难

一是金砖国家互联互通程度较低。在签证方面，目前巴西、俄罗斯公民可在厦门空港和海港口岸享受 144 小时过境免签政策，但该项政策不适用于南非、印度。在航线方面，2020 年开通的厦门—莫斯科航线，是目前福建省唯一直航金砖国家客运航线。由于受到疫情影响，目前客机暂缓执飞，货运发展情况良好。因此，需要向上级部门争取在签证和航路方面的支持，便利人员直接往来。

二是对金砖国家吸引力尚未凸显。厦门暂未形成对金砖国家的政策洼地优势，对金砖国家吸引力有待提升。借助金砖创新基地建设契机，需要向上级部门争取政策支持，将厦门定位为开展金砖合作的重要门户城市，在安排金砖国家高访团组访问、项目合作、设立金砖国家驻华机构、便利金砖国家人员往来等方面给予厦门相关资源倾斜，助推金砖国家政府、企事业单位等官方或民间机构同厦门开展交流合作。

三是缺乏有影响力的国际人文交流品牌支撑。目前，厦门与金砖国家的交流合作中，尚未形成较有影响力的、金砖国家喜闻乐见、乐于参与的人文交流品牌平台，导致厦门在金砖国家民众中的知名度还不高。

四是亟须加强人力资源支持。目前，在厦门市涉外单位中，无论是掌握金砖国家语言的外语人才，还是熟悉金砖国家交流合作的专才都极为不足。随着金砖基地建设全面深入，可以预见人力资源缺口将更加凸显。一方面，需要从顶层设计上给予金砖创新基地一些特殊的人才政策，从编制、薪资、落户等方面增强对高层次国际人才的吸引力；另一方面，要加强专项领域培训，加强自身人才队伍建设。

五是小语种专业人才不足，影响人才培训质量。需要引进和培养一批小语种文化旅游专业人才，尤其是俄语、葡萄牙语人才，还需进一步完善厦门市道路、文化场馆和旅游景区（点）小语种外语导览。

六是为防控疫情，金砖国家采取了一系列边境封锁措施，五国民众的跨境往来受阻。金砖国家部分人文交流活动也因此受到影响，短期内对基地人才培养的线下合作推进工作造成阻碍。

三　金砖创新基地人才培养合作的重点领域

金砖国家 10 多年来已经建立起多层次、多领域、多形式的人才培养合作载体网络，面对全球竞争局势变化、疫情冲击，以及短期内难以改变的语言文化障碍、数字技术鸿沟等现状，金砖国家可以基于相对比较优势，面向全球发展长期趋势，聚焦新工业革命关键环节，着眼人才培养共性需求，在以下几个领域开展人才培养深入合作。

（一）建立金砖国家海洋经济人才交流与培养合作机制

海洋研究对于人类认识地球环境、获取丰富资源和拓展发展空间至关重要。金砖国家都具有丰富的海洋资源，在当前国际形势发生复杂变化、全球化发展和治理不确定性增加的背景下，海洋研究合作和相关领域的人才交流将成为我国参与全球海洋国际事务的关键突破点。目前，我国与金砖国家正逐步加强海洋科技交流合作，尤其是在海洋极地领域已经开展了扎实的合作，并且共同解决在海洋灾害、开发海洋资源、发展海洋产业、维护海洋权益等方面的海洋经济开发与治理问题。但在合作的深度和广度不断拓展的同时，由于专门的合作制度尚未建立，在推进多边海洋合作方面面临一定的挑战。因此，金砖创新基地充分利用既有科技成果，依托厦门高校在海洋经济领域的研究优势，建立人才交流与培养合作机制，密切彼此涉海活动的相互联系，寻找符合各自利益需求的优先合作着力点，对推进金砖国家海洋科技、经济等方面的合作具有重要意义。具体可以通过海洋科技战略合作、联合打造研究中心、组建联合科研团队、推动人才深度参与国际合作研究、与其他涉海国际组织及机构等联合开展能力建设培训等方式展开。

（二）七大前沿数字技术紧缺人才培养

数字人才是金砖国家发展数据经济的第一资源。金砖各国高等院校近年来围绕大数据、云计算、区块链、移动互联网、物联网、高性能计算和人工智能等新兴技术展开深入研究，设立独立研究机构，推进社会学、经济学、管理学、法学和政治学等学科与数字技术前沿学科的融合研究。此外，各国逐步根据本国数字产业发展规划，对拔尖数字人才需求做出初步预测，根据拔尖数字人才储备情况和发展规律，以及高校、研究机构和行业重点企业拔尖数字人才培育情况，面向未来对数字人才进行布局，重点设立领军人才和青年拔尖数字人才培育项目，加强对有发展潜力的年轻数字人才的资助。前沿数字技术的人才在全球都十分稀缺，而且大部分集聚在发达国家，金砖各国在数字前沿领域有各自的优势，这些技术在新工业革命领域具有广泛的应用前景和需求，新工业革命伙伴关系创新基地可充分整合各国、各机构研究力量加强数字核心技术人才的联合培养。

（三）加强创新创业人才培养合作

金砖国家应充分利用推动新工业革命领域的数字技术推进创新创业人才培养合作。近年来，金砖国家相继发布了数字经济和新工业革命纲领性文件，加强各国国家产业创新中心、国家技术创新中心、国家科技园区等创新平台的互联互通，充分发挥创新平台资源集聚优势，提高资源配置效率，在更大范围、更高层次、更深程度上推进创新创业，必将为新工业革命伙伴关系创新基地的建设提供更大的舞台和载体。创新创业人才的培养一是可以积极利用互联网等信息技术支持创新创业活动，降低创新创业主体与资本、技术对接的门槛；二是可以鼓励企业与研发机构等通过互联网众包平台把部分研发任务分发和交付，推动产品技术的跨学科融合创新，促进企业降低成本和提质增效；三是打造"金砖赛道"，每年 9～10 月邀请入围项目来厦进行复赛、决赛，强化后续服务对接和资源保障，吸引更多新工业革命领域创新创业人才和项目落地。

（四）开拓人才国际化视野和增强应对国际挑战的能力

与新工业革命相关领域人才集聚的国家建立合作关系，重点在人才培养理念、科研能力提升，高端紧缺师资共享等方面推进合作。根据当今国际化人才培养的要求，主动引进全球优质教育教学资源。积极借鉴和吸收国际教育人才培养的课程体系中符合新工业革命需求的内容，持续更新培训内容、创新教学方法等，引进优质教育资源，集聚新工业革命各领域顶尖人才，提升和增强人才培养的国际化水平和能力。与国际特别是金砖国家知名教育机构合作，共同设计人才培养方案、培训教学大纲、合作开发新兴课程、开设金砖合作培养项目，共同培养高层次国际化人才。搭建与国际教育培训机构沟通交流的信息平台，以国际化标准推进培养质量提升，在注重国际影响力提升和满足各国人才培养合作需求的同时，紧跟新工业革命和全球竞争局势在多方面的要求变化。

（五）加强金砖国家会展旅游人才培养合作

国与国之间的交流合作，不仅是政府层面的正式关系，更多的是各国人民心意相通的问题。会展旅游作为各国人民交流最直接和有效的互动方式，是实现各国文化相知、相容不可缺少的路径。厦门作为国内知名旅游城市，具有丰富的旅游资源和优良的会展文化传统，据此开展会展旅游人才的培养合作具有天然的优势。可按照"每季度一个大活动、小活动不断"的节奏，联合国内政府智库、企业、机构、行业协会等，组织开展金砖系列活动，持续增加金砖热度，营造金砖合作良好氛围。结合投洽会，承办金砖国家新工业革命伙伴关系论坛、促进金砖工业创新合作大赛、金砖国家新工业革命展览会、新工业革命企业家论坛和项目对接活动。以投洽会为重要合作平台，推动建立金砖国家会展旅游城市发展交流机制。可考虑向俄罗斯莫斯科、圣彼得堡，印度孟买、新德里、阿格拉、金奈，巴西巴西利亚、圣保罗、里约热内卢、伊瓜苏，南非德班、约翰内斯堡、开普敦等旅游会展城市或商协会发起倡议，建立友好交流网络。

四　金砖创新基地人才培养合作的政策建议

金砖创新基地虽然在培养方案、合作研究、人才培训、创新大赛等方面已经取得了一些进展和成效，但面对广阔的合作前景和各方面的困难，还需与高校、智库、民间团体、政府机构等多方力量加强务实合作。

（一）加强金砖国家间各类载体合作，打造立体式人才培养合作网络

高校是人才培养合作的重要载体和参与者，未来基地的人才培养合作还需进一步扩大与高校的合作范围、提升办学质量、克服语言文化障碍。具体包括以下四个方面。

一是加强与国内知名高校合作，争取工信部直属7所高校与厦大、华大等福建省高校共同参与金砖创新基地建设，联合培养人才；推动华侨大学开设"金砖企业家班"；争取北京第二外国语学院在厦联合设立金砖国家外语培训中心。

二是扩大厦门高校与金砖国家教育合作范围。金砖国家的教育合作和交流仍然较为有限，因此，金砖创新基地的人才合作培养应进一步拓宽现有的教育合作领域，定期举办教育部门和大学论坛，争取华侨大学加入金砖国家大学联盟和金砖国家网络大学，进一步加强教育合作网络；在厦门几所高校和职业院校增设新工业革命相关专业、金砖国家来华留学生名额和奖助学金。

三是提升金砖国家合作办学质量。金砖高校需要对自身的教育制度做进一步的调整与完善，针对来自不同国家的留学生，应为其制定更为灵活的教育管理政策，让留学生可以更快适应学习环境并学到知识。还可实施本土学生与金砖留学生"结对子"方案，让一个或多个本土学生和一个金砖留学生一起学习，共同进步。同时，邀请金砖高校内的知名学者到各国高校举办学术讲座、开展研讨会等，进一步提高金砖国家高校人才培养

合作的质量。

四是推动金砖鲁班工坊建设。在各国成立鲁班工坊新工业革命相关项目，与基地合作职业技术学院进行人才合作培养。将初期的设备共享、技术共享、标准共享、课程教材共享等向深层次的人才培养模式、整体教学解决方案等长效合作机制转变，[①] 将职业教育国际合作贯穿金砖国家技术技能人才培养的全过程。

（二）创新金砖研究智库合作机制，打通国际人才培养渠道

以往人才合作培养的经验表明，智库是建立合作的重要通道。中方顶级智库应积极参与、承办国际会议或国际学术研讨会，推进金砖智库信息交流合作。具体包括以下五个方面。

一是立足 2022 年中方担任金砖轮值主席国契机，主动谋划，有针对性地争取在全省各地市举办金砖国家领导人会晤机制框架下新工业革命相关智库配套活动和机制性会议。

二是健全人才引进机制。中国智库的人才结构较为单一，应注重复合型人才的培育与引入。中方智库可积极引入来自金砖国家的优秀人才或前往金砖国家深造的留学生，提升中方智库的国际化水平。对于新引入的人才还需跟踪培养，通过定期培训、专题研讨会等方式进一步提升其科研水平。

三是建立金砖智库实习机制。招募来自金砖国家优秀的大学生或硕士研究生进入各国合作智库实习，参与智库的研究项目，培养其沟通和研究等能力，表现优异者可根据双方意愿延长实习期限或直接提拔为正式研究人员或相互输送开展合作培养。

四是建立访问学者合作机制。派遣本国优秀的研究员去合作智库访问，一方面可相互学习智库建设的优秀经验、了解其前沿的研究方法，开阔研究视野；另一方面，可根据本国特定领域的知识储备交流智库建设面临的问题和研究领域出现的困扰，彼此取长补短，提升各自的研究水平。

---

① 曹晔：《天津海外"鲁班工坊"建设调研报告》，《职教论坛》2019 年第 6 期。

五是拓宽资金来源渠道。金砖国家可成立金砖智库基金会等，为各国顶级智库、具有发展潜力的智库或较有影响力的课题提供资金支持，适度引入海外资金可缓解各国智库建设过程中资金不足的压力，使其有更多精力投入科学研究。但也需考虑智库的独立性问题，应做到以我为主，为我所用。

（三）发挥全球华侨华人社团作用，多视角寻求人才培养切入点

在继续发挥新工业革命伙伴关系创新基地建设引领作用的同时，鼓励更多的政府机构、智库、企业和社会力量参与进来，调动一切可以利用的资源，构建政府搭台、智库企业推动、社会各界力量参与的立体网络，发挥各参与主体的优势，为彼此所需的人才培养合作提供支持。具体包括以下三个方面。

一是充分利用厦门市侨界与金砖国家华侨华人社团已建立的联系渠道，包括南非南部非洲中华福建同乡总会、南部非洲闽南总商会，俄罗斯福建总商会，巴西南美洲闽南同乡联谊总会等，加强创新基地宣传，引导更多优秀海外乡贤人士参与基地建设。

二是发挥"金砖＋"平台促进人才培养合作的作用。金砖国家分布在亚洲、欧洲、非洲和美洲大陆，拥有悠久的历史和深厚文化渊源，在各自大陆有很强的文化代表性。鉴于此，新工业革命伙伴关系创新基地的人才培养合作可通过"金砖＋"平台，扩大人才培养合作的参与国家，加强新工业革命相关专业领域的互学互鉴、交流合作，使自身成为世界各大洲之间新一轮工业革命对话与合作的重要平台。

三是以数字技术在医疗产品产业链和供应链的相关应用为切入点，推动相关领域人才培养合作。金砖国家新工业合作伙伴关系创新基地的短期人才培训和长期培养方案应围绕利用大数据、人工智能、区块链等新技术强化医疗卫生领域产品需求分析、溯源管理、智能制造的需求开展针对性的设计。

（四）发挥厦门多元文化共荣优势，推动金砖人文交流打造国际品牌

人文交流活动是"金砖五国"加强人才培养合作的群众基础。疫情限

制了普通民众的往来和互动，必定会对人才的合作培养造成负面影响。疫情防控常态化时期，厦门需要结合自身优势充分发挥政府与民间机制的联动作用，促进开展多层面、网络化的人文交流，为基地人才培养打下广大的群众基础。具体包括以下六个方面。

一是针对厦门市高精尖外国专家（包括金砖国家专家）总量欠缺的问题，向科技部争取与厦门市联合建立国家级高层次外国专家学术休假基地，定期在厦门市举办面向金砖国家的外国人才交流活动和外国专家组织、境外培训机构对接会。配套搭建外国专家开展学术交流、技术咨询、项目对接、建言献策的平台，拓宽引才引智和科技、产业人才培养渠道。

二是针对厦门在金砖国家的知名度不高和吸引力不强的问题，联合教育部、团中央举办金砖国家青少年亲善大使活动，邀请千名金砖国家青少年访华（以厦门为首发站）开展夏、冬令营活动等友好交流，体验中国文化魅力，促进跨文化传播，提升跨文化认同。

三是建议结合"丝路海运"倡议，推动建立金砖国家港口城市发展交流机制。可考虑向俄罗斯圣彼得堡、符拉迪沃斯托克，印度孟买、加尔各答、金奈，巴西圣保罗、里约热内卢、帕拉那瓜，南非开普敦、德班等港口城市或港口发起倡议，建立友好交流网络。

四是大力推动举办并培育人文交流品牌。从厦门市外办目前已有的公共外交品牌项目中增设"金砖国家专栏"。比如 2021 年 9 月 8 日，"行摄友城"摄影展，专设金砖国家板块。厦门市外办另一个公共外交品牌"厦门国际友好音乐会"，也可侧重开拓与金砖国家城市艺术团队合作的渠道和资源。

五是繁荣文艺演出交流。举办金砖国家艺术交流活动，营造浓厚的艺术交流氛围；推动厦门市属文艺院团参与文旅部"欢乐春节"项目，赴金砖国家开展交流演出。在俄罗斯莫斯科或圣彼得堡等相关美术馆举办交流展，展出厦门市美术馆馆藏漆画。鼓励金砖各国国家级文化、艺术、历史展馆在厦设立分馆或开展巡展活动。

六是建设人文交流质量保障体系。金砖国家的文化差异大，更需要推动建设促进不同文化和谐共生的质量保障体系，包括协商成立民间的国际文化传播协调机构，建立人文交流风险评估机制和人才交流培养跟踪检测机制等。

（五）构建金砖国家协同合作培养机制，多方位拓展人才培训工作

细化人才培养方案，有效利用线上平台，加强与政府部门，知名企业、机构、高校等合作，积极开展人才培养培训，建立与新工业革命产业链相适应的全方位、多层次的人才培养体系。具体包括以下五个方面。

一是构建多层次跨国协同合作培养机制，在线上培训、载体培训基础上开展讲师互派、教师访问、学生互换等培养方案，支持科研机构、院校和龙头企业开展订单式合作培养，打通产学研用跨国联合培养渠道。进一步完善线上培训平台，搭建能灵活扩容、多语言、使用便捷的线上培训服务平台。

二是构建人才培训需求动态检测机制。积极与国家部委、金砖及"金砖＋"国家驻华使领馆、国内外高校、企业及市场化机构对接沟通，建立培训需求通道，研判金砖国家产业链人才分布及缺口情况，动态把握金砖国家工业转型升级对人才培养、学科发展方面的需求。

三是探索多维度培训内容体系。在已有基础培训项目基础上，融入数字经济、海洋经济、生态环境保护、中西方管理模式、闽南文化与创新创业等紧缺和特色培训内容。重视数字化创新技术、商业模式创新、人才培养模式创新对金砖国家工业能力发展起到的带动作用，依托各自产业及技术优势，共同打造服务金砖国家和国内工业产业的数字化赋能中心，致力于培养具备技术、管理、商业和人文能力以及跨专业综合竞争力的数字化人才。

四是加强人才合作培养的软硬件载体建设。重点推进数字经济、工业互联网、生物医药、智能制造、新材料等领域的新型培训平台建设。打造"金砖国家工业能力诊断实验室""新型研发机构""职能装备工程研究中心""人工智能实验室""5G应用实验室""智慧城市工程研究中心"等新型软硬件实训平台，每个平台满足50人以上实训要求，配套课程资源，满足多语种教学需求。

五是多载体开展人才培训工作。参考借鉴东盟发展创新中心等机构的人才培训合作模式，整合厦门，福建省乃至全国在新工业革命领域有优势、有资源、有经验、有相应承接能力的高校、企业及市场化机构，依托信息集团等载体共同开展培训工作；引进华为、腾讯、阿里、小米、字节跳动等跨国企业，推动金砖国家员工内训活动落地厦门；积极推动教育部开展的金砖国家来华留学项目落地厦门。

（六）进一步争取基地建设的有关支持政策

一是争取在"厦门制造业公共实训基地"加挂"金砖工业能力提升培训基地"的牌子；争取人力资源和社会保障部支持，实施金砖国家职业技能等级认定机制等多项培训项目。争取外交部、国家国际发展合作署、商务部、工信部等涉外人才培养单位的支持，设立金砖及"金砖＋"国家培训专项，对接金砖国家工商理事会中方技能发展工作组，争取举办更多的国家层面的金砖国家人才培训活动。

二是争取人力资源和社会保障部、外交部，中联部等部委支持，在厦建立国家层面的具有职业资格考试、职业水平评价、职业技能鉴定的培训平台，开展面向金砖国家的职业培训和资格互认。

三是围绕金砖国家之间技术交易涉及的跨国交易、知识产权等问题。持续向科技部争取设立厦门国际技术转移中心，重点面向金砖国家开展国际科技合作研究、国际技术转移、国际科技人才培训科技成果推介等活动，加快金砖国家之间的技术转移和技术协同，促进国内企事业单位同金砖国家的交流合作。

四是向外交部、商务部争取支持在厦门设立金砖国家驻厦办事机构，提升金砖国家在厦活跃度，通过常设机构推进更多人才交流和培养合作项目落地。

五是向中国民用航空局争取放宽空域管制和航路航权限制，允许符合条件的金砖国家航空公司经境外到中国，以厦门为航点，分程承运国内其他城市同一航程内国际货物的"串飞"业务。放宽航空公司航班时刻与机型调整，丰富厦门空中网络，优化航线布局，将厦门打造成为金砖国家航空客货集散枢纽。

六是争取驻金砖国家使领馆支持，推介厦门金砖基地建设。重点是利用驻华外交官交流会等，积极邀请金砖国家的驻华外交官来厦访问，增强对厦门金砖基地的了解。有针对性地组织邀请巴西、俄罗斯、印度驻广州总领馆以及南非驻上海总领馆商务领事、科技领事，"金砖四国"驻华大使馆科技参赞、商务参赞等来厦考察，推介金砖创新基地建设情况，建立使领馆联系渠道，搭建厦门企业"引进来""走出去"平台，通过使领馆进一步收集"金砖四国"院校、机构、企业等具体的人才培训需求及关注度高的产业、行业，助力推动项目开发、人才培养工作取得突破。

金砖国家新工业革命伙伴关系
创新基地的产业合作

当前全球进入百年未有之大变局，新兴市场国家力量大幅增强，全球治理方案主导力量逐步由 G7 走向 G20；新一轮科技革命催生了众多新产业、新业态，带动了国际力量深刻调整；部分国家逆全球化现象频繁出现、国际格局动荡、局部地区持续动乱、全球要素竞争激烈，加之新冠肺炎疫情影响，全球经济下行趋势明显，金砖国家成为全球经济复苏的重要力量。产业是支撑经济增长、推动国家现代化建设和保障国家安全的主体动力，经济增长的核心主要在于产业结构的持续演进。在世界局势纷繁变动之下，金砖国家需要紧密携手，加强产业合作，共同应对全球环境的不利影响，加快促进经济结构改革，优化产业结构，通过创新推动产业升级，探索经济增长的新动力。金砖国家新工业革命伙伴关系创新基地（以下简称"金砖创新基地"）作为推动金砖国家合作的重要平台，深入梳理金砖国家产业发展基础和各国当前产业合作情况，分析金砖国家产业合作面临的机遇与挑战，在现有合作基础上，厘清产业合作发展方向和政策，对充分发挥基地的平台效应、以产业发展与合作促进经济发展具有重要意义。

一　金砖国家产业合作基础及其形势分析

金砖国家长期以来采取"结伴不结盟"的合作机制，在政治安全、经贸财金、人文交流方面进行了灵活而广泛的合作。自 2009 年首次金砖国家峰会举办以来，形成了新开发银行、新工业革命伙伴关系、能源研究平台、应急储备安排等多方面的成功合作机制，对各国产业发展与合作起到了积极推动作用。下面结合产业合作方式和统计数据，具体分析我国与金砖国家经贸往来总体情况及主要涉及产业、我国对金砖国家投资和利用金砖国家外资推动产业合作情况以及我国在金砖国家承包工程项目情况。

（一）金砖国家总体贸易情况

根据联合国贸易和发展会议（UNCTAD）数据库统计数据计算，金砖国家出口额全球占比从 2010 年的 16.33% 上涨至 2020 年的 19.88%，国际影响力日益提升。2020 年金砖国家出口总额达 3.5 万亿美元，进口总额达 2.9 万亿美元，疫情冲击下较 2019 年有所下滑。2019 年金砖国家出口和进口总额分别约 3.6 万亿美元和 3.1 万亿美元。

分国别看，2019～2020 年"金砖五国"进出口数据如表 1 所示。2020 年，中国为全球贸易第一大国，进口额和出口额均远超其他金砖国家，贸易顺差达 5350.1 亿美元。2020 年为唯一出口正增长国家，增长幅度达 3.68%。印度 2020 年进出口贸易总额达 6434.7 亿美元，但疫情对印度贸易影响颇深，出口和进口分别下滑 14.77% 和 23.15%，贸易逆差达 924.9 亿美元。俄罗斯贸易总额紧随印度之后，且为出口大国，原油和成品油占其出口总额的比重超过 45%，贸易顺差达 720.2 亿美元。2019～2020 年巴西进出口额双线下降，经济整体下滑较为严重，2020 年贸易顺差达 428.4 亿美元。南非在"金砖五国"中，体量较小，2020 年进出口总额仅达 1541.7 亿美元，贸易顺差达 162.9 亿美元，疫情下进口额大幅下滑。

表 1　2019～2020 年金砖国家进出口总额及增速

国家	巴西	俄罗斯	印度	中国	南非
年份	2020 年				
出口额(亿美元)	2091.8	3339.6	2754.9	25906.0	852.3
出口增长率(%)	-7.18	—	-14.77	3.68	-4.66
进口额(亿美元)	1663.4	2619.4	3679.8	20555.9	689.4
进口增长率(%)	-6.20	—	-23.15	-0.64	-21.68
年份	2019 年				
出口额(亿美元)	2253.8	4267.2	3232.5	24985.7	894.0

国家	巴西	俄罗斯	印度	中国	南非
年份			2019 年		
出口增长率(%)	- 6.04	- 5.48	0.23	0.17	- 4.57
进口额(亿美元)	1773.4	2471.6	4788.8	20689.5	880.4
进口增长率(%)	- 2.14	2.88	- 5.66	- 3.09	- 4.96

资料来源：TrendEconomy 数据库。

2011～2020 年我国同其他金砖国家的贸易总额情况见图 1。近 3 年来，贸易总额最高的为巴西，2020 年贸易总额达 1190.4 亿美元，其次为俄罗斯，达 1077.65 亿美元。2020 年，中国同印度和南非的贸易总额依次为 875.85 亿美元和 358.36 亿美元。

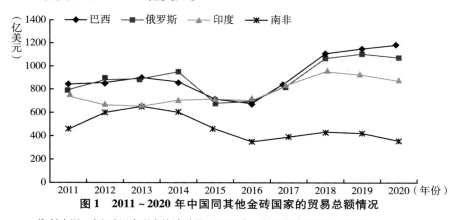

图 1　2011～2020 年中国同其他金砖国家的贸易总额情况

资料来源：《金砖国家联合统计手册（2020）》，中国统计出版社，2021。

总体来看，2016 年以来中国与其他金砖国家的贸易总额整体呈增长趋势。但金砖国家的贸易依存度较低，2019 年和 2020 年我国同其他金砖国家的贸易总额占我国贸易总额的比重分别仅 7.92% 和 7.53%。

图 2 为 2011～2019 年我国对其他金砖国家出口的情况。2015～2019 年，我国对印度的出口额最高，也是印度的第一大进口来源国，2020 年我国对印度的出口额达 748.25 亿美元，较 2019 年有所下滑。2016 年以来，我国对俄罗斯、巴西、南非的出口额稳步上涨，到 2020 年分别为 497.48 亿美元、355.39 亿美元和 165.43 亿美元。

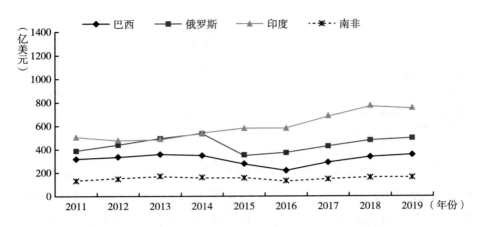

图2 2011～2019年中国对其他金砖国家出口的情况

资料来源：《金砖国家联合统计手册（2020）》，中国统计出版社，2021。

根据我国从其他金砖国家进口的数据，金砖国家中我国进口额最高的国家为巴西，2019年从巴西的进口额达799.63亿美元。巴西作为原材料大国，为我国提供了大量大豆、花生等农产品，以及矿石原料。其次为俄罗斯，进口额达611.92亿美元，中国主要从俄罗斯进口石油和天然气。从南非和印度的进口额相对偏低，2020年进口额分别为259.49亿美元和179.86亿美元（见图3）。

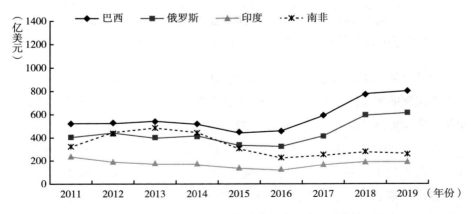

图3 2011～2019年中国从其他金砖国家进口的情况

资料来源：《金砖国家联合统计手册（2020）》，中国统计出版社，2021。

（二）金砖国家主要贸易产业

金砖国家的产业优势和需求各不相同。根据《金砖国家联合统计手册（2020）》统计，"金砖五国"进出口排名前十的商品类别如下。

第一，巴西出口的商品以大豆、铁矿石、原油、蔗糖、咖啡、牛肉、家禽、玉米等初级产品为主，进口的商品主要为原油、柴油、汽车发动机、石化用石脑油、天然气、电台广播和电视接收器、电话电报设备等。

第二，俄罗斯出口的商品主要有小麦和棉花、硬煤、原油、石油产品、矿物混合肥料、木材、铁或非合金钢半成品、精铜、未经加工的铝等，进口的商品主要包括肉类、水果、坚果、药物、自动数据处理设备、电话电报通信设备、乘用车、汽车零部件、医疗器械等。

第三，印度出口的商品包括服装、电气机械设备、矿砂、塑料制品、船只、医药产品等，主要进口的商品为核反应堆锅炉、钢铁及其产品、有机化学产品、矿物燃料、电气设备、珠宝首饰等。

第四，中国主要出口的商品包括电机电气音像设备、核反应堆锅炉及零件、家具灯具、塑料及其制品、车辆、服装、钢铁制品、有机化学品等，主要进口的商品包括电机电气音像设备、矿物产品、核反应堆锅炉及零件、矿砂、光学照相医疗仪器设备、车辆、塑料及其制品、珠宝首饰等。

第五，南非出口的商品主要有蔬菜、活动物、矿产品、化学品、钢铁、化学品等，进口的商品主要有机械、玩具及运动服装、车辆飞机船只等交通工具、塑料和橡胶、纺织品等。

从以上进出口商品的产业分布可知，金砖国家贸易主要以农牧、矿产、原材料等初级产品，以及部分中低端工业制品为主。总体上处于全球价值链中低端，产品科技含量和附加值较低。

下面具体看我国和其他金砖国家贸易往来情况。2019年中国对其他金砖国家出口前十的商品见表2至表5。从表中可知，我国对其他金砖国家出口的商品以制造产品为主，包括电子音像设备、光学照明设备、医疗设备、船舶、化学品、纺织鞋服等。

表2　2019年中国对巴西出口前十的商品

单位：亿美元，%

商品	金额	比上年增长
电机、电气、音像设备及其零附件	90.3	10.8
核反应堆、锅炉、机械器具及零件	48.2	15.7
有机化学品	25.5	5.4
船舶及浮动结构体	17.1	−24.6
光学、照相、医疗等设备及其零附件	16.4	4.8
车辆及其零附件，但铁道车辆除外	14.4	15.3
塑料及其制品	11.4	8.4
化学纤维长丝	7.9	2.8
玩具、游戏和体育用品及其零配件	7.5	24.9
家具;寝具等;灯具;活动房	7.4	9.5

资料来源：《金砖国家联合统计手册（2020）》，中国统计出版社，2021。

表3　2019年中国对俄罗斯出口前十的商品

单位：亿美元，%

商品	金额	比上年增长
电机、电气、音像设备及其零附件	94.7	1.5
核反应堆、锅炉、机械器具及零件	93.1	4.4
毛皮、人造毛皮及其制品	32.7	−1.1
车辆及其零附件,但铁道车辆除外	21.6	22.4
鞋靴、护腿和类似品及其零件	20.2	0.4
非针织或非钩编的服装及衣着附件	18.9	−19.7
塑料及其制品	16.0	9.9
钢铁制品	15.4	22.1
针织或钩编的服装及衣着附件	14.7	−6.4
有机化学品	12.6	14.8

资料来源：《金砖国家联合统计手册（2020）》，中国统计出版社，2021。

表4　2019年中国对印度出口前十的商品

单位：亿美元，%

商品	金额	比上年增长
电机、电气、音像设备及其零附件	201.6	−12.8
核反应堆、锅炉、机械器具及零件	142.3	3.3
有机化学品	83.9	−0.6
塑料及其制品	32.1	9.2
钢铁制品	20.4	10.2

续表

商品	金额	比上年增长
光学、照相、医疗等设备及零附件	18.2	−6.4
家具;寝具等;灯具;活动房	17.5	7.9
肥料	16.7	6.6
车辆及其零附件,但铁道车辆除外	14.3	−12.1
钢铁	13.8	−7.5

资料来源:《金砖国家联合统计手册(2020)》,中国统计出版社,2021。

表5 2019年中国对南非出口前十的商品

单位:亿美元,%

商品	金额	比上年增长
电机、电气、音像设备及其零附件	33.0	7.9
核反应堆、锅炉、机械器具及零件	23.3	0.3
家具;寝具等;灯具;活动房	9.9	22.7
车辆及其零附件,但铁道车辆除外	7.3	−0.7
针织或钩编的服装及衣着附件	7.2	1.5
鞋靴、护腿和类似品及其零件	7.1	2.5
非针织或非钩编的服装及衣着附件	6.8	−1.9
钢铁制品	5.2	4.8
塑料及其制品	5.2	−16.4
有机化学品	4.7	−8.0

资料来源:《金砖国家联合统计手册(2020)》,中国统计出版社,2021。

2019年中国从其他金砖国家进口前十的商品见表6至表9。从表中可知,我国从其他金砖国家主要进口油籽、棉花等农产品,肉类、鱼类、水产品等动物产品,矿砂、木浆、生皮、铜、镍、石灰等原材料和珠宝首饰等。总体上以初级产品为主。

表6 2019年中国从巴西进口前十的商品

单位:亿美元,%

商品	金额	比上年增长
矿砂、矿渣及矿灰	235.6	22.4
油籽;子仁;工业或药用植物;饲料	230.2	−20.2
矿物燃料、矿物油及其产品;沥青等	190.4	15.4

续表

商品	金额	比上年增长
肉及食用杂碎	40.3	45.3
木浆等纤维状纤维素浆；废纸及纸板	39.6	−21.8
钢铁	13.3	46.0
棉花	9.3	155.8
烟草及烟草替代品	5.0	111.1
糖及糖食	4.4	97.1
生皮(毛皮除外)及皮革	4.1	−23.1

资料来源：《金砖国家联合统计手册（2020）》，中国统计出版社，2021。

表7 2019年中国从俄罗斯进口前十的商品

单位：亿美元，%

商品	金额	比上年增长
矿物燃料、矿物油及其产品；沥青等	426.2	0.8
木及木制品；木炭	42.8	−8.8
矿砂、矿渣及矿灰	22.3	43.6
鱼类及其他水产	21.9	3.6
铜及其制品	16.5	−0.4
镍及其制品	13.1	17.1
木浆等纤维状纤维素浆；废纸及纸板	8.7	−23.8
肥料	7.6	49.4
珠宝、贵金属及制品；仿首饰；硬币	6.4	64.9
钢铁	5.2	2235.8

资料来源：《金砖国家联合统计手册（2020）》，中国统计出版社，2021。

表8 2019年中国从印度进口前十的商品

单位：亿美元，%

商品	金额	比上年增长
有机化学品	28.9	−3.0
矿砂、矿渣及矿灰	23.8	69.1
珠宝、贵金属及制品；仿首饰；硬币	15.7	−45.6
鱼类及其他水产	12.3	214.2
棉花	12.1	−24.9
塑料及其制品	10.9	5.1
盐；硫黄；土及石料；石灰及水泥等	9.6	−8.0
电机、电气、音像设备及其零附件	8.9	53.4
核反应堆、锅炉、机械器具及零件	8.6	18.1
钢铁	5.8	89.2

资料来源：《金砖国家联合统计手册（2020）》，中国统计出版社，2021。

表9　2019 年中国从南非进口前十的商品

单位：亿美元，%

商品	金额	比上年增长
珠宝、贵金属及制品;仿首饰;硬币	126.4	−17.3
矿砂、矿渣及矿灰	95.7	17.1
钢铁	15.3	10.2
铜及其制品	4.5	7.1
食用水果及坚果;甜瓜等水果的果皮	3.4	4.2
木浆等纤维状纤维素浆;废纸及纸板	3.0	−8.7
羊毛等动物毛;马毛纱线及其机织物	1.8	−39.4
镍及其制品	1.2	73.0
车辆及其零附件,但铁道车辆除外	0.9	30.7
杂化化工产品	0.9	15.4

资料来源：《金砖国家联合统计手册（2020）》，中国统计出版社，2021。

（三）金砖国家对外投资情况

2013 年提出"一带一路"国家顶层项目合作以来，我国对外投资连年稳步增长，从 2013 年的 1078.4 亿美元上涨至 2016 年的 1961.5 亿美元。之后随着国际局势变化，对外经济合作整体呈下降态势，尤其受中美贸易摩擦和新冠肺炎疫情的冲击，近年来对外投资总额持续回调。2017 年的对外投资总额跌至 1582.9 亿美元，2018 年的对外投资总额降至 1430.3 亿美元，2019 年的对外投资总额为 1369.1 亿美元。面对国际环境变化，当前我国致力于构建以国内大循环为主体，国内国际双循环相互促进的新发展格局。在此背景下，我国对金砖国家的投资也受到影响，金额有所下滑。

从金砖国家在华投资来看，2011～2019 年我国实际利用金砖国家外商直接投资情况见图 4。2011～2019 年我国实际利用金砖国家外商直接投资金额总体波动幅度较大，总体金额偏小，各年度我国利用金砖各国的外商直接投资金额很少超过 1 亿美元，在外商投资金额中占比偏小。出现该现象的主要原因在于一方面金砖国家均为发展中国家，更多利用外资发展各国经济；另一方面金砖国家间的项目合作通过建立新开发银行、实施清洁能源项目等为各国提供融资服务。

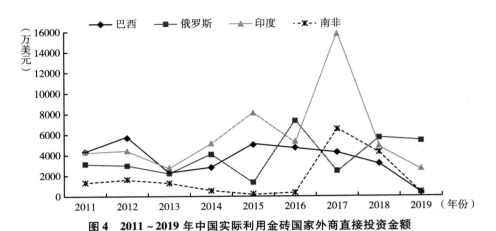

图4　2011～2019年中国实际利用金砖国家外商直接投资金额

资料来源：《金砖国家联合统计手册（2020）》，中国统计出版社，2021。

（四）金砖国家承包工程情况

随着经济全球化发展和我国综合实力的提升，国家一方面鼓励积极开展国际工程合作，另一方面鼓励对外工程承包。同时我国基础建设能力较强，因此在近年国际环境复杂多变的情况下，我国对其他金砖国家承包工程依旧取得了稳定发展。2019年我国对其他金砖国家承包工程完成营业额达81.16亿美元。巴西、俄罗斯和印度较为接近，南非仅为5.58亿美元（见图5）。

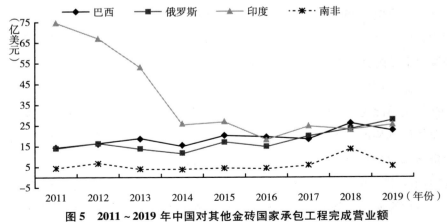

图5　2011～2019年中国对其他金砖国家承包工程完成营业额

资料来源：《金砖国家联合统计手册（2020）》，中国统计出版社，2021。

二　金砖创新基地产业合作基础

金砖创新基地虽然 2020 年 12 月 8 日才正式启动，但前期依托金砖国家新工业革命伙伴关系论坛、金砖国家工业创新合作大赛，遴选了一批金砖工业创新项目；通过基地跟进落实，推动签约落地一批产业合作平台及项目。同时，积极配合厦门市商务局、交通运输局等，促进形成了立足于厦门、面向金砖各国的贸易往来和交通运输基础建设的亮眼成果。

（一）成功举办金砖国家新工业革命伙伴关系论坛

2020 年 12 月 8 日，金砖国家新工业革命伙伴关系论坛在厦门举办。论坛同期举办了金砖国家新工业革命展，集中展示 2020 促进金砖工业创新合作大赛入围项目，以及获奖项目。论坛取得了丰硕的成果。

一是发布《促进金砖工业创新合作项目集》。为做好金砖国家新工业革命伙伴关系建设项目储备工作，丰富伙伴关系论坛成果，助推成果转化与创新发展，在工信部指导下，工信部国际经济技术合作中心作为金砖国家新工业革命伙伴关系中方工作机制秘书处办公室，面向各省、自治区、直辖市的工业和信息化主管部门，组织开展了"促进金砖工业创新合作"项目征集活动。本次活动立足行业需求，强调创新融合，注重成果转化，推动金砖合作提质升级。经各地工业和信息化主管部门推荐和企业自主申报，本次征集活动共收到申报项目 135 个。经过认真比选，最终巴西世界杯新能源客车项目、中俄丝路创新园项目、柳工印度公司结构件智能制造项目、中国—南非中医药壮医药中心项目等 21 个项目入选，涵盖了人工智能、绿色制造、智慧城市、数字化转型、健康医疗、防疫抗疫等众多前沿领域。

二是举办 2020 促进金砖工业创新合作大赛颁奖仪式。为深化金砖工业创新领域务实合作，促进金砖国家高素质创新人才和技能人才交流，由厦门市人民政府主办，工信部国际经济技术合作中心、厦门市工信局共同承办的促进金砖工业创新合作大赛顺利举行。本次大赛以"促进'后疫情'时代金砖创新合作"为主题，总决赛分"创新设计""未来技能""青年创客"3个赛道、"创新设计""青年创客""移动应用开发""网络安全""物联网"5场赛事，在北京、湖北、广西、福建4个赛区开展选拔赛和总决赛，有452个境内外项目团队参加了选拔赛，共75个优秀项目入选了总决赛。经过激烈角逐，3个赛道共决出一等奖9名，二等奖9名，三等奖18名，共36个获奖项目。

三是推动了合作项目签约。为务实推进厦门金砖创新基地建设，论坛举办期间促进了5个合作项目落地金砖创新基地，包括厦门市人民政府与中国通用技术集团发起设立金砖新工业革命伙伴关系创新基地产业基金，工信部国际经济技术合作中心与厦门市人民政府在厦门设立工信部国际经济技术合作中心分中心，厦门市人民政府、厦门大学与莫斯科罗蒙诺索夫国立大学共建中俄数字经济研究中心，建设厦门金砖新工业能力提升培训基地，设立中国信息通信研究院（东南）创新发展研究中心等，共有11家签约单位代表参与了项目签约仪式。

（二）签约落地合作项目及赋能平台

金砖创新基地启动以来，推动了多项新工业革命领域赋能平台和产业项目签约落地。

一是共建7个新工业革命领域赋能平台。厦门市工信局与中国信通院共建金砖国家工业能力共享平台等4个基础平台，与中国电子研究院共建2个产业公共服务平台，与工信部产业发展促进中心共建1个成果转化平台，有效提升服务金砖国家产业转型升级能力。

二是共享数字化发展。厦门市政府与厦门大学、莫斯科罗蒙诺索夫国立大学共同成立中俄数字经济研究中心。厦门美图科技、梦加网络等企业为金砖国家提供数字生活服务，其中美图科技服务金砖国家用户超3亿人，梦加网络推出的《苏丹的游戏》位居俄罗斯游戏市场畅销榜榜首。厦门美亚柏科为俄罗斯、南非等金砖国家提供电子数据取证技术和产品服务，提供网络安全中国治理方案。

三是共推智能化发展。落地建设中国信息通信研究院（东南）创新发展研究中心，推动 IBM、微软在厦门设立人工智能创新孵化中心，为金砖国家人工智能领域的中小微企业创新创业提供技术支持。DELL、ABB、SAP等在厦跨国龙头企业为金砖国家提供智能制造技术和产品服务。

四是共谋绿色化发展。加强与金砖国家在节能环保、清洁能源、清洁生产等领域的合作，努力探索绿色发展合作新模式。厦门科华数据、福建龙净、厦门砂创等企业为金砖国家提供绿色节能综合解决方案，广泛服务供电、医疗、水务等行业。

五是共促供应链合作。厦门市国有企业建发集团、国贸集团、象屿集团加强与金砖国家企业产业链供应链合作；厦门互联网公司石头城打造金砖石材产业交易中心，集聚金砖国家石材供应商超 700 家。

（三）促进贸易往来及对外投资

在"后金砖"时代，厦门市秉承习近平主席"办好一次会，搞活一座城"的指导思想，积极申请布局了金砖创新基地的建设。基地推动与金砖国家的产业合作，立足于厦门市与金砖国家贸易往来和对外投资基础，在现有基础上进一步拓展、做深产业合作领域。近年来，厦门市与金砖国家贸易往来和对外投资情况如下。

一是推动多项对金砖国家的境外投资项目。截至 2021 年 9 月，厦门市累计备案对金砖国家的境外投资企业项目 28 个，占厦门累计对外投资总项目的 1.68%，总协议投资额 6496.81 万美元，占厦门累计对外投资总协议投资额的 0.26%，其中中方协议投资额 5825.25 万美元，占厦门累计对外投资中方协议投资额的 0.33%。[①] 厦门对其他金砖国家的投资整体体量不大，主要涉及制造业、批发和零售业。

二是积极引进金砖国家对厦投资。截至 2020 年，其他金砖国家在厦累

---

① 本小节数据来自《厦门市商务局关于提供金砖基地建设 2021 年工作成效及 2021 年工作计划的反馈》（内部资料）。

计设立外资企业 89 个，合同外资 4651 万美元，实际使用外资 321 万美元，分别占全市累计设立外资企业、合同外资和实际使用外资的 0.6%、0.07% 和 0.01%。2021 年 1~9 月，其他金砖国家在厦累计设立外资企业 17 个，合同外资 449 万美元，实际使用外资 18 万美元。其他金砖国家在厦投资主要为小型企业，规模较小，实际到资较少，主要行业涉及进出口、批发贸易、餐饮、文化传播及教育咨询。

三是深入推进厦门对金砖国家进出口贸易。根据海关数据统计，2020 年厦门对金砖国家进出口 609.6 亿元，增长 8.1%，占全市的比重为 8.8%（占全国的比重为 7.5%），其中出口 170.43 亿元，下降 13.4%；进口 439.18 亿元，增长 19.7%。厦门对金砖国家进出口规模不断扩大，由 2015 年的 311.1 亿元增长至 2020 年的 609.6 亿元，占全市的比重也由 6.0% 提升至 8.8%。

从国别市场分布来看，2020 年厦门市与巴西的贸易规模最大，占比为 32.3%，与俄罗斯、印度的贸易规模占比分别为 28.1% 和 24.7%，与南非的贸易规模相对较小，占 14.9%。

从主要出口商品规模来看，厦门市对巴西主要出口液晶显示板、服装、电视零附件、钢材、纺织纱线；对俄罗斯主要出口服装、鞋类、水果及坚果、钢材、体育用品；对印度主要出口焦炭、铝材、纺织纱线、鞋类、钢材；对南非主要出口服装、鞋类、箱包、纺织纱线、家具。

从主要进口商品来看，全市从巴西主要进口铁矿砂、粮食、纸浆、石材荒料、锰矿；从俄罗斯主要进口煤、锯材、纸浆、铁矿、铜材；从印度主要进口石材荒料、纺织纱线、铁矿、初级塑料、纸及纸板；从南非主要进口锰矿、铬矿、铁矿、石材荒料、锆矿。

四是推动建立金砖国家会展合作网。自 2018 年起，由厦门市会展协会牵头，建立"金砖国家会展合作网"（中英双语），包括简介、成员、展会计划、动态等栏目，便于相互获取会展活动信息和会展机构信息，促进相互间会展项目合作。金砖国家合作单位包括巴西展览联合会、南非会议企业协会、印度会展协会、俄罗斯展览联盟等。

五是举办俄罗斯—中国投资合作论坛。为进一步推动我国与俄罗斯交流合作，汇集更多金砖国家交流合作资源，推进金砖创新基地建设。作为投洽会重要活动之一，厦门市外办与俄罗斯联邦驻华商务代表处于 2021 年 9 月 8 日共同举办"俄罗斯—中国投资合作论坛"，厦门市金砖办作为支持单位参与。中俄双方政府机构代表、企业家等通过"线上、线下"方式参会，发布最新俄罗斯投资信息，分享交流合作经验。

（四）协同推进交通基础设施建设

厦门市交通运输局针对加强厦门市与金砖国家互联互通，从水陆空各维度推动了交通设施建设。

一是完善城市交通设施。2021 年 6 月海沧隧道通车，使厦门岛内往返海沧用时最快仅需 5 分钟。预计 2022 年建成翔安大桥，进出岛通道更加完善，基本建成"两环八射"城市快速路网，拓展福厦高铁等重要对外通道，提升闽西南协同区交通设施互联互通，进一步密切城市间联系。形成以城市轨道交通、BRT 为骨干，以常规公交为主体，以出租车、轮渡为补充，多层次、一体化的城市公共交通体系，公交线网密度达 4.05km/km²，公交站点 500m 覆盖率达 94.7%。

二是稳步推进国际航空枢纽建设。厦门机场通航城市 122 个，航线 175 条，其中国际及地区航线 36 条。2020 年厦门机场旅客吞吐量 1671 万人次（2019 年为 2741.3 万人次），居国内第 14 位；货邮总吞吐量 27 万吨（2019 年为 33 万吨），居全国第 13 位，[①] 已初步构建具有较高全球通达性的国际航空中转枢纽。厦门市不断推动航空公司扩大国际航线覆盖面，持续拓展国际航线网络，强化客运国际中转优势，推动开通厦门市首条直飞俄罗斯洲际客运航线"厦门—莫斯科"（因疫情影响暂时停飞），构建通达欧、美、澳，面向东南亚、东北亚及中国港澳台的全球客货航线网络；协调东航、春秋航空在厦设立基地公司，促进航空运输、飞机租赁、客改货、航空维修、航材

---

① 《厦门市交通运输局关于金砖创新基地交通运输情况的报告》。

贸易、城市观光等业务全方面发展，不断加强临空产业链合作对接。

三是深耕中欧班列品牌建设。为积极实践"一带一路"倡议、自贸试验区，2015 年 8 月 16 日，中欧（厦门）班列从厦门自贸片区海沧铁路货站同时开行了厦门—波兰罗兹、厦门—哈萨克斯坦阿拉木图国际货运班列，成为唯一由自贸试验区始发的中欧班列，目前已开行厦门—汉堡（杜伊斯堡）、厦门—中亚、厦门—俄罗斯三条线路，厦门构造出一条向东南连接中国台湾及东南亚地区、向西横跨欧亚大陆的国家物流新通道，成为"丝绸之路经济带"与"21 世纪海上丝绸之路"无缝对接最重要的陆海枢纽城市。截至 2021 年 9 月底，累计开行 326 列，发运 2.7 万标箱，累计进出口货值 59.5 亿元。① 2021 年是中欧班列开行的第六年，班列运营企业积极应对国内外疫情，靠前服务，积极申请加密班次，运送大量出口防疫物资，充分发挥了"国家物流新通道"的支撑作用。

三 金砖创新基地产业合作的机遇与挑战

本部分在前文内容基础上，重点分析和总结金砖创新基地在未来持续推动金砖国家产业合作中面临的机遇与挑战。

（一）金砖创新基地产业合作的机遇分析

1. 金砖国家影响力不断提升

金砖国家主体为新兴市场国家，经济增长率全球领先，重要性和影响力不断增强。2020 年，巴西、俄罗斯、印度、中国、南非 GDP 分别为 1.45 万亿美元、1.48 万亿美元、2.66 万亿美元、14.72 万亿美元和 0.34 万亿美元。2020 年，在疫情冲击下，世界经济总体下滑 3.29%，而金砖国家总体跌幅在 2% 以内，GDP 达 20.65 万亿美元，超过欧盟，接近美国，在全球经

---

① 数据来自《福建自贸区厦门片区关于提供金砖基地建设 2021 年工作成效及 2022 年工作计划的反馈》（内部资料）。

济总量中占 24.37%。中国成为全球经济唯一实现正增长的国家，增速达 2.3%，GDP 占金砖国家的比重超过 70%。2010 年"金砖五国"成立时，五国 GDP 占全球的比重仅 17.44%。① 根据 UNCTAD 数据库统计数据计算，金砖国家外贸总额的全球占比从 2010 年的 16.33% 上涨至 2020 年的 19.88%。金砖国家已经成为国际舞台上一支重要力量。根据俄罗斯外经银行研究院 2020 年 11 月发布的研究报告，2021 年金砖国家将成为世界经济复苏的主要推动力。随着金砖国家经济总量、贸易总量、投资总量及其世界占比的持续攀升，金砖国家的全球影响力将不断扩大，这为金砖国家新工业革命伙伴关系的深入合作提供了良好的基础。

2. 科技创新重构产业发展格局

纵观历史，全球经济社会经历了三次工业革命，分别将人类社会带入"蒸汽时代"、"电气时代"和"信息时代"。每一次工业革命都带来了人类经济社会的变革、国际格局的深刻调整以及全球产业的升级转移。当前新一轮科技革命正席卷全球，工业革命进入 4.0 时代。大数据、人工智能、物联网、云计算、5G 等前沿技术不断更迭突破，新技术、新业态、新模式、新产业不断涌现，以科技创新为引领的产业技术革命正重构全球产业发展格局。这一次工业革命，部分新兴市场国家的后发优势逐步显现，在一定程度上具备了与发达国家在新技术、新产业领域站在同一起跑线的机会。习近平主席指出，新一轮科技革命和产业变革带来的新陈代谢和激烈竞争前所未有，全球治理体系与国际形势变化的不适应、不对称前所未有，新兴市场国家和发展中国家的崛起速度之快前所未有。我国要坚持创新引领，通过建设新工业革命伙伴关系，加速新旧动能转换和经济结构转型升级。在第四次工业革命下，全球新秩序正在形成，全球经济发展引擎不再只集中于发达国家，发展中国家和新兴市场国家也将成为新的发动机。当前，金砖各国正完善和加强科技创新鼓励政策，积极推进自身科技创新。各国以新一代信息技术为首的数字经济蓬勃发展，在经济总量中的贡献日益增多。金砖国家已经

---

① 世界银行数据，https://data.worldbank.org.cn。

开展的新工业革命伙伴关系合作项目涉及信息技术、先进制造、能源环境等多个领域，为持续创新合作提供了发展基础。

3. 金砖各国积极推动经济变革

金砖国家成立以来，以"结伴不结盟"的合作方式缔造了不同于以往国际外交模式的新型合作方式，为金砖国家形成灵活而务实的经贸往来、对外投资、联合科技创新等产业合作方式提供了良好基础。习近平主席在2021年9月金砖国家第十三次领导人会晤上的讲话指出，金砖国家合作15年来，一直坚持开放包容、平等相待，坚持务实创新、合作共赢，坚持公平正义、立己达人，坚持多边主义，参与全球治理，使金砖国家成为国际舞台上不容忽视的重要一极。在疫情肆虐的当下，习近平主席倡议各国坚持同舟共济，加强公共卫生合作；坚持公平可及，加强疫苗国际合作；坚持互利共赢，加强经济合作；坚持公平正义，加强政治安全合作；坚持互学互鉴，加强人文交流合作。① 疫情之下，各国首先应团结抗疫，共度时艰，在此基础上坚持开放、合作、共赢，在政治安全前提下完善全球治理，坚持科技创新培育经济复苏和发展的新动力。金砖国家在全球格局演变下对各自经济进行了及时调整。

新中国成立以来，中国人民经历了从站起来、富起来到强起来的逐步发展过程，尤其改革开放以来全面实行经济体制改革，经济发展实现从追求"速度"到追求"质量"的跨越，科技水平、教育水平和国际影响力逐步提升。印度自莫迪总理执政起积极推行了多项经济发展变革措施。巴西针对经济以初级产品增长为主、基础设施落后等现状实施了一系列应对措施，如将"创新"列入国家战略，予以财税等多方面鼓励，政府直接投资基建等。疫情冲击下，博索纳罗政府计划启动新一轮劳动工时保障金（FGTS）紧急支取项目以刺激巴西经济发展。俄罗斯在普京执政下，提升了自给自足的生产水平，积极发展技术密集型产业，在军事工业、能源、农业方面优势突出。

---

① 《习近平出席金砖国家领导人第十三次会晤并发表重要讲话》，中共中央党校网站，2021年9月10日，https://www.ccps.gov.cn/xxsxk/zyls/202109/t20210910_150500.shtml。

南非作为非洲最发达的国家，在工业、金融等多方面展现优势。

4. 金砖国家产业互补性强、合作空间大

金砖国家产业结构存在较大差异。巴西农业和畜牧业发达，橡胶、木材和棉花等资源的储量全球领先，并且有丰富的铁矿砂、铌矿、铬矿、镍矿等矿产资源，有"世界原料基地"的美誉；俄罗斯具有丰富的天然气和石油资源，二者出口量占其 GDP 1/3 以上，为其支柱产业，同时军事、航空航天等高科技产业全球领先；印度劳动力资源丰富，计算机产业发达；中国拥有门类最完善的制造业产业链，在航天、高铁、特高压电网技术等方面优势突出；南非农业、采矿、金融、制造等在非洲处于领先水平。总体上，各国优势产业领域不同，中国作为最大的出口国，同时也是能源、自然资源等最大的需求国。因此，金砖各国可以各取所长，优势互补，未来合作空间巨大。

（二）金砖创新基地产业合作面临的挑战

1. 成立时间短，体制机制有待完善

金砖创新基地 2020 年 12 月 8 日才启动建设，在工信部、福建省政府、厦门市政府联合推动，金砖创新基地成员积极行动下，在重点任务清单、示范标杆项目、专题培训、促进贸易增长等多方面取得丰硕成果。但整体规划确立、体制机制完善、工作队伍建设、与其他部门协调等多方面仍需要付出大量的时间和精力。

2. 疫情冲击，全球经济发展趋势下行

2020 年在新冠肺炎疫情冲击下，全球各国经济面临停摆，经济出现不同幅度下滑，全球仅中国实现经济正增长，且增长幅度远小于疫情发生之前。而巴西和俄罗斯经济增速分别为 – 4.1% 和 – 3.1%，印度和南非 GDP 增速则低至 – 7.0%。加之单边主义、保护主义抬头，恐怖主义、局部武装冲突、地缘政治问题层出，导致各国多边贸易体制和多边主义遭受冲击。未来，国际社会究竟会走向合作还是对立、开放还是封闭，关乎金砖国家之间友好稳定协作和全球繁荣稳定。

3. 金砖国家处于全球价值链中低端

金砖国家作为新兴市场国家以及发展中国家的"领头羊"，虽然近几十年来经济取得了快速发展，国际影响力与日俱增。但在全球价值链的高端制造业、服务业等高端产业领域，金砖国家与发达国家差距很大。金砖国家总体处于价值链中低端位置。中国、印度虽然制造业发展较快，高端机床、精密仪器等高精尖领域科技创新能力仍显不足，产业主要集中于中低端制造业。巴西、俄罗斯和南非则以农产品、矿产品、石油、天然气等自然资源为主，受国际大宗商品市场波动影响较大。这导致金砖国家在产业发展和合作中，关键技术领域和高端设备依赖和受制于发达国家。

4. 金砖国家之间产业合作密切度低

从金砖国家产业合作基本情况分析可知，在对外经济关系上，金砖国家之间产业合作密切度较低，新工业革命伙伴关系的务实性合作仍旧偏少。如2019年，中国出口总额高达24985.7亿美元，其中对其他金砖国家总出口仅1766.55亿美元，占比仅7.07%；全国进口总额达20689.5亿美元，其中对金砖国家进口仅1850.9亿美元，占比为8.9%。因此，金砖国家在外贸、投资等多方面的产业合作仍有大量上升空间。

四　金砖创新基地产业合作的发展方向

基于以上金砖国家产业发展基础、产业合作现状和金砖创新基地推动产业合作面临的机遇和问题，可以发现"金砖五国"产业基础各有优势。巴西的农牧业和原材料优势突出，汽车、石化和矿业具有比较优势；俄罗斯的石油和天然气储量丰富，是其支柱产业；印度具有发达的计算机和软件产业，且劳动力价格低廉、英语和计算机操作水平高，在全球服务外包业务领域具有突出优势；中国作为"世界工厂"，具有全部工业门类，制造业发达，劳动力资源丰富，资金充裕，在新冠肺炎疫情冲击、全球大量工厂停摆的情况下依然能够保持工业生产力；南非的各大产业结构相对均衡，农业和采矿业具有较好基础，作为非洲最发达的国家，其制造、能源、金融等产业在非洲的地位举足轻重。

"金砖五国"作为发展中国家，虽然近年来经济发展较快，但基础科研能力不足、科技创新能力欠缺制约了产业科技含量的提升。虽然技术创新能力有所提升，但许多核心技术、关键共性技术、关键零部件仍主要依赖于从发达国家进口，尤其在轨道轴承、高端通信芯片、光刻机、飞机汽车仿真设计软件等精密技术方面，金砖国家都面临技术瓶颈。同时在快速的工业化、信息化、城镇化和农业现代化过程中，金砖国家面临较为严重的环境问题和高能源消耗问题。新工业革命浪潮是金砖国家弥补与发达国家产业发展差距的重要机遇，在推动金砖国家产业合作过程中，应立足金砖国家现有产业发展和合作基础，着力携手探索当前产业发展面临问题的解决路径，紧抓引领新工业革命的关键技术，寻求发挥各金砖国家优势实现弯道超车的合作方向。基于以上分析，本报告认为，金砖创新基地推动产业合作应注重如下发展方向。

（一）大力推动智能制造发展

智能制造将新一代信息技术深度融合贯穿于先进制造中的设计、生产、服务、管理的各个环节，是具有自学习、自决策、自适应等功能的一种生产方式。中国工程院周济院士根据智能制造的不同发展阶段指出，智能制造包括三大基本范式。范式一为"数字化制造"，被称为第一代智能制造，即数字技术普遍应用于产品生产过程中，设计环节高度应用数字化设计、建模、仿真方法，数字化设备和信息管理系统的广泛应用实现了产品生产全过程的集成优化；范式二为"数字化网络化制造"，被称为第二代智能制造，即在"数字化制造"基础上进一步应用网络技术，贯穿于产品、制造设备、服务、管理等各方面，连接企业内部及企业间的价值链和供应链，打通全系统的信息流和数据流，并通过网络与客户之间实现连接交互，让客户参与产品全生命周期，为客户提供修改化服务；范式三为"数字化网络化智能化制造"，被称为新一代智能制造，是在第二代智能制造基础上，进一步应用人工智能技术，使制造系统具备认知能力和学习能力，提升制造系统对复杂、不确定性问题的处理能力，以人机混合交互启发释放创新能力，实现"智能化"制造。

当前，金砖国家普遍面临发展不均衡问题，虽然部分领域的水平走向了世界前列，如中国消费领域的"互联网＋"水平，但更多的领域存在发展不充分问题，甚至还没有达到第一代智能制造水平。随着第四次工业革命席卷全球，金砖国家必须深化新一代信息技术与先进制造业的融合发展，大力推动智能制造发展，结合实际对智能制造的三大基本范式"并行推进、融合发展"，在新一轮产业革命中谋求弯道超车。

金砖创新基地作为推动金砖国家产业合作的重要平台，应主动对接福建省和全国其他地区智能制造发展需求，在全球供应链、价值链融通中促进和建立多方协作机制，以与其他金砖国家智能制造合作为方向，共享发展经验，共同寻求数字技术、网络技术和智能技术在制造业中逐步普及的发展路径，为重点优势企业发展提供政策支持，促进机器人、高端机床、高端芯片、精密仪器等"卡脖子"技术的攻关。

（二）深入推进数字经济发展

根据历年中国信息通信研究院发布的《中国数字经济发展白皮书》，数字经济可以定义为以数字化的知识和信息为关键生产要素，以数字技术创新为核心驱动力，以现代信息网络为重要载体，通过数字技术与实体经济深度融合，不断提高传统产业数字化、网络化、智能化水平，加速重构经济发展与政府治理模式的新型经济形态。数字经济主要包含四个方面的内容：一是数字产业化，指电子信息制造业、电信业、软件和信息技术服务业、互联网行业等信息通信产业，是数字经济的核心；二是产业数字化，指传统产业应用数字技术所带来的产出增加和效率提升部分，包含范围非常广泛，如智能制造、工业互联网、车联网等新产业新模式新业态；三是数字化治理，指数字技术与政府管理相结合，运用数字技术建立健全行政管理的制度体系，创新服务监管方式，构建行政决策、行政执行、行政组织、行政监督等体制更加优化的新型政府治理模式，是推进国家治理体系和治理能力现代化的重要组成；四是数据价值化，指数据本身价值所产生的效益衍生的相关产业，包括但不限于数据采集、数据标准、数据确权、数据标注、数据定价、数据交易、数据流转、数据保护等。

相较于智能制造，数字经济包含的范围更为广泛。根据国家统计局颁布的《数字经济及其核心产业统计分类（2021）》，数字经济涵盖了数字产品制造业、数字产品服务业、数字技术应用、数字要素驱动业以及数字化效率提升业五个大类。"数字赋能"推进了生产方式、组织管理模式和商业模式的变革，催生了众多新模式新业态。在新工业革命背景下，金砖国家利用数据及其相关技术等关键要素，大力发展数字经济，有助于推动制造业转型升级、可持续发展、资源优化配置和产业技术创新。"金砖五国"高度重视数字经济发展并取得了多方面成就。如中国全面推进"数字中国"建设，2019年数字经济规模达35.84万亿元，2020年数字经济增速高达9.7%，是同期 GDP 增速的4.2倍多；巴西着力建设"智慧巴西"，具有发展中国家排名第二的游戏、音乐、视频广告市场规模；俄罗斯出台多项信息技术产业规划及发展战略，4G 网络和宽带覆盖率超过70%；印度具有发达的计算机通信产业，并将"数字印度"确立为国家战略；南非大力推动数字基础设施建设，电子商务发展迅速。总之，数字经济正成为推动金砖各国产业革命和经济高质量发展的新引擎和新动能。

金砖创新基地推动金砖国家产业合作，要把数字经济作为重要的合作方向。着眼全球前沿技术和关键技术领域，围绕数字产品制造业、数字产品服务业、数字技术应用业、数字要素驱动业以及数字化效率提升业，深入挖掘金砖国家数字产业合作潜力，促进数字技术在农业、工业、交通、医疗、城市治理等领域的普及应用，为金砖国家企业在数字领域开展创新合作搭建桥梁，提供产业合作便利化条件，培育重点领域示范性项目，对发展和巩固金砖国家新工业革命伙伴关系至关重要。

（三）加强绿色能源产业建设

金砖国家在快速的工业化进程中，普遍面临环境污染和高能耗问题。随着全球气候变化形势日益严峻，各国根据《巴黎协定》规划的目标，推动实现"碳达峰"和"碳中和"，是全球可持续发展和构建人类命运共同体应担负的责任。同时，金砖国家作为全球最主要的新兴市场国家，在能源供给和能源需求上都是全球能源市场的重要力量。根据2021年7月发布的《BP世界能源统计年鉴》，2020年中国能源结构中煤炭占比有所下降，但仍高达57%，太阳能、风能、水电等可再生能源消费增长15%，是世界最大的能源生产国、消费国和进口国。化石能源进口依存度高，石油和天然气进口比例分别达73%和41%。2020年受疫情冲击，印度和俄罗斯的能源消费量出现大幅下降，印度石油消费量下滑48万桶/天，煤炭消费量下滑1.1万吨油当量，但印度石油对外依存度仍超过70%。在"金砖五国"中，中国、印度及南非是能源进口大国，俄罗斯和巴西则是能源出口大国。①

金砖各国在能源供应和需求方面合作潜力巨大，加强能源领域合作，一是可以发挥资源和产业优势，形成互补优势；二是以合作为契机，积极调整内部产业发展方式，加强外部资源融合，参与全球能源治理，推动全球能源价格、贸易、安全合作和监管体系建设，有利于带动其他发展中国家发展，促进国际新秩序构建；三是在太阳能、风能、核能、生物质能、氢能等绿色能源领域，加强技术创新和应用合作，对推动能源消费升级，实现绿色低碳发展具有重要意义。历届金砖国家环境部长会议，有效推动了金砖国家共谋环境治理和共同应对全球环境问题的务实合作，达成了金砖国家生态环境合作共识，未来持续推进落实金砖国家环境可持续城市伙伴关系倡议和金砖国家环境友好技术平台倡议，推动金砖国家绿色能源领域深度合作，仍需金砖各国携手共商，持续努力。

金砖创新基地应积极推动绿色能源合作，协调建立各国能源合作机制，规划各国能源合作战略与进程，协调构建金砖国家内部能源贸易规则与定价机制，促进能源金融合作，加强绿色能源技术联合研发，实现可再生能源技术突破，推动构建一个安全、稳定、公平、透明的国际能源新秩序。

---

① 赵庆寺：《金砖国家能源合作的问题与路径》，《国际问题研究》2013年第5期。

（四）多点齐放发展新兴产业

新兴产业是新建立或者对原有产业进行升级重塑的产业，主要包括新一代信息技术、高端装备、新能源、新能源汽车、新材料、生物医药、节能环保、数字创意等，是当前科技创新集中度最高的产业领域，对推动国家产业转型升级、提高产业竞争力、深化供给侧结构性改革、培育新经济增长点起着重要作用。近年来，金砖国家的新兴产业得到了长足发展。如巴西在生物能源应用、生物燃料汽车技术和乙醇燃料产业领域具有全球领先优势；俄罗斯在军事航天、空间技术、核能和纳米技术领域成果丰硕；印度的电子信息、生物医药等产业发展迅速；中国的高铁、航天工程、新一代信息技术、特高压电网、新能源汽车等众多领域走在世界前列；南非在生物和纳米产业领域优势突出。各国都配套出台了多项鼓励相关产业发展的政策措施，使新兴产业对社会和经济发展的贡献与日俱增。

随着新兴产业在金砖国家中的作用越来越突出，发展新兴产业成为金砖国家的共识。2017年金砖国家智库论坛召开时，有专家学者提出调动"金砖五国"公共和社会资源，用以发展信息技术、高性能计算、纳米技术、新能源等新兴产业。2020年，金砖国家新工业革命伙伴关系论坛进一步明确了加强金砖国家在尖端技术领域创新合作，聚焦新产业、新技术和新业态。发展中国家经过一段时间的经济高速增长，容易面临"中等收入陷阱"，这在金砖国家中已有先例。而以科技创新引领产业升级，挖掘经济增长新动能，注重实体经济发展，是破除"中等收入陷阱"的重要路径。金砖国家产业合作以科技创新最为集中的新兴产业合作为切入点，具有广阔的发展空间。

金砖创新基地要想推动新兴产业的合作，一是要推动深化金砖国家经贸往来，畅通金砖国家内部要素流动大循环；二是要强化科技创新合作，针对新兴产业各领域，集合多方智力促成关键共性技术的突破，形成成果共享机制；三是要促进人才培养合作，科技创新的关键在于人才；四是要深化产能合作，结合"一带一路"倡议契机，促进金砖国家富余产能的"引进来"

和"走出去"，通过投资建厂，拉动工业生产线、基础设施建设，形成各地优势产业链和产业聚集区，促进国际产能合作。

（五）鼓励生产、组织、技术创新和服务模式创新

在以智能制造、数字经济、绿色能源和新兴产业等产业方向为合作的基础上，金砖国家新工业革命伙伴关系的深度合作方向还需在组织模式和技术模式上进行创新。在现有协作基础上，鼓励灵活适用的生产模式，组织模式，技术创新模式，线上、定制、互动、集成等多种服务模式。

生产模式上，在科技企业逐步发展专业化、个性化业务过程中，剥离原有内部产业链条中非核心环节，协助企业在国际产能合作中寻找产业链合作伙伴；组织模式上，大数据技术的应用有助于企业构建产品设计、制造、管理和营销全过程的信息流管理机制，通过电子商务、供应链管理等平台实现网络互动，实现金砖各国产业合作中的信息和要素流转，为各国消费者开发定制个性化产品；技术创新模式上，引导企业利用金砖各国科技资源，建立多国联合的科技研发机构，以企业为主体，以多国市场需求为导向，构建多方智力融合的技术创新体系；服务模式上，随着新一代信息技术在各产业深度应用，金砖各国企业可利用网络、通信、三维虚拟等技术，推广电子交易、实时互动服务和网络沟通，利用大数据库、数据挖掘、数据分析等为客户提供个性化定制服务，整合线上线下资源为客户提供一站式集成服务。此外，引导建立具体产业服务平台、国际贸易和海外营销促进平台、国际财经信息平台、展示交易服务平台、国际生活服务平台等，促进和便利金砖各国产业合作。

在此基础上，金砖创新基地有选择地培育一批基础好、潜力大、行业带动性强的"微观跨国公司"，便利化其国际业务开展，切实促进金砖国家之间的新技术、新模式、新业态的产业合作。

五　金砖创新基地产业合作的政策建议

围绕智能制造、数字经济、绿色能源、新兴产业以及生产、组织、技术

创新和服务模式的产业合作发展方向，金砖创新基地需采取多方面政策措施，最终达成产业合作。这主要包括健全运转机制，保障产业合作顺利推进；深化贸易合作，畅通产业链供应链合作；推动项目实施，促进金砖国家要素流动；对接重点园区，推动产业合作联动发展；联合自贸试验区建设，发挥多区叠加优势；推进基建合作，改善产业发展运行环境；完善金融服务，助力金砖重点项目融资。

（一）健全运转机制，保障产业合作顺利推进

金砖创新基地为福建省政府直属公益事业单位，委托厦门市政府管理，主要负责金砖创新基地政策协调、人才培养、项目开发等事务性和辅助性工作。产业合作的推进主要集中于项目开发。如前文总结的金砖创新基地产业合作成效，当前已建立 7 个新工业革命领域赋能平台，推动了金砖国家数字化、智能化、绿色化发展成果共享，并促进了供应链合作。

在下一步工作中，金砖创新基地在明确功能和产业规划基础上，从厦门火炬高新区企业出发，面向福建省和全国，针对金砖国家专门方向产业合作需求，建立健全产业合作支撑机制，畅通福建自贸试验区、福建省政府和厦门市政府相关职能部处业务合作，构建金砖国家产业合作通行规则接轨制度体系，形成金砖国家产业合作项目清单，针对金砖国家经贸往来需求的辅助工作形成国际贸易服务窗口，为产能合作和对外投资提供支持。

争取外交部、中联部等相关部委支持厦门举办金砖国家新工业革命伙伴关系论坛、促进金砖创新合作大赛、金砖国家创新创业大赛等赛事活动，促进产业合作和技术对接，提高知名度，扩大影响力。深化金砖国家中小企业创新合作，鼓励创建金砖国家国际创客中心，加强面向中小企业的研发服务平台建设，提升科技孵化、技术研发、工业设计、工艺管理、检验检测能力，加快金砖国家科技成果转移合作。支持厦门依托中国信息通信研究院（东南）创新发展研究中心，建立服务金砖国家的数字经济研究中心，推进金砖国家之间数字技术研究合作，加强数字服务贸易，推动数字文化交流。

（二）深化贸易合作，畅通产业链供应链合作

近年来，金砖国家的农业总产值超过全球农业总产值的50%，工业总产值约占全球工业总产值的1/3，在农副食品、针织服装、汽车、冶金、电子、机械、化工产品、塑料制品、金属商品等方面深化贸易往来合作。金砖国家的贸易结构虽总体上较相似，但在进出口产品体系、技术层次和贸易关系上具有差异性。在新一轮工业革命的机遇下，金砖国家深化贸易合作，促进优势互补，有利于改进传统贸易结构缺乏经济拉动力的不足，畅通金砖国家内部产业链和供应链合作，促进金砖国家产品科技含量高、产业附加值高的新兴产业的发展壮大。

金砖创新基地作为促进和巩固金砖国家新工业革命伙伴关系的重要机构，可从如下方面便利化金砖国家贸易合作。一是着力建设金砖国家贸易信息共享平台，① 集中共享和公布金砖各国的贸易政策、产品需求信息、产能投资供给和需求信息，便于各国发挥贸易优势和平衡贸易结构；二是推动金砖各国签订多边贸易投资协议，形成金砖国家统一的贸易标准；三是促进跨境电子商务发展，形成新电商和经济增长新引擎；四是建立金砖国家贸易纠纷解决机制，协调解决双边或多边贸易争端问题，保障贸易合作的持续性；五是加大对金砖国家开拓国际市场的扶持力度，引导福建本土石材、纺织、有色金属等优势企业做大做强，对接全国电机、电气、电子、音像设备，家具、灯具、塑料及其制品，车辆，服装，钢铁，有机化学品等优势出口企业，实现金砖国家范围内国际化经营。

（三）推动项目实施，促进金砖国家要素流动

金砖国家的产业合作最终落实在各国企业之间形成务实性合作项目。2021年，金砖国家新工业革命伙伴关系论坛落地签约28个项目，总投资额

---

① 蓝庆新、姜峰：《深化金砖国家贸易合作的政策建议》，载郭业洲主编《金砖国家合作发展报告（2019）》，社会科学文献出版社，2019。

达 134.04 亿元。① 在金砖创新基地新工业革命领域，金砖国家当前已共建赋能平台 7 个，推出首批示范标杆项目 39 个。在下一步工作中，我国将策划生成第二批示范企业（项目），推动小米、百度、网龙等龙头企业在厦门设立金砖国家业务运营总部或区域总部，加强厦门火炬高新区与俄罗斯国家科技园、巴西帕克科技园合作，共同提升园区治理和产业发展水平。

金砖创新基地在推动项目签约实施上形成了良好的工作基础和导向，未来将持续推进互惠互利的新工业革命领域项目开发。修订对外投资合作扶持办法，适度上浮对金砖国家投资企业项目的扶持金额；搭建企业及项目对接合作平台，建立持续更新的金砖重大项目储备库和企业名录，形成各方参与的项目开发合作机制；优化项目协谈机制，深化落实一批示范项目，打造金砖国家合作新标杆，形成技术与产业标准的互认机制，畅通产业链、供应链循环通道；争取商务部、海关总署（国家口岸办）、中国民用航空局支持，积极参加金砖国家示范电子口岸主题论坛、金砖国家示范电子口岸能力建设培训和专家研讨会等活动，推动各方深入对话，探索搭建金砖国家示范电子口岸网络。

（四）对接重点园区，推动产业合作联动发展

园区兴则产业兴。产业园区可以集聚企业、人才和资金等创新资源，聚合创新能力，优化资源配置，在新一轮工业革命下推动技术进步、产业变革以及促进经济增长方式的转变。金砖国家新工业革命领域产业合作的根基在于各国数字化、智能化、绿色化的高品质创新园区。金砖创新基地立足于厦门，协调调配全福建省资源，面向全国和金砖国家提供产业合作服务。从福厦泉国家自主创新示范区切入，深入对接全省国家高新技术产业开发区、经济技术开发区等重点产业园区，如厦门火炬高技术产业开发区、福州高新区、泉州高新区，为园区企业面向金砖国家产业合作提供服务方案，促成产

---

① 龙敏：《金砖国家新工业革命伙伴关系创新基地签约 28 项目》，中国侨网，2021 年 9 月 7 日，http：//www.chinaqw.com/jjkj/2021/09 - 07/307206.shtml。

业合作联动发展。

此外，当前巴西、俄罗斯、印度和南非均达成与我国共建产业合作示范基地、产业教学实践等初步合作，如先后在烟台、贵阳、巴西马托格罗索州等地开展相关园区建设，未来深化产业合作过程中将有大量机遇。金砖创新基地在对接现有重点园区的同时，更要有目标地制订相关产业园区共建计划，有针对性地推动金砖国家达成产业园区共建合作。加强金砖创新基地与金砖国家现有境外经贸合作区在园区管理、信息共享、产业对接、人员交流等方面的合作，实现资源和生产要素在境内外园区间双向流动、互动发展。

（五）联合自贸试验区建设，发挥多区叠加优势

金砖国家的产业合作需要全面发展经贸合作、对外投资、引进外资和产能合作，其中达成经贸合作的难度更低、适用度更广。"金砖五国"具有不同的资源禀赋和产业优势，在各产业领域的贸易往来能够与国内资源形成良性互补，而当前金砖国家中的贸易依存度偏低，各国经贸合作的空间与潜力巨大。但同时各国隶属于不同区域合作组织，如巴西是南方共同市场成员、俄罗斯隶属欧亚经济联盟、印度参与南亚区域合作联盟，南非则是南部非洲关税联盟成员，这对金砖国家达成一致的自由贸易区准入条件和关税政策增加了难度。而金砖国家之间的经贸合作一贯坚持开放、包容、共赢的理念，未来在经贸合作中求同存异，形成多元、开放的贸易合作方式十分重要。金砖创新基地应协助福建自贸试验区，学习借鉴上海自贸试验区、临港新片区和粤港澳大湾区建设经验，重点针对金砖国家贸易往来特点，与福建自贸试验区、"一带一路""海丝"核心区形成多区叠加优势，释放多方政策红利。一是利用自贸试验区贸易便利化特点，结合本地产业特色，开展联合研发，以解决研发设备和材料的高昂进出口费用；二是利用自贸试验区融资便利化，为自贸试验区内企业提供融资便利。从而打造"一带一路"对接金砖国家的重要节点，形成金砖国家自由贸易区和五国开放性战略合作平台，推动金砖国家深化多边产业合作。

（六）推进基建合作，改善产业发展运行环境

基础设施建设是产业运行发展的基础和保障，长期以来，新兴市场国家面临基础设施落后导致的经济发展阻力。金砖国家成立 10 余年来，达成了推动基础设施可持续发展的共识。中国一直致力于与其他金砖国家形成基础设施建设的投资合作，在"一带一路"倡议引领和金砖国家经济伙伴关系建设过程中，参与了多项南非、巴西等金砖国家基础设施建设投资。2021 年 9 月 9 日，在金砖国家领导人第十三次会晤中，各国就基础设施建设和信息共享达成共识，鼓励开发银行、私营部门、社会资本等加强数字基础设施投资。

金砖创新基地积极推动以金砖国家政府为主导的交通运输、通信网络、水利、桥梁、港口、机场、电网等基础设施建设项目合作，促进金砖国家改善滞后于经济发展需求的基础设施，形成与产业发展相配套的设施条件，吸取外资带来的先进技术与管理经验。金砖创新基地配合厦门交通运输局，建立金砖创新基地多式联运中心，推进多式联运"一单制"改革，探索赋予多式联运单证物权凭证功能，开辟、织密厦门与金砖国家间国际集装箱班轮航线，开通厦门港与金砖国家"丝路海运"精品快捷航线；试点厦门辖区企业开展国际船舶登记业务，放宽外资股比限制和船龄年限；试行在对等原则下中资公司所有或控股的非五星旗船舶在厦门开展外贸集装箱沿海捎带业务。做大做强中欧（厦门）班列中俄线，启动渝长厦、昌厦（福）铁路建设，构建物流新通道。争取将厦门新机场定位为国际枢纽机场，优化与金砖国家航线布局，大力支持发展货运航空。强化"海丝""陆丝"衔接，加快发展空铁、空海、海铁、公铁联运体系以及水水中转。赋予厦门部分自由贸易港政策，试行多国货物、资金自由进出，除法律另有规定外，绝大部分货物免征关税，并在市场准入、金融制度等方面提供配套政策，推动厦门成为我国面向金砖国家及各发展中国家对外开放最主要的窗口和综合交通枢纽。以良好的基础设施，形成强化产业发展基础，提升交通便利化、数字化、网络化水平，推动实现新工业革命下产业转型升级和布局优化的目标，促进金砖国家之间可持续的产业合作。

（七）完善金融服务，助力金砖重点项目融资

产业合作的深入推进需要相配套的金融服务。发挥金砖产业基金引资金、引项目、引人才的作用，聚焦前沿、关键、核心技术投资领域，重点投向先进制造、新材料、生命健康、新基建、5G、人工智能、集成电路等新工业产业项目，吸收引进境内外先进技术与管理经验，加快人才、技术、资本等创新要素集聚，优化金砖创新基地新工业革命相关产业资源配置。同时，基金将依托厦门经济特区和区域金融中心合格境外有限合伙人（QFLP）政策，积极争取合格境内有限合伙人（QDLP）试点，引进金砖及"金砖＋"国家相关机构参与基金及项目投资，助力企业"引进来"和"走出去"，推动金砖国家产业融合发展。

金砖创新基地围绕金砖国家产业合作重点方向，设立和做大做强智能制造、数字经济、绿色能源、新兴产业方向的产业基金，为贸易融资、产能合作和金砖重点项目提供打包贷款、担保、进出口信贷服务，为贸易结算提供便利的资金融通服务，推动形成金砖国家间金融规则一致性建设，联通多方金融市场。在企业主体方面，融合金砖国家中小微企业圆桌会议的成果，协助有关企业融入全球价值链。加强与各国新开发银行、商业银行、基金、开放性金融机构交流合作，争取更多机构来厦门设立专项基金，放宽对金砖国家投资者的资质要求、持股比例、行业准入等限制，搭建厦门金砖投资贸易洽谈会等双向投资促进平台，联合多边机构提升金砖重点项目融资服务能力，为贸易合作、产能投资营造稳定的金融环境。

金砖国家新工业革命伙伴关系创新基地的科技创新合作

在世界经济形势快速变化的今天，科技创新已成为一国国际竞争力的核心体现，在全球创新版图不断变化的新形势下，不断推动各国间技术创新合作是提升国家核心竞争力的重要手段。尽管发展中国家创新实力正在不断提升，但相比发达国家仍然较为落后，金砖国家之间的创新合作需求日益迫切。从 2020 年全球创新指数（GII）的排名情况中可以看出，除中国（第 14）挺进全球创新排名 15 强外，其他金砖国家的创新指数排名均处于中后位置。南非（第 60）、巴西（第 62）、俄罗斯（第 47）、印度（第 48），均低于大多数发达国家的创新水平。金砖国家作为世界上最重要的经济体之一，其创新合作方式逐渐从协商与交流向协作与联合发生转变，新兴科学技术的不断涌现，赋予了金砖国家间科技创新合作更强的开放性，提升了科技创新合作的有效性，为金砖国家的共同发展提供了更广阔的空间与机遇。与此同时，金砖国家间的创新合作是推动发展中国家科技跨越式发展的重要力量，深刻影响着发展中国家的经济发展进程。因此，新形势下如何依托金砖各国的科技优势，加强金砖国家间的科技创新合作，是金砖国家新工业革命伙伴关系创新基地（以下简称"金砖创新基地"）所要探索的重要问题，对金砖创新基地的构建与发展具有重要的理论意义和实践价值。

一　金砖国家科技创新合作基础及其形势分析

当前，金砖国家积极主动地参与全球科技创新体系的构建，各国间的科技创新合作也已初具成效。科技创新作为金砖国家开放式创新和包容性发展的核心内容之一，已经成为各国迈向经济强国的重要战略选择。就目前金砖各国科技创新合作情况来看，彼此间的科技创新合作机制已不断趋于完善，各类科技创新平台不断构建，科技金融等新兴领域实现突破，青年科技创新人才也在不断涌现。当然，在取得一定成果的同时也存在一些不可避免的问题，主要涉及科技创新的合作强度、知识产权、合作关系以及合作大环境等方面，由此发现可以进一步加深金砖国家科技创新合作的新机遇。

（一）金砖国家科技创新合作情况

1. 科技创新合作机制逐渐成熟

2014～2020 年，金砖国家一共举行了八届科技创新部长级会议。同时，不断涌现一系列与科技创新紧密相关的合作框架，如《金砖国家政府间科技创新合作谅解备忘录》、《金砖国家 2017—2018 年科技创新工作计划》、《金砖国家创新合作行动计划（2017—2020 年)》和《金砖国家科技创新工作计划（2019—2022 年)》等。金砖国家以国际双边和多边科技合作协议为指南，不断完善科技创新合作相关政策措施与行动计划，通过组建金砖国家技术转移中心、金砖国家科技创新创业伙伴关系工作组等，以保障金砖国家间的技术转移、科研合作、项目孵化等相关项目能够顺利进行。除此之外，金砖国家科技创新创业伙伴关系工作组会议形成了长效工作机制。金砖国家科技创新创业伙伴关系工作组在 2017 年召开第一届会议以来，最近三次金砖国家科技创新创业伙伴关系工作组会议使得金砖国家科技创新合作关系进一步加深，尤其是在生物医药、数字经济、人工智能等主要领域的创新合作，促成了金砖国家创新合作体系的初步形成。并且，为了进一步促进金砖国家间科技创新的长期合作，金砖各国越来越重视关于科技创新人文方面的交流。由此可见，当前金砖国家科技创新合作机制已逐步完善，合作的系统性、协调性与可持续性逐渐增强。

2. 科技创新合作平台逐步搭建

金砖各国通过不断搭建科技创新平台，积极参与并牵头组织国际科研合作项目，开放共享科技创新基础设施，逐步推动形成金砖国家科技创新开放共赢的新局面，搭建科技创新与国家战略融合发展的新桥梁。一是金砖国家中的企业、大学、科研院所等各类科技创新主体纷纷响应国际科技创新合作号召，积极成为各国科技创新合作的载体，实现国际范围内的科技创新资源共享、技术交流，不断提高科技创新合作的层次、丰富合作内容、扩大科技创新合作的时空范围。二是构建金砖国家技术转移中心。金砖国家技术转移与创新合作论坛于 2017 年首次提出要建立金砖国家技术转移中心，并于 2018 年金砖国家峰会国家科技部长会议正式通过，最终，金砖国家技术转移中心于 2018 年正式在中国昆明落地。从此，金砖国家跨区域技术转移工作进入新阶段，金砖国家技术转移中心无疑帮助金砖各国打破了技术转化的国界限制，成为金砖各国技术转化的纽带和桥梁，对突破发达国家的技术垄断、实现国际产学研合作、攻关重大科技项目等方面发挥至关重要的作用。三是构建金砖国家合作与全球治理协同创新中心。金砖国家合作与全球治理协同创新中心是由复旦大学牵头，以及清华大学、华东师范大学、四川大学和浙江师范大学共同建设的创新平台，其目标在于落实教育部高等学校创新能力提升计划。随着金砖国家国际影响力的不断增强，金砖国家合作与全球治理协同创新中心有效地推动了金砖国家之间科技创新的深入合作，拓展了金砖国家技术交流渠道，为推进金砖国家技术合作的常态化发展提供了交流平台。

3. 科技金融形成有力支撑

得益于 21 世纪前 10 年的卓越表现，金砖国家已成为全球新兴经济体和世界经济引擎的代表。但近几年来，金砖国家经济增长下滑，总体表现不佳。除世界经济复苏难的外部大环境外，其主要原因是自身发展潜力受限、经济结构的不合理以及由此造成内部经济的脆弱性。在当今时代，发展科技创新、尽快转变经济增长模式，已经成为各国经济保持稳定增长的重要途径。金融资本对创新技术的产生、成长和扩张起着重要作用，已成为科技创新的重要推动力，科技创新的发展离不开金融体系的支撑。金砖国家政府在积极支持科技创新发展的同时，初步形成了由政府主导控制，其他金融部门共同支持科学技术创新的金融体系。它们将继续依靠金融资本投资，加强对金融政策的支持。随着科技与金融合作的不断拓展，金砖国家的科技金融合作体制不断完善。第一，金砖国家科技金融支持体系多样化。由于金砖国家高度依赖投资和贸易，因此，金砖国家在政策性金融、金融中介、法律手段保障的市场基础上，逐步建立起一套科技金融支持体系。除南非外，巴西、俄罗斯、印度和中国都是由政府主导的科技金融支持体系。第二，金砖国家新开发银行支持科技和金融融合。金砖国家新开发银行是由金砖国家发起的多边金融机构，它对科技金融领域中成员国的合作与发展具有重要意义。金砖国家银行合作机制建立以来，积极推动各国金融领域的务实合作，以开放、全面、合作、共赢的金砖精神为导向，对推动金砖国家科技创新合作及可持续经济发展做出了重要贡献。第三，设立了金砖科技创新资金资助方工作组。在 2016 年，金砖国家成立了科技创新资金资助方工作组，签署了《金砖国家科技创新框架计划》，决定在此框架下邀请多方参与研发项目。这一举措旨在帮助和促进金砖国家间的创新合作，包括自然灾害管理、水资源、污染管理、地理空间技术及其应用、新能源、天文等十个科技创新技术领域。

4. 青年科技创新交流频繁

金砖国家在 2017 年 7 月 18 日举行的第五届部长级会议上积极强调了要推动建立青年创新创业合作伙伴关系，并采取了一项创新合作行动计划。具体而言，包括重点支持科技创新人才，特别是青年科学家和青年企业家的合作与交流，分享创新和创业的最佳实践，由此推动了多领域、多层次的实践和行动，最终建立有利于科技创新和各国青年企业家深度交流的生态系统。金砖国家青年间创新与创业伙伴关系在新一轮工业革命合作的大背景下逐步发展起来。金砖国家支持人才的跨越式发展，打破了国与国之间的限制，把青年科学家和青年企业家之间的交流与合作放在首位，尤其是通过国家间的联合研究、创新创业平台、青年研究者论坛等，充分发挥金砖国家青年学者和创新创业者的积极作用，进一步促进金砖国家青年科技创新人才之间的交流与可持续的研究合作。金砖国家在 2019 年推出了"金砖国家青少年创新驱动变革发展实践调研与最佳案例评选",强调从实践角度出发,不断激发青年科技创新人才实践能力,促使科技创新项目落地。2020 年 9 月 21 ~ 25 日,第五届金砖国家青年科学家论坛于线上举行,有超过 100 名来自中国、南非、俄罗斯、巴西、印度的青年科学家和创业者参加,论坛在生态学、材料科学和人工智能等领域组织了多项活动,极大地促进了金砖国家青年科技工作者之间的相互了解与交流,为金砖国家青年科技创新工作者们寻求未来的科研伙伴提供了机会。

(二)金砖国家科技创新合作面临的挑战

1. 各国总体创新水平不高

金砖国家自身的科技创新水平对彼此之间的科技创新合作产生重大影响,直接制约各国真正达成科技创新合作。《全球竞争力报告(2020)》指出,金砖国家在制度、人力资本和研究、基础设施、市场成熟度、商业成熟度、知识和技术产出、创意产品方面仍与西方发达国家有较大差距,这无疑会使金砖各国开展科技创新合作受到阻碍。

第一,就创新能力而言,与被评估的经济体相比,"金砖五国"中大部分国家的创新能力处于中等水平。其中,中国 GII 总排名第 14,在"金砖五国"中位居第一;俄罗斯在"金砖五国"中位居第二,GII 总排名第 47,而印度、南非、巴西分别位居 GII 的第 48、第 60 和第 62。从细分项目来看,中国 GII 总排名靠前,在市场成熟度、商业成熟度及创意产品方面均进入全球前 20,知识和技术产出方面进入全球前 10(见表 1),但在制度与基础设施方面都还相对薄弱。俄罗斯与印度的 GII 总排名相近,具体来看俄罗斯的人力资本和研究较强,但在制度方面排名相对靠后,印度在市场成熟度及知识和技术产出上都具有优势,而基础设施相对落后。南非与巴西的 GII 总排名相似,南非在市场成熟度方面占据优势,而巴西的市场成熟度是其劣势,其商业成熟度较高。

表1　2020年金砖国家GII总排名和各分项排名

国家/ 经济体	GII总排名	制度	人力资本 和研究	基础 设施	市场 成熟度	商业 成熟度	知识和技术 产出	创意 产品
中国	14	62	21	36	19	15	7	12
俄罗斯	47	71	30	60	55	72	50	60
印度	48	61	60	75	31	55	27	64
南非	60	55	70	79	15	50	62	70
巴西	62	82	49	61	91	35	56	77

资料来源：全球创新指数数据库，康奈尔、INSEAD和产权组织。

第二，从创新投入与产出方面来看，大部分金砖国家的创新投入并没有很好地转化为创新产出。从全球创新知识数据库中可以得出，不论是从创新投入还是创新产出来看，中国都居金砖国家首位，特别是创新产出排名全球第六，相对靠前。在创新投入方面，俄罗斯、南非、印度、巴西分别位于全球第42、第49、第57、第59（见表2）。但在创新产出方面，俄罗斯、南非、巴西的排名情况都比创新投入要更加靠后，说明大部分金砖国家的创新投入并没有很好地转化为创新产出。

表2　2020年金砖国家创新投入和产出次级指数排名

创新投入次级指数排名			创新产出次级指数排名		
国家/经济体	得分（0~100）	排名	国家/经济体	得分（0~100）	排名
中国	55.51	26	中国	51.04	6
俄罗斯	46.64	42	印度	27.66	45
南非	44.85	49	俄罗斯	24.62	58
印度	43.51	57	巴西	20.94	64
巴西	42.94	59	南非	20.48	68

资料来源：全球创新指数数据库，康奈尔、INSEAD和产权组织。

第三，从科技集群方面来看，金砖国家共有22个科技集群位列全球科技集群排名的前100。其中，中国的科技集群占17个，且排名较为靠前，俄罗斯的科技集群排名第32，印度的科技集群分别排名第60、第67和第98，巴西的科技集群排名第61，南非没有科技集群进入全球排名前100（见表3）。可以看出，在科技集群方面除中国之外的其他金砖国家均处于弱势，以集群方式促进科技创新发展的能力还不强。

表3　2020年全球科技集群排名前100中的金砖国家科技集群

排名	集群名称	经济体	PCT申请量（件）	科学出版物（篇）	在PCT申请总量中的份额（%）	在出版物总量中的份额（%）	共计	2013～2017年排名	排名变化
2	深圳—香港—广州	中国	72259	118600	6.9	1.37	8.27	2	0
4	北京	中国	25080	241637	2.4	2.79	5.18	4	0
9	上海	中国	13347	122367	1.27	1.41	2.69	11	2
21	南京	中国	1662	84789	0.16	0.98	1.14	25	4
25	杭州	中国	4832	48627	0.46	0.56	1.02	30	5
29	武汉	中国	1796	63837	0.17	0.74	0.91	38	9
32	莫斯科	俄罗斯	2060	58153	0.2	0.67	0.87	33	1
40	西安	中国	775	60017	0.07	0.69	0.77	47	7
47	成都	中国	1449	48095	0.14	0.56	0.69	52	5
56	天津	中国	812	41989	0.08	0.48	0.56	60	4
60	班加罗尔	印度	3289	17021	0.31	0.2	0.51	65	5
61	圣保罗	巴西	751	37675	0.07	0.43	0.51	59	-2
66	长沙	中国	502	37115	0.05	0.43	0.48	67	1
67	德里	印度	855	33570	0.08	0.39	0.47	70	3
69	青岛	中国	2074	22957	0.2	0.26	0.46	80	11
72	苏州	中国	2627	15129	0.25	0.17	0.43	81	9
77	重庆	中国	689	30023	0.07	0.35	0.41	88	11
79	合肥	中国	536	29536	0.05	0.34	0.39	90	11
80	哈尔滨	中国	168	31980	0.02	0.37	0.39	87	7
82	济南	中国	511	27956	0.05	0.32	0.37	89	7
87	长春	中国	209	29720	0.02	0.34	0.36	93	6
98	孟买	印度	1196	18213	0.11	0.21	0.32	97	-1

资料来源：全球创新指数数据库，康奈尔、INSEAD和产权组织。

2.合作模式与配套服务较为单一

合作机制从本质上讲主要由协调、咨询决策、投资担保、评估责任机构、争议仲裁等几种主要机制构成，金砖国家目前的科技创新机制架构大致是由金砖国家领导人会晤、安全事务高级代表会议、外长会晤等共同构建的多层次交流体系，但在具体的操作与运行过程中，该机制仍然表现出各国科技合作事宜难以统一协同，缺乏相关法律约束、合作成员国不稳定等一系列问题，已经影响到金砖国家间的科技创新合作。具体包括，一是金砖国家间的科技创新合作模式比较单一。科学研究与技术合作模式侧重于探索国家间包括人、物、资本、信息等要素的组织形式。在合作主体方面，目前金砖国家的科技合作主要集中在政府科技合作方面，而实际上，企业才应该是科技创新合作的真正主体，故今后金砖国家的企业还要进一步发挥科技合作的引导和带头作用。就合作形式而言，目前金砖国家之间的科技合作主要集中在两国之间，而三国或三国以上的科技创新合作相对较少。根据国际发展趋势，开展多主体的科技创新合作是未来科技创新合作的必然趋势。就合作内容而言，目前金砖国家间的科技合作内容与形式主要集中在互访与交流、产品技术输出与引进等方面，整体合作内容有待拓展。二是金砖国家间的创新资源信息交流和共享不充分。实现信息资源的共享，能有效降低交易成本、提高效率，而目前金砖国家之间仍然缺少统一的信息交流和共享的平台，导致在国与国进行科技创新合作的时候往往因为知识与信息交流和共享的不够充分导致合作项目"难产"。同时，对于国家内部而言，国与国之间的创新合作涉及科技、经济、金融、海关等多个部门，若各个部门间信息传递不畅通、领导多头、力量分散，也无法保障国与国之间的科技创新合作顺利进行。三是缺乏有效的科技创新合作中介组织。优质中介是实现科技创新合作的重要保障，如今，在金砖国家进行的科技创新合作中，有效的科技服务中介机构仍然较少，即便有，其所提供的服务并不完善，导致金砖国家在科技合作的过程中常常因中介环节的缺失无法推进科技创新合作项目。

3.科技创新大环境仍存阻力

"金砖五国"的科学技术合作与国际科学技术研究环境密切相关，金砖国家在世界不同领域的合作容易受到国际总体大环境的干扰，而随着国际科学技术合作进程的不断加速，需要对各国市场竞争环境、法律环境和技术环境提出更高要求，尤其是在新冠肺炎疫情蔓延的形势下，以及"逆全球化"浪潮的出现，金砖国家在疫情下的科技合作动力较为不足，如在疫苗联合研发的技术合作项目上就遭受多方干扰。一是国家安全保障存在潜在风险和威胁。随着金砖各国科技合作工作的不断推进，科技合作领域进一步拓展，包括军事科技等敏感领域的国际合作，以及一些信息处理平台也参与科技合作，这些都对国家安全保障提出了新的挑战。二是语言与文化存在差异。金砖国家的语言和文化存在较大不同，就俄罗斯来说，老一代的中国专家学者通常比较了解俄国文化，对俄语也较为精通。但目前，中国学生和科技人员大多以学英语为主，因此在交流上出现了一定的障碍、在沟通上存在一定困难。三是科研环境建设相对薄弱。当前，各国在科学研究环境建设方面相对薄弱，比如，标准化的科学评估机制和协作效应评估体系尚未完善，尤其在知识产权领域，知识产权的政策保护相对薄弱，对知识产权的重要性认识不足。四是科技合作易受国际政治与安全因素影响。金砖国家在若干领域的科学技术合作易受国际环境和其他国家干预的影响，在安全保障方面的问题影响着其间科技创新合作的发展。

（三）金砖创新基地科技创新合作的机遇分析

1. 全球开放合作带来新机遇

当今，新的科技革命和人工智能、大数据、量子信息等行业正在发生变革，新旧动能转化不断上演。金砖各国普遍认为，科技创新是经济发展的主要推动力，是未来社会发展的重要因素，加强金砖各国的科技创新合作是必然趋势。世界经济总量的30%以上来自金砖国家，金砖创新基地面对重大问题时高举多边主义旗帜，推动建立更加开放的世界创新体系，通过构建金砖国家合作创新网络，充分发挥"金砖五国"自身的优势，制订有助于加强参与全球价值链的合作创新计划，促使各国高质量发展目标得以实现。

2.共建"一带一路"提供新契机

"一带一路"建设离不开金砖国家的支持，中国奉行共商共建共享的原则，坚持开放、绿色、廉洁理念，追求高质量，受益于民生和可持续发展，与金砖国家共同推进"一带一路"高质量发展。产业融合长期以来都是"一带一路"建设中的重点，而产业融合离不开科技创新的保障，国与国之间的互联互通是科技创新合作的重要基石。金砖创新基地应牢牢把握"一带一路"发展带来的新契机，结合各国科技特色，如南非希望扩大金砖国家间在经济贸易、基础设施建设、人工智能等领域的创新合作，特别欢迎更多的中国企业到南非投资；俄罗斯加快推进"一带一路"与欧亚经济联盟的倡议对接，力求在航空航天、农业、工业、能源等领域进一步加深创新合作等，充分依托"一带一路"建设不断深化金砖国家创新合作伙伴关系，保持金砖科技创新合作活力。

3.新工业革命伙伴关系挖掘新潜能

金砖国家新工业革命伙伴关系是下一阶段"金砖五国"经济发展与创新的重要出发点。金砖国家在产业结构上拥有各自的特点，具有明显的互补性。如中国拥有世界上最大的工业与制造业规模；俄罗斯的石油和天然气储量丰富，在军工以及高等教育等领域处于世界领先地位；印度在科学技术创新方面有着很大的优势，并在软件和药学等高科技产业领域处于国际先进水平；南非拥有资源供应优势，是南部非洲最大的经济体；巴西的矿产资源和水资源丰富，拥有亚马孙地区的丰富生物资源，隐藏着未来的无限可能。金砖创新基地应依托金砖国家之间建立的新工业革命伙伴关系，深入探索重大项目的创新与合作的可能性，抓住创新与发展的新机遇，为"金砖五国"的经济发展与创新升级做出更大贡献。

二　金砖创新基地科技创新合作成效

金砖国家的影响力日益彰显，金砖创新基地建设也备受关注，在金砖各国科技创新的务实合作中，金砖创新基地扮演着重要角色。金砖创新基地通过争取政策支持、开展项目竞赛、共建科技创新合作平台等举措，促使科技创新工作组建设不断推进、科技创新合作重点项目不断落地、科技创新合作平台赋能作用不断显现、科技创新相关活动赛事稳步开展。但金砖创新基地在发展过程中也遇到一些问题，如实际能力与现实需求有所脱节、国际利益冲突导致基地协调困难、前瞻性研究缺失以致合作方式受限等。总体来说，金砖创新基地已成为金砖国家合作的制度支柱之一，不断促进金砖国家间的科技创新合作。

（一）金砖创新基地科技创新合作举措

1. 争取政策支持强力推进科技创新合作工作

金砖创新基地成立由厦门市委、市政府领导分别任组长、副组长，厦门市深改办、自贸委、火炬管委会、发改委、工信局、科技局、发展研究中心等单位参与的总体方案起草小组，在不到两周内起草形成了《金砖创新基地建设总体方案》（建议稿）。该小组组织梳理争取国家支持的政策清单，由市委召开专题会议布置，市委办、市府办专门通知各区各部门提出需要争取的政策清单建议，市委宣传部、自贸委、火炬管委会、厦门海关、人行厦门支行、市外办、工信局、科技局、教育局、金融监管局、资源规划局、财政局、市委网信办、文旅局、商务局、市场监管局等 16 个单位认真梳理并提出了向国家部委争取的 75 项政策清单。总体考虑是以金砖创新基地这一国际化名片为抓手，对标高质量发展引领示范区建设要求，向国家争取系统性的改革政策和项目支持，将基地打造成为面向金砖国家的高水平和开放的经济示范区，建设金砖科技创新中心，构建促进金砖国家科技创新的重要平台。

2. 开展项目竞赛助推科技创新合作成果转化

金砖创新基地通过开展各类项目以及创新竞赛不断推动金砖各国科技创新合作成果转化。一是发布《促进金砖工业创新合作项目集》。为做好金砖国家新工业革命伙伴关系建设项目储备工作，丰富伙伴关系论坛成果，助推成果转化与创新发展，在工信部指导下，工信部国际经济技术合作中心作为金砖国家新工业革命伙伴关系中方工作机制秘书处办公室，面向各省、自治区、直辖市工业和信息化主管部门，组织开展了"促进金砖工业创新合作"项目征集活动。活动立足行业需求，强调创新融合，注重成果转化，推动金砖合作提质升级。经各地工业和信息化主管部门推荐和企业自主申报，共收到申报项目135个。经过认真比选，最终巴西世界杯新能源客车项目、中俄丝路创新园项目、柳工印度公司结构件智能制造项目、中国—南非中医药壮医药中心项目等21个项目入选，涵盖了人工智能、绿色制造、智慧城市、数字化转型、健康医疗、防疫抗疫等众多前沿领域。二是推动合作项目签约。为务实推进厦门金砖创新基地建设，经过金砖国家新工业革命伙伴关系论坛前期的精心筹备，在各方的共同努力下，共有5个合作项目将落地创新基地，包括厦门市人民政府与中国通用技术集团发起设立金砖新工业革命伙伴关系创新基地产业基金，工信部国际经济技术合作中心与厦门市人民政府在厦门设立工信部国际经济技术合作中心分中心，厦门市人民政府、厦门大学与莫斯科罗蒙诺索夫国立大学共建中俄数字经济研究中心，建设厦门金砖工业能力提升培训基地，设立中国信息通信研究院（东南）创新发展研究中心等，共有11家签约单位代表参与了项目签约仪式。三是举办2020促进金砖工业创新合作大赛颁奖仪式。为深化金砖工业创新领域务实合作，促进金砖国家高素质创新人才和技能人才交流，由厦门市人民政府主办，工信部国际经济技术合作中心、厦门市工业和信息化局共同承办的2020促进金砖工业创新合作大赛顺利举行。该大赛以"促进'后疫情'时代金砖创新合作"为主题，总决赛分"创新设计""未来技能""青年创客"3个赛道，以及"创新设计""青年创客""移动应用开发""网络安全""物联网"5项赛事，在北京、湖北、广西、福建4个赛区开展选拔赛和总决赛，有452个境内外项目团队参加了选拔赛，共75个优秀项目入选了总决赛。经过激烈角逐，共选出36个获奖项目。四是举办展览展示活动。2020金砖国家新工业革命伙伴关系论坛同期举办了展览展示活动，集中展示2020促进金砖工业创新合作大赛入围项目，以及获奖项目，旨在鼓励金砖国家企业、高校、机构、地方政府间进行合作交流，特别是人才创新交流，为实现高质量发展注入强劲动力。

3.共建科技创新合作平台发挥核心链接作用

金砖创新基地本身作为金砖国家间科技创新合作的重要平台，不断发挥关键性链接作用。一是搭建中俄技术创新合作平台。中俄数字经济研究中心已初步确定合作方案及关键绩效指标的设置，双方拟建立数字经济研究中心（智库）、信息技术创新研究中心、数字经济技术孵化器，征集发布了31个促进金砖工业创新合作项目，以及可落地的俄罗斯创新项目20个。二是建立金砖国家线上科技创新合作平台。自2018年起，由厦门市会展协会牵头，建立"金砖国家会展合作网"（中英双语），包括简介、成员、展会计划、动态等栏目，便于相互获取会展活动信息和会展机构信息，促进相互间会展项目合作。金砖国家合作单位包括巴西展览联合会、南非会议企业协会、印度会展协会、俄罗斯展览联盟等。三是举办科技创新交流活动。2021年4月，举办金砖国家华侨华人创新合作对接会，发挥金砖国家华侨华人作用，积极参与创新基地建设；6月，举办2021金砖国家智库国际研讨会，来自金砖国家智库及工商界、金融界的260多位代表围绕基地建设展开深入探讨，搭建智库交流平台；7月，举办金砖国家"海洋与极地科学"专题领域工作组第四届会议，近100位金砖国家政府官员和科学家代表参会。

（二）金砖创新基地科技创新合作的进展情况

1.科技创新工作组建设不断推进

一是组建核心区建设工作组（金砖未来创新园建设指挥部）。负责规划建设金砖未来创新园核心载体和标识体系，统筹做好重点项目落地保障工作，建设金砖创新合作集聚区，建立健全金砖创新基地管理运营机制与总体策划并推动落实金砖标志性旗舰项目，做好2022年我国接任金砖主席国的成果储备。二是组建科技创新基地工作组。负责推进与科技部的战略合作，承接金砖国家科技创新部长级会议确定的重点任务和合作项目；统筹推进与金砖国家科技园、技术企业孵化器、创新机构的合作，策划推动金砖科技创新合作旗舰项目。

2. 科技创新合作重点项目不断落地

一是实行项目任务清单化管理。加快推进首批重点任务清单，已完成5项任务，并策划生成第二批重点任务清单，建立督办通报机制，确保各项任务落实到位。二是推动重点签约项目落地，如中俄数字经济研究中心、工信部国际经济技术合作中心厦门分中心、中国信息通信研究院（东南）创新发展研究中心等。三是积极策划引进项目。推动小米、百度、正威、网龙等企业尽快落地金砖业务项目，争取中俄航天航空创新技术国际联合研究中心分中心、亿海蓝金砖航运智库研究院、中俄先进技术创新孵化中心、金砖国际中医药健康智库基地等项目落地，吸引更多的新工业领域代表性机构和企业来厦设立金砖国家业务运营总部或区域总部。与小米集团谋划在厦设立"金砖智能制造供应链金融"和"金砖智能制造示范基地"；与百度策划设立云智学院厦门分院和金砖主题的"AI + 工业互联网基地"；对接正威集团，策划落地亚太金融总部和金砖产业创新基地；引进全球在线及移动互联网龙头企业网龙教育总部项目；对接通标标准，重点围绕"金砖 +"国家技术服务、培训、标准制定等内容，争取落地 SGS 金砖业务总部。[①] 四是推进工业基础设施互联互通。工业互联网标识解析综合型二级节点拟于2021年9月5日基础功能上线运行，国际互联网数据专用通道项目正编制规划方案，争取在2021年内获批。

3. 科技创新合作平台赋能作用不断显现

线上线下平台高效整合资源和要素，实现信息、技术、资源的共享，提供政策咨询、人才培训、项目对接等"一站式"技术创新合作服务。一是提供公共信息服务。通过网站和微信公众号，及时发布基地建设进展、金砖各国科技创新相关动态及政策信息；对接行业主管、研究机构、高校智库等，拟每年发布"金砖创新基地发展报告蓝皮书"，积极探索发布金砖国家相关指数。二是建设金砖科技创新项目载体。聚焦智能制造、数字经济和绿色发展的产业集聚与创新孵化，依托金砖国家工商理事会中方理事会、央

---

① 《关于金砖创新基地建设进展情况汇报》（内部资料）。

企、国企、大型跨国企业资源，将同翔高新城、软件园三期、火炬新科广场、软件园一期北片区打造成各具特色、功能各异的金砖园区载体；建立金砖国家工业科技园、创新中心、科技企业孵化器和企业网络；推动落实金砖国家未来网络研究院、数字金砖任务组、技术转移中心、青年科学家交流计划、青年创新创业人才交流等倡议或项目。三是充分发挥金砖国家新工业革命伙伴关系论坛平台作用。当前，以数字化、网络化、智能化为特征的新工业革命兴起，推动新兴技术加速产生和应用，重塑工业特别是制造业及其服务业的生产流程和商业模式，极大提升了生产率和竞争力，减少了能源和资源消耗，为金砖国家实现中长期经济增长和可持续发展带来重大机遇，但也为金砖国家构建适应新工业革命的产业政策、创新生态、劳动力技能等带来重大挑战。金砖创新基地通过发挥金砖国家新工业革命伙伴关系论坛这一重要合作平台作用，邀请金砖国家及国际组织代表广泛参与主旨演讲、议题研讨等活动，与金砖国家积极开展新工业革命领域政策交流及项目对接，推动金砖国家工业创新领域合作取得新成效。

4. 科技创新相关活动赛事稳步开展

在现有赛事的基础上，按照"每季度一个大活动、小活动不断"的节奏，联合国内政府智库、企业、机构、行业协会等，组织开展金砖系列活动，持续提高金砖热度，营造金砖合作良好氛围。结合投洽会，承办金砖国家新工业革命伙伴关系论坛、促进金砖工业创新合作大赛、金砖国家新工业革命展览会、新工业革命企业家论坛和项目对接活动。举办金砖国家技能发展与技术创新大赛之"嘉克杯"国际焊接大赛和智能制造领域系列大赛。

（三）金砖创新基地科技创新合作面临的困难

1. 基地实际能力与现实需求有所脱节

金砖国家之间的合作，是拓展和深化两国科技创新合作的迫切需要。但是，随着全球价值链的不断拓展，如何使金砖创新伙伴关系得到系统性的加强，应该是金砖创新基地开发和建设中的一个重要课题。当前，金砖创新基地对于科技创新合作的实践推动能力并不能满足实际需要，导致虽然金砖国家各级政府间能够有效交流科技创新经验，但如何推动科技创新合作，加速新能源、可再生能源等领域的共同研究，应是金砖创新基地结合国际经济、环境、社会、科技等需要解决的重要问题。并且，虽然金砖创新基地一再表示要加强金砖各国的科技创新合作，推动全球经济治理和可持续发展，但如何充分发挥新发展银行科技金融功能的作用以及各成员国可持续发展项目融资等也是迫切需要解决的问题。此外，金砖创新基地与金砖各国在技术创新合作的某些方面并未完全相同，在一定程度上限制了金砖创新基地对金砖各国科技创新合作的推动作用。

2. 国际利益冲突导致基地协调困难

金砖国家作为新兴经济体，在开发和使用各种自然资源方面，致力于在国际市场中占有竞争份额，以实现对自身经济和社会发展的期望，增强国际政治和经济实力。在金砖各国进行科技创新合作时，其会因为政治、经济、社会环境的不同，公共利益并不完全一致。因此，金砖创新基地在推动金砖国家创新合作的同时，如何有效协调各方利益关系是在发展过程中不可避免的难题，如中国与印度在医药、核电产品、通信、能源资源等出口贸易方面存在着一些合作问题。与此同时，以西方为主导的旧国际模式，利用国际货币基金组织和世界银行等传统的国际经济治理机制同正在形成的金砖国家合作机制展开竞争，这些都将影响金砖创新基地的发展。

3. 前瞻性研究缺失以致合作受限

为激发金砖各国科技创新合作机制的新活力，金砖国家迫切希望在国际政治、经济、科技创新方面开拓新的领域。福塔莱萨会晤提出的网络安全问题，乌法会晤提出的人才雇佣问题，果阿会晤提出的移民人口转移问题，厦门会晤讨论了与新地区合作的实践模式，这些都反映了金砖国家不断寻求各国间科技创新合作的有效方法以及创新合作方式的必要性。而目前金砖创新基地所开展的金砖各国的科技创新合作的方式还比较单一，合作主体还较为有限，多以项目、平台为依托推动合作的开展，忽视了金砖国家各自的特征，以及现阶段各国在科技创新方面的最新成效，贸然寻求合适的科技创新合作领域。因此，金砖国家科技创新合作受限的原因在于缺乏前瞻性研究。

三　金砖创新基地科技创新合作的发展方向

当前，世界经济体系正处于新旧动能转化的重要时期，全球经济治理体系正在发生深刻变化，处于新的全球经济增长动力尚未形成，而国际主义和贸易保护主义对国际秩序仍构成威胁的关键时期。此外，许多不确定的因素正在逐渐出现。在此基础上，金砖创新基地通过抓住科技革命和产业变革的新机遇，共同培育发展新技术、新产业、新形态、新模式，共同推动科技创新，不断加强科技创新合作，增强金砖国家的科技创新实力及参与世界经济、金融和交易规则制定的能力，协助金砖国家完成跨越式发展，有利于各国间科技成果的分享，形成鼓励开放、包容、普惠、平衡、共赢的经济全球化体系，实现科技创新合作，共享科技发展成果。

（一）以点带面，加强重点领域布局

结合主要国家发展战略，金砖新工业革命伙伴关系创新基地必须根据各个国家的特点来制定整体规划，时刻加强关键区域的布局。一是特别关注各国的产业发展特性，如俄罗斯将人文社会科学基金与基础研究会合并，增加跨学科研究的资金筹措额，增加基础研究会的资金分配额，以此推进俄罗斯基础科学领域的研究；印度继续加速 5G 和大数据技术的开发，加快 5G 技术的商业化，在大数据、云计算等领域加强国家创新优势；巴西在医药卫生领域推进科学和技术的研究和发展；南非重点关注循环经济、面向未来的教育、可持续能源、未来社会、健康创新、高科技产业化、ICT 和智能系统、营养安全以及水安全九大领域。与世界级的医学和健康研究所进行合作，力求实现创新突破等，加强金砖各国科技创新优势融合。除此之外，落实重点领域的创新合作，如被《中国制造 2025》纳入重点发展领域的新一代信息技术、航空航天设备、节能与清洁能源汽车、新材料、高档数控机床和机器

人、生物医药及高性能医疗器械等，从而进一步助推中国制造业转型升级。二是推进与疫情防控常态化背景相结合的技术创新研究工作。在疫情防控常态化时期，金砖创新基地可以选择重点领域，以金砖国家技术合作项目计划为基础，开展符合 COVID - 19 全球设计标准的高质量国际合作项目，结合金砖各国科技创新的优势和合作的优先次序，通过更广泛的交流，深化金砖国家在流行病防治、数字技术应用和智能技术服务方面的合作，以及在新能源、可再生能源和能源效率方面开展合作，特别是实施双边和多边科技创新计划，为建设研究发展机构提供双边和多边资助。三是坚持以"一带一路"为载体落实重点科技项目。金砖创新基地应不断加强"一带一路"建设中的科技创新合作，无论是与俄罗斯"欧亚经济联盟"开展创新合作，还是对接印度、巴西、南非等国家发展战略中的科技合作内容，都应聚焦发展中国家的迫切需要，共同建设研发中心，加强能源、交通运输、新材料等领域的科技创新合作，以支持和形成多项强有力的科技创新合作项目，开展重点科技攻关。金砖创新基地还可以定期开展人才研讨会和技术交流，探讨创新合作的可能性，共享试验装置，开展联合研究，共同推动重大科技项目的实施。

（二）创新合作模式，把握合作机遇

第一，积极发展数字经济，推动合作模式创新。当前，数字化、网络化、智能化不断发展，信息技术创新日趋深入，是创新发展的关键时机。金砖国际科技合作带来的新机遇以及人工智能、大数据、量子信息、生物技术等行业的变革，都预示着金砖创新基地应将数字科技创新合作作为优先发展战略方向。在未来，金砖创新基地应加强数字技术、人工智能等重要领域的科技创新实践合作，尤其应注重中小企业创新能力的提升，支持和塑造创新创业精神；应充分发挥各国在数字经济领域的比较优势，加强数字技术交流与合作，加强数字经济发展调整，拓展数字经济融资渠道，培养数字人才，提升工人数字化技术，提高数字经济发展水平。第二，加强科技创新治理，规范科技创新合作模式。金砖创新基地本身就是重要的创新载体，应成为金砖国家技术创新合作的"搭建者"、"建言者"与"引导者",金砖国家处在发展中国家和新兴经济体的前沿,应注重科技创新人才的培养,不断改进科技管理体系和手段,推进科学研究诚信共建,改善科技创新的法律环境,从而保持科技进步不断朝着有利于人类健康和可持续的方向发展,以应对新的技术挑战。第三,加大对科技创新的财政支持力度,促进合作模式多元化发展。合作模式的多元化离不开资金支持,金砖创新基地应不断促进金砖国家彼此间的金融、投资的调整与合作,加强金砖国家新开发银行的建设与发展,全面分析和协调各国利益偏好差异,拓展科技合作模式。除了依托金砖国家新开发银行之外,还应该进一步加强对加盟国资本市场发展的支持,以推动金砖各国经济的长期繁荣与发展,并为各国多样化的科技创新合作提供强大支持。

(三)扩充智力储备,激发潜在力量

金砖国家科技创新合作离不开人才的智力支持。由于金砖国家间的科技创新合作知识密集、纪律全面、技术整合、竞争激烈、风险高、效率高,故彼此间的创新合作的建立和发展需要大量受过良好教育和特殊训练的优秀科技人才和管理人才的大力支持。无论是未来研究、学术交流、合作研究,还是国际科技活动,都是全球知识与技术流动的重要载体,是以科技人才全球化潮流为重要载体的,更是金砖创新基地未来发展的重要方向。金砖创新基地可以通过科技调研、国际会议、科技展示等交流合作,实施人才合作计划,推动金砖国家间科技人才的流动。专业人员交流是技术交流的最有效形式,专家引进是促进金砖国家人才交流的最高级的形式,有效促进了人才流动,促进了双方的科研合作,促进了金砖国家科学技术的发展。一方面,教育是科技创新的基本前提,金砖国家的高等学府不断培养科技创新所需的创新人才,促进科技创新成果的有效生产与转化,金砖创新基地可以通过教师互派、学生互换、学分互认、学位互授等方式联合建设人才培养和交流机制,发挥各国高校优势;另一方面,人文与文化交流是金砖国家合作的基石,在推动科技创新合作方面发挥越来越重要的作用,无论是高层会晤还是民间合作，金砖国家都必须充分发挥人文交流的独特而重要的作用，金砖创新基地通过科学研究、社会服务、文化交流等发挥重要作用，促进金砖国家的科技创新合作。

（四）加速平台构建，赋能合作创新

金砖创新基地要在有效整合各国科技资源的基础上，加强金砖国家的基础设施建设与信息资源、技术成果和人力资源的共享，构建金砖国家之间科技资源的交流平台。在政策层面，金砖各国政府应鼓励和支持建立技术转移平台，为企业、科研机构及其他参与方提供有组织、专业化的信息技术服务，突破创新合作项目沟通交流的瓶颈。一是充分发挥金砖创新基地的平台作用。金砖创新基地可以通过整合南亚、东南亚科技辐射中心，积极制定"金砖五国"间的科学、技术、创新工作规划，加快技术转移中心建设，开展双向多边的国际技术转让，为中国与金砖国家提供有效的技术转移渠道，建立和完善金砖科技信息数据库和专家数据库。深度开展科技创新合作以及中国青年企业家孵化项目，为金砖各国提供高质量的信息交流渠道和专业化的科技服务。二是深化科技公园、产业园、工业园在科技创新合作方面的实践。金砖创新基地可以通过主动对标中国与其他金砖国家在科技合作方面的需求清单，共同建设具有金砖国家特色的科技创新园、产业园、工业园。积极开展金砖高新技术企业的技术转移和创新合作，共同推动金砖国家科技创新行动计划的实施。三是搭建金砖国家科技合作网络平台。金砖创新基地可以通过信息整合、资源共享、科技服务等功能，构建金砖国家科技创新合作互联网平台，优化科技创新网络环境，建立金砖国家科技合作网络中介环境及信息保障体系。首先，可以建立金砖国家科技合作平台，搭建科技创新合作与信息交流的渠道，设置中介服务、计划项目、科技投资、技术展示等网站内容模块，开发和整合一个后台管理系统，用于信息收集、系统认证、基本数据资源管理、数据库检索等。其次，可以建立金砖国家科技创新专业人才数据库，用于组织和管理学术团体、科研机构、学术研究成果、国家企业信息资源、国家政策法规等数据。此外，可以建立网络平台标准和规范，制定信息交换发布标准和构建网络平台管理体系，规范使用金砖国家科技合作平台。

（五）打造优质服务，营造良好生态

金砖国家开展科技合作交流，必须建立优质的服务渠道，金砖创新基地应以此为基础打造全方位的创新合作服务机制，为金砖国家科技合作交流提供良好服务，形成良性服务生态。一是建立金砖国家科技合作服务生态网络。金砖创新基地通过推动本国企业实现与其他金砖国家间的互通、共享，促进国内企业、科研机构、大学、科技人员和其他金砖国家类似机构的交流，开展集科技成果转化、招商引资、人才培养、技术咨询等于一体的多元化科技合作服务。二是在合作与互惠的基础上，建立各国科技创新的服务联盟。在合作互惠的基础上建立联盟组织，促进区域间的信息数据共享和信息资源交流，以互利共赢为原则促使各国共同建设，共享科技合作、交流基础设施，为企业、大学和科研机构提供科学技术合作服务。三是建立科技合作咨询专家队伍。加强金砖科技人才的研究与培育。根据引进技术的需求和产业发展的实际，成立了海外咨询专家小组，为科技创新提供技术咨询和管理咨询服务。四是培养金砖科技合作服务团队，建立和完善国际科技合作伙伴培训体系，制定培训大纲，结合理论和实例，进行计划和规范培训。并且逐渐建立起一支懂技术、会语言、熟悉国际惯例与法律法规，有较高的专业素质、广泛的信息渠道、较强的协调能力的科技合作服务队伍。

四　金砖创新基地科技创新合作的政策建议

金砖创新基地在未来的发展过程中，应继续秉持开放包容、互利共赢的金砖精神，务实推动金砖国家新工业革命领域合作，充分发挥基地沟通协调作用，构建金砖创新合作新模式，夯实科技创新智力基础，激发科技创新平台辐射效应，不断推动科技创新合作生态融合，努力把金砖创新基地打造成

为高度开放、惠及各方的重要平台，促进金砖国家共同实现科技创新、产业转型和经济发展。

（一）发挥基地沟通协调作用

在金砖国家创新合作机制下，金砖创新基地应不断加强战略研究、顶层设计和国家政策分析，制订金砖国家科技创新合作计划。力求通过建立区域链和合作机制，统筹规划，科学布局，共同探讨和构建科技创新共同体，使金砖国家人民分享科技创新的成果。为完善国际科技合作机制，可以加强顶层设计，建立长期交流与对话机制，加强科技合作的动力机制，形成国家科技合作管理体系，用于国家间科技创新合作。

1. 加强基地顶层设计机制

对外科技合作战略是国家总体战略的重要组成部分。因此，金砖创新基地在制定科技合作战略时，应具有符合国家总体战略发展需要的顶层设计意识，再根据国家科技战略发展目标，确定与金砖各国合作的优先次序和活动。与此同时，科技合作不是个别部门的任务，而是需要全国乃至国际上参与科技合作进程的有关部门的共同推进，依托各部门间的相互调整能力，在科技合作相关领域开展统一规划设计。同时，在科技合作过程中，加强科技合作政策制定的合理性，制定具有金砖国家特色的国际科技合作政策，提高政策执行效果。

2. 构建长效沟通对话机制

金砖国家间的科技创新合作应具有战略性和长期性的政策特点，而合作过程也会涉及国家安全保障和保密等敏感问题，导致某些合作结果存在偏差，故加强科技合作组织与战略协调，发挥政府部门组织、领导与推进作用显得至关重要。金砖创新基地可以借鉴金砖国家设立的金砖国家科技创新创业伙伴关系工作组以及相关工作会议，组织召开金砖国家相关科技合作论坛和会议，并为科技合作共同制定管理措施，形成金砖各国科技创新合作管理体系，为达成金砖国家科技创新合作长效机制奠定基础。除此之外，在优先发展领域，通过高层沟通与协调，推进国家间战略对接，加强"金砖对话"

长效机制，逐步实现金砖国家的科技合作计划。

3.激发科技合作动力机制

科技合作的动力机制不仅取决于各方合作意向，还取决于利益分配、市场需求、政策促进以及科技水平等因素。实质上，金砖国家间的科学和技术合作的动力主要包括国内和国际两个方面。国内主要是为了解决有限的资源问题和经济发展的需要，国际是政治联盟产生的必然性和外在动因。在科技合作中，金砖创新基地可以充分利用各国的资源和优势，形成优势互补的创新合作战略模式，使各个从事科技合作的利益相关者都能从科技合作中获益。由于金砖各国在科技合作过程中可能面临一些利益冲突，从而影响到其他伙伴的利益。因此，在推进科技合作时，首先要解决的是动力机制问题，所有合作伙伴的利益因素与非利益因素都需要明确，从而各国政府可以制定促进科技创新合作的相关政策。

（二）构建金砖创新合作新模式

金砖国家的科技合作模式包括推动合作方式多样化、推动参与主体多元化、注重合作成果产业化以及实现科技治理国际化。

1.推动合作方式多样化

金砖创新基地应积极推进金砖国家间的科技合作，实现先进、紧凑、高效、长期的目标，积极推进金砖国家之间的合作。开展人才培养与项目合作的多个交叉领域的合作，拓展合作模式。比如，在科技合作过程中，鼓励各国可以共同设立研究所、科研中心、联合大学等平台，对具有良好合作前景的科技成果而言，可通过设立专门的科技合作基金来支持并实现拓宽共同研究资助的渠道。依托金砖各国的优势领域，如俄罗斯的航天科技、能源、军事，印度的生物医学、材料化学等，巴西的航空工业与南非的汽车制造业等，在创新合作的过程中扬长避短。客观评价金砖各国技术合作的整体水平，特别是在中国对外科技合作中要充分认识到这一点，充分触及各国潜力，在尖端科技领域进行交流和学习，采用差异化和目标协同战略与模式。

2. 推动参与主体多元化

当前，金砖国家科技创新合作的主要参与者一般是大学和科研机构，而企业在科技合作方面参与较少。所以，在金砖科技合作中，金砖创新基地应积极推动科技创新合作的主体多元化，可以为科技合作搭建平台，以企业作为科技合作的主力军，充分发挥其在技术、资金、管理、科技合作等方面的市场优势。多元化主体的另一个含义是积极促进三国或多国之间的科技合作，使金砖国家形成一股合力，取得更大成就。

3. 注重合作成果产业化

科技合作的最终目的是促进科技成果的产业化，实现科技成果产业价值的提高。金砖创新基地可以通过建立和完善科技合作风险基金，注重与金砖各国高科技企业合作，探讨在科技园区建立跨国企业等，有效帮助金砖国家支持科技成果产业化。还应加强与金砖各国在一些跨学科、新兴学科领域的合作与交流，支持中国对国际市场的科学研究，实现技术、经济、贸易一体化，积极推动科技合作成果落地，提高向金砖国家出口的市场份额。

4. 实现科技治理国际化

未来，金砖创新基地除了要积极推动"金砖五国"间的科技创新合作，更要加强金砖国家同发达国家在科技创新方面的合作，推动发达国家与发展中国家共同开展技术研发，高效利用全球创新资源，实现优势互补。另外，鼓励金砖国家积极参与国际科技创新合作规则的制定，主动解决全球性创新问题，从而提升金砖国家全球创新治理水平。要继续提高知识产权保护水平，参与国际科技治理，维护国际科技关系，支持互惠，加强支持科技双赢成果的交流与磋商，反对技术民族主义。探讨研究国际科技合作组织的成员在国际技术规范中的定位与协调问题，有助于"金砖五国"构建有利于发展中国家的国际科技合作规则。要坚持科技伦理发展，不断完善科技管理体系，积极应对新技术课题，促使科技创新朝着有利于人类可持续发展的方向推进。

（三）夯实科技创新智力基础

近几年，金砖国家在科技创新智力资本的积累方面取得了一定成绩，但与欧美等发达国家和地区相比仍存在一系列问题。为此，金砖国家应优化国内教育结构，加大教育财政投入力度，完善人才激励机制，形成系统的智力资本积累的保障机制。金砖创新基地可以通过科技考察、联合研发、技术培训、专家交流等方式，引进国外优秀科技人才，通过优化国内人才的工作环境，制定有利于科技创新的人才政策和加强科研条件建设，吸引更多优秀人才，夯实金砖国家的智力基础。

1. 推进科技引智工作开展

深入实施金砖国家创新对话机制和科技创新工作计划。金砖创新基地可以通过牵头举办金砖国家科技创新政策与科技创新智库论坛，推动各国智库海外分支机构的设立，吸收各国优秀科技工作者，尤其是年轻科学家开展科学研究，加强重大科技领域人才的引进，为金砖国家人才提供科学、技术和管理方面的专门培训课程，建立金砖国家立体多元的科技文化交流机制。

2. 重视科技智力资源聚集

强化金砖国家科技人才的培养与建设是各国科技创新与发展的重要手段。创新坚持以人才优先为导向，金砖创新基地应鼓励和支持人才的创新和创业，依托现有的人才政策，吸引有创新经验的企业家和科技人才兼职，指导优秀科技人才到企业集聚。可以借鉴金砖国家现有的科技人才措施，如俄罗斯为了吸引青年人才，培养满足经济需求的创新人才，进一步增加技术和产品开发项目；为弥补国内大学和科研机构融资机制存在的缺陷，印度向后期优秀博士后学者提供了适当的资助，并加强科技领域女性科技人才的培养；巴西主要聚焦在科学、技术、工程学领域的人才培养，发布了"科学无国界"留学生派遣计划，鼓励巴西留学生去国外学习；南非出台产业技术与人力资源计划，通过政府提供的财政支持和风险共担机制促进产学合作。

3. 挖掘科技青年人才潜力

金砖创新基地可以通过举办金砖国家青年科学家学术会议、专题论坛和科技成果展览等多种形式的交流活动，构建金砖国家三维人才合作机制，积极开展多种形式的青年科技人才合作，特别是为青年科研人员提供联合研究所、国际研究机构、科技成果转化平台等一系列科研支持，以创建高水平金砖联合研究项目等实现金砖青年人才间的互访，通过实施科学研究计划，加强文化、科学和技术交流，并按计划培养一批了解科学技术、熟悉运作和管理与国际实践并符合国情需求的复合型青年人才。

（四）激发科技创新平台辐射效应

在平等、互惠、共建、共享的基础上，建立金砖国家科技合作平台，以推动"金砖五国"之间的有效科技合作，特别是信息交换平台、服务体系网络平台、人才交流网络平台等。

1. 加强信息共享与交流平台建设

金砖国家信息共享与交流平台的设立早在2013～2014年就被视为金砖国家共同推动的八个主题之一，并在接下来的几年逐步建立与完善。金砖创新基地在未来需要进一步梳理金砖国家相关的法律、法规和政策，及时梳理与发布金砖国家科技政策和项目申请审批流程，进一步提高平台服务于金砖科技创新合作的便利性，促使平台成为各国科技创新合作重要的网上智囊团，为金砖国家政府和企业提供服务。

2. 推动服务体系网络平台建设

金砖创新基地可以通过加强科技服务网络平台的建设，积累科技合作经验，培养一批有良好信誉，熟悉合作伙伴国家的各项法律、政策和文件的中介机构，协助推进金砖各国科技创新合作的重大项目，为金砖科技进步做出贡献的部门和企业提供全方位的服务，全面评估市场前景，减少企业海外投资的盲目性。科技合作网络平台建设也有助于应对突发事件，对科技合作做出长期持续的跟踪和研究。

3. 积极拓展"金砖＋"多边合作

金砖创新基地应扩展并深化金砖各国政府关于科学、技术、创新问题的对话，在科技和创新方面明确重点领域开展多边合作。在金砖国家现行的科技创新合作机制下，推动增加国际科技创新合作专案数量和投资。除此之外，在金砖各国科技园区深化合作中，为"金砖＋"进一步拓展合作模式提供新方案，有效地促进欧洲、亚洲、非洲和拉丁美洲与发展中国家的联系和互动，为推动新一轮全球化发展提供了重要的基础，也为新兴市场国家和发展中国家的共同发展开拓新局面。

（五）完善科技创新合作生态融合

科学技术合作的发展为一国的市场竞争、创新创业、法律环境提供了更高的必要条件。科技合作环境是促进科技合作的重要保障和前提，在金砖国家科技合作过程中，应进一步优化科技合作环境。

1. 加强知识产权保护

金砖国家需进一步改善其知识产权法律体系，建立并改善其知识产权管理制度，金砖创新基地可以通过开展科技合作人员的知识产权培训、科技创新合作，提高对知识产权重要性的认识。《金砖国家知识产权合作机制工作职责》在 2016 年金砖国家经济贸易部长会议上正式通过，标志着金砖知识产权合作机制的正式成立。《金砖国家知识产权合作指导原则》《金砖五局关于加强金砖国家知识产权领域合作的联合声明》等相关规定，为金砖国家间的科技创新合作提供法律帮助，为知识产权意识的增强、知识产权信息的公开提供保障，进一步促进金砖国家间科技创新合作与交流。

2. 提升国际安全认识

科技创新的国际合作存在潜在风险。金砖创新基地在促进科技合作的过程中，要注意正确评估可能出现的风险，加深对国家安全保障的认识，预防和应对各种潜在风险。比如，在科学和技术合作中，必须非常清楚外方机构的需求，以及外方机构能够提供的帮助。构建国家技术安全管理体系，为核心技术的安全提供系统保障。

3. 打造良好的文化氛围

在技术合作的背后，是国家对开放和创新的态度，体现了民族文化创新的本质。金砖创新基地应从根本上重视文化创新，形成"鼓励创新、宽容失败"的良好创新文化氛围，为整个社会的合作与发展营造文化环境，正视各国的文化差异，找到文化的相融点，促进科技合作。

专 题 报 告
Special Topics

金砖国家合作发展基础及其全球影响

一　金砖国家合作机制的生成

（一）金砖国家合作的基础

金砖国家从虚拟的概念转化为现实的国际机制并非一蹴而就，而是在各方共同努力下通过逐步展开不同层次的对话与合作，逐步走向机制化并最终形成的一个新的国际合作平台。2002 年 9 月，中国、俄罗斯、印度三国外长在出席第 57 届联合国大会会议期间举行首次会晤，三国外长会晤机制正式建立，金砖国家高层之间开始寻求合作。2003 年 6 月，印度、巴西和南非三国外长在巴西举行会议，决定成立印度巴西南非对话论坛（IBSA）。中俄印外长会晤机制和印度巴西南非对话论坛的成立标志着发展中国家开始探索新型的合作方式。2005 年 4 月，七国集团财长和央行行长会议首次邀请"金砖四国"代表列席会议，"金砖四国"受到更大关注。2006 年 9 月，巴西、俄罗斯、印度、中国外长在联合国大会期间举行四方外长会晤，此后每年依例举行，为金砖国家历届峰会机制的建立打下了坚实的基础。2008 年 5 月，四国外长在俄罗斯叶卡捷琳堡举行会晤，这是四国外长在联合国框架之外的首次会晤；7 月，八国集团同发展中国家领导人对话会议期间，"金砖四国"领导人举行了简短会晤，"金砖四国"开始探索机制化合作之路。2009 年 4 月，伦敦二十国集团（G20）金融峰会上，"金砖四国"以发表联合声明的方式首次出现在国际政治场合，由此，"金砖四国"从一个虚拟的新兴经济体概念，逐步成为现实的具有影响力的组织。同年 6 月，"金砖四国"领导人在俄罗斯叶卡捷琳堡举行了第一次正式会晤，会后发表了《"金砖四国"领导人俄罗斯叶卡捷琳堡会晤联合声明》，强调了各国加强在经济、社会、能源、科教等领域合作的愿望，并重申了四国在国际社会上应承担的责任，标志着新形势下"金砖四国"在国际舞台上扮演重要角色的开始。2010 年 11 月，南非在 G20 会议期间正式申请加入金砖国家合作机制；12 月，巴西、俄罗斯、印度、中国四国一致决定，接纳南非为正式成员国，"金砖四国"更名为"金砖国家"。自此，金砖国家成为巴西、俄罗斯、印度、中国、南非五国加强相互沟通与合作、加强战略互信与协调的重要平台。

（二）金砖国家合作机制的生成

金砖国家合作机制成立以来，合作基础日益夯实，合作领域逐渐拓展，已经形成以领导人会晤为引领，以安全事务高级代表会议、外长会晤等部长级会议为支撑，在经贸、财金、科技、农业、文化、教育、卫生、智库、友城等数十个领域开展务实合作的多层次架构，逐步推动金砖国家合作由共识走向实践、由树状走向网状、由合作伙伴走向战略伙伴。由此，金砖国家合作机制的生成路径，可被归纳为政府与民间两个层面。

政府层面，主要包括以下三大类机制性会议。一是金砖国家领导人会晤。其中包括每年例行举行的金砖国家领导人峰会，以及 2013 年俄罗斯圣彼得堡 G20 领导人峰会以来已成为惯例的、在峰会前举行的金砖国家领导人非正式会晤，这些对金砖国家合作发挥着政治和战略引领作用。二是金砖国家部长级会议及高层官员会晤。其具体包括安全事务高级代表、外长、财长和央行行长、经贸部长、工业部长、劳工和就业部长、教育部长、科技创新部长、农业部长、通信部长、环境部长、卫生部长、灾害管理部长等部长级会议，这些会议成为落实领导人峰会决定的重要途径。此外，金砖国家高级官员在联合国大会、二十国集团领导人峰会等重大多边外交场合举行会晤也已成为惯例，这种会晤成为推进务实合作的重要机制。三是金砖国家具体领域合作工作组会议。其中包括反腐败、知识产权合作与审查、经贸、海关、就业、农业合作、环境、教育、反恐、网络安全等高官会和工作组会议，为深化合作提供有力支撑。此外，为使合作走向制度化，金砖国家建立了虚拟秘书处，通过电子形式协调五国之间的合作。

民间层面，主要包括以下两个方面的合作机制。一是金砖国家工商理事会。该理事会于2013年成立，主要构成人员为金砖国家工业和服务业领域的企业领袖。其成立目的是分享最佳实践、反映企业诉求、促进项目合作，确保金砖国家工商界与政府间定期对话。其具体运作方式为每年召开一到两次见面会，根据惯例其中一次与金砖国家领导人会晤同期举行。其中，中方理事会由外交部指导，下设基础设施、能源与绿色经济、金融服务、制造业、技能发展、农业经济、放松管制、数字经济、支线航空等九个工作小组，有100多位理事和100多个成员单位。二是多领域的民间交流。例如科技（青年科学家论坛）、企业（中小微企业圆桌会议）、教育（金砖国家大学联盟）、文化（电影节）、体育（少年足球赛）等，其目的在于加深金砖国家民众和社会交流，为长期合作创造良好环境。

随着金砖国家共同利益不断增加、合作基础不断扩大、合作势头不断上升，涵盖各国各级政府和民间力量的多层次合作机制基本形成。政府层面合作机制对金砖国家合作发挥着政治和战略引领作用，作为顶层设计引导和统筹其他参与主体。民间层面合作机制通过激发金砖国家的民间力量，挖掘社会潜力，拓展合作领域，丰富互动层次，对于推动金砖国家合作机制向纵深发展发挥着不可替代的作用。

二　金砖国家合作的发展现状及现实困境

（一）金砖国家合作的发展现状

目前，金砖国家合作主要集中在贸易投资、科技、金融、环境、能源、农业、信息通信技术、人文交流等八个领域。

1. 贸易投资合作

金砖国家合作进入实体化以来，贸易投资合作一直是金砖国家经济合作机制的核心和关键议题。金砖国家在经贸领域开展的合作不断向纵深发展，有力地推动了金砖国家的经济崛起。随着单边主义和贸易保护主义的抬头，以及新冠肺炎疫情对全球贸易产生的重创，全球贸易局势趋紧。在全球疫情持续蔓延、国际经济环境充满不稳定性和不确定性的背景下，金砖国家深化各成员国间的贸易投资合作显得尤为重要。支持和维护多边贸易体制，共克时艰，是促进世界经济复苏、提升贸易自由化水平和倡导经济全球化的助推器。2020年11月17日，金砖国家领导人会晤发表了《金砖国家领导人第十二次会晤莫斯科宣言》，进一步强调五国在坚持多边主义和维护多边贸易体制方面的共同立场，规划了数字经济、贸易投资和金融、可持续发展等三个关键的合作领域和方向，努力推动金砖国家的贸易自由化和投资便利化发展，并在切实推进金砖国家经贸务实合作领域取得了新突破。2021年9月3日，金砖国家第十一次经贸部长会议上通过了《金砖国家多边贸易体制合作声明》《专业服务合作框架》《〈金砖国家经济伙伴战略2025〉贸易投资领域实施路线图》等文件，各成员国一致同意，共同参与全球抗疫与国际合作；坚定维护多边贸易机制，积极支持世贸组织进行必要改革，加快化解和应对上诉机构遴选方面存在的危机和挑战，主张恢复两级审理的争端解决机制；实施《金砖国家经济伙伴战略2025》。因此，金砖国家携手共进，团结一致，共建合作开放的经济，支持世贸组织在维护其中心地位、核心价值、基本原则以及兼顾所有成员利益的基础上进行必要的改革，坚决反对违反世贸组织精神与规则的各种形式的单边和保护主义，进一步提升贸易自由化和投资便利化水平，必将加强金砖国家的抗疫和务实贸易合作，尽可能减少疫情对国际贸易合作产生的不良影响，更好地促使全球贸易迈向更高水平的开放、共赢。

金砖国家成立以来，已经取得的多个合作协议框架成果有效推动了成员国间的投资合作，比如《金砖国家经济伙伴战略》《金砖国家投资便利化合作纲要》《金砖国家投资便利化谅解》《金砖国家经济伙伴战略 2025》等。首先，2015 年 7 月 9 日，在乌法会晤上通过的《金砖国家经济伙伴战略》是金砖国家合作关系提升至战略伙伴关系的重要标志，该战略绘制了 2020 年前成员国在贸易、投资和经济方面的合作路线图。其次，在 2017 年 8 月 2 日举行的金砖国家第七次经贸部长会议上批准的《金砖国家投资便利化合作纲要》是第一份金砖国家在投资便利化方面形成的专门性文件，对投资政策框架透明度等有利于提升投资便利化的核心要素进行了强调。再次，《金砖国家投资便利化谅解》是于 2020 年 11 月 17 日金砖国家领导人第十二次会晤上达成的，从投资合作的推动、投资政策透明度的提升以及投资效率的提高三个方面着力，以期营造更良好的营商环境，在投资方面构建透明、可预见的法律框架。最后，金砖国家领导人第十二次会晤制定了《金砖国家经济伙伴战略 2025》，这是金砖成员 2021～2025 年在投资、金融、贸易、数字经济、可持续发展方面合作的关键指南和路线图，明确了数字经济、贸易投资和金融、可持续发展等三个关键的合作领域和合作目标。总的来看，上述合作协议框架能更好地增强金砖国家间的投资联系，发挥各成员国的经济互补性，发掘投资贸易潜能，进而提高投资合作的能力和水平。

（1）经贸领域

金砖成员国间已经形成了重要且良好的贸易合作伙伴关系，尽管 2020 年全球贸易受疫情的影响较大，但在金砖国家经贸合作机制的引导与推动下，疫情发生以来金砖各国的贸易活动得到了充分的保障。从目前金砖国家的合作效果来看，金砖国家的经贸合作已形成了互利共赢、共同繁荣的局面。

中俄经贸合作方面。2021 年是中俄建交 72 周年，中俄关系已上升到全面战略协作伙伴关系，两国间的经贸合作发展态势持续向好。截至 2019 年底，中俄双边贸易额达到 1107.57 亿美元，同比增长 3.4%[①]；2020 年中俄双边贸易额为 1077.65 亿美元，虽有小幅下降，但仍保持高水平运行，其中

———————

① 《（4）2019 年 12 月进出口商品主要国别（地区）总值表（美元值）》，海关总署网站，2020 年 1 月 14 日，http://www.customs.gov.cn/customs/302249/zfxxgk/2799825/302274/302275/2833764/index.html。

前 10 个月俄罗斯对中国进出口贸易额占其外贸进出口总额的比重高达
18.4%，达到历史最高水平①；2021 年中俄货物贸易额达 1468.7 亿美元，
同比增长 35.9%，面对全球疫情起伏反复和经济复苏乏力的双重考验，中
俄经贸合作逆势前行，双边贸易额再创历史新高②。中俄双边贸易额已经连
续 4 年突破千亿美元，中国 2010～2021 年连续 12 年成为俄罗斯的第一大贸
易合作伙伴。

中巴经贸合作方面。巴西一直稳居中国在拉丁美洲地区最大的贸易合作
伙伴以及投资目的国的地位。21 世纪以来，中巴两国在金砖机制当中保持
良好的沟通和有效的经贸协作，双边贸易发展势头良好，且经济互补性强，
从 2009 年起中国已连续 11 年成为巴西的最大的贸易伙伴。据中国海关数
据，2019 年，中国与巴西双边货物进出口额达 1153.42 亿美元，同比增长
幅度为 3.70%。巴西外贸秘书处统计显示，2019 年，巴西对中国出口
628.7 亿美元，占巴西出口总额的 28.1%；从中国进口 352.7 亿美元，占巴
西进口总额的 19.9%。2020 年上半年，巴西因中国需求拉动，向金砖国家
出口的规模扩大，大约占巴西出口总额的 36.7%；2020 年前三个季度，在
疫情影响下，巴西对华出口不降反增，同比增长了 14%，其中巴西牛肉的
出口额同比增长了 2.6 倍，由此可见金砖机制在疫情发生以来对巴西起到了
经济稳定器的重要作用。

中印经贸合作方面。中国是印度重要的贸易伙伴，是印度最大的进口市
场和仅次于美国的第二大出口市场，双方的经济合作领域在不断深入拓展。
《2019 年度中国对外直接投资统计公报》数据显示，截至 2019 年末，中国对
印度直接投资流量为 5.346 亿美元。据中国商务部统计，2019 年，中国企业
在印度新签合同额达 51.71 亿元。2020 年 9 月，印度对华出口同比增长了
20.78%，这在印度主要的出口国中处于前列。据印度商务部和中国政府贸

---

① 《中俄贸易 "成绩单" 超预期 凸显两国经贸合作巨大活力》，商务部网站，2021 年 1 月 18
日，http：//chinawto.mofcom.gov.cn/article/e/r/202101/20210103031973.shtml。
② 《中国连续 12 年稳居俄罗斯第一大贸易伙伴国》，商务部网站，2022 年 2 月 9 日，http：//
chinawto.mofcom.gov.cn/article/e/r/202202/20220203278935.shtml。

易数据发布机构统计，印度对华出口额占印度出口总额的比重由 2019 ~ 2020 年的 5.3% 上升到 2020 ~ 2021 年的 7.3% 。

中南经贸合作方面。南非是中国对非洲投资合作的重要伙伴，同时中国连续 10 年成为南非最大的进口来源地和出口市场。中国商务部数据显示，2016 年，中国对南非直接投资流量达到 8.4322 亿美元，占对金砖国家直接投资总额的 35.8% 。2019 年，中国对南非的直接投资流量为 3.3891 亿美元，占对金砖国家直接投资总额的 25.0% ，截至 2019 年末，中国对南非直接投资存量为 61.47 亿美元。2019 年，我国企业在南非新签合同额为 10.61 亿美元。

（2）投资领域

投资合作方面，面对复杂多变的新的国内国际环境，中国是金砖国家当中投资合作开展最为平稳有序且发展最为稳健的国家。2016 ~ 2019 年，中国吸引外商直接投资规模仅次于美国，位居全球第二；在 2020 年超过美国，成为全球最大的 FDI 流入国；2012 年以来，对外直接投资规模稳居全球前三位，于 2020 年居全球对外投资首位。

吸引外商直接投资方面，从 2011 ~ 2019 年的中国吸引金砖国家外商直接投资金额来看，印度是金砖国家中对中国的外商直接投资规模最大的成员国，但是跨年间的投资规模浮动比较大，这与印度近几年来发展成为全球成长速度最快的新兴经济体之一存在一定的关联性。与此同时，南非对中国的外商直接投资规模与其他金砖国家相比相对较小，这是由于南非近年来经济发展速度趋缓，对外进行资本输出的能力不足（见图 1）。与中国吸引外商直接投资总量相比，其他金砖国家对中国的直接投资规模仍旧过小，所占比重由 2011 年的 0.112% 一度下降到 2013 年的 0.072% ，从 2014 年起比重又开始有所上升，在 2017 年达到近几年来的最高值 0.221% ，但在 2019 年再次下降到了 0.062% ，这样的外资规模难以与金砖国家本身所具备的经济体量相匹配。究其原因，金砖国家是全球发展速度较快的新兴经济体，但企业在全球价值链和供应链协作方面的参与程度和国际化水平尚待提高，反映了中国与其他金砖国家在外资引进方面有较大的合作着力点和增长空间。

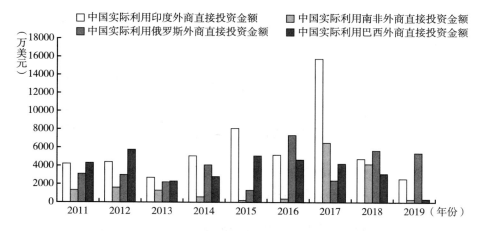

图 1　2011～2019 年中国吸引金砖国家外商直接投资金额

资料来源：2012～2020 年《中国统计年鉴》。

对外直接投资方面，俄罗斯是金砖国家当中我国最主要的投资合作伙伴，2015 年我国对其直接投资流量规模高达 29.61 亿美元，占我国对金砖国家直接投资总额的比重达 77.2%，2017 年这一比重达 60.0%。尽管 2019 年因为在采矿业中产生了较大的负流量，中国对俄直接投资流量下降至 -3.79 亿美元（见图 2），但这并不影响俄罗斯与我国的贸易合作关系的基本面，这是由于中国和俄罗斯长期以来保持良好的全面战略协作伙伴关系，再加上两国经济的互补性、经济持续增长的内在需求以及中国的"一带一路"倡议，推动了中俄的经贸合作关系的发展。中国对另外三个金砖国家的直接投资流量规模在跨年间存在较大的波动，特别是对南非的直接投资流量规模起伏最大，2011～2013 年出现连续 3 年投资流回量超过投资流入量的负投资额情况。总的来看，2008 年中国对金砖国家直接投资总额占总对外直接投资额的比重曾达到了 9.5% 左右，却在 2012 年下跌至 0.5%，并且 2013～2019 年的比重一直处在 3% 以下，未来中国对金砖国家的直接投资流量规模仍有较大的提升空间。值得注意的是，虽然 2017 年中国对外直接投资总额出现一定的减少，但是对金砖国家的直接投资流量规模有一定的增加，说明中国在与金砖国家投资合作中具备较强的持续性和稳定性。

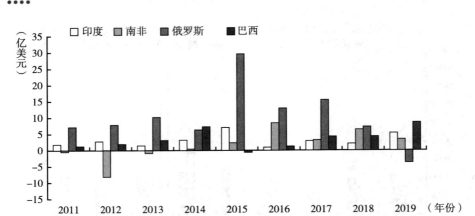

图2 2011～2019年中国对金砖国家直接投资流量规模状况

资料来源：中华人民共和国商务部等编《2019年度中国对外直接投资统计公报》，中国商务出版社，2020。

2. 科技合作

随着金砖国家经济贸易合作的不断深入以及经济社会的持续发展，金砖合作领域不再局限于经贸领域，开始呈现向科技与创新合作拓展深化的趋势。就目前的科技合作现状而言，金砖国家间的合作呈现多边与双边两种态势。

（1）多边合作方面

2017年，金砖合作迈入第二个"金色十年"。2017年5月，在第一届金砖国家研究基础设施及大科学计划项目合作工作组会议上，各方代表就共享网络建设等议题达成广泛共识；7月，第五届金砖国家科技创新部长级会议在科技创新政策交流等多方面达成了重要共识，发表了《杭州宣言》、《金砖国家创新合作行动计划》和《金砖国家2017—2018年科技创新工作计划》，此外还通过了《金砖国家创新合作行动计划》，组建了创新工作组。

2018年7月，第六届金砖国家科技创新部长级会议就科技创新框架计划进展、为金砖国家科技创新活动管理和协调建立固定机制、金砖国家科技创新工作计划等议题展开讨论，发表了《德班宣言》和《金砖国家科技创新工作计划（2018—2019年）》；同年7月25～27日，在南非约翰内斯堡举行的金砖国家领导人第十次会晤上提出将采取建立金砖国家科技园、技术企业孵化器等积极举措以落实伙伴计划，以及推动金砖国家科技项目建立更加有效的技术转移机制，从而为迎接新工业革命的挑战和机遇做好准备。

2019年9月，第七届金砖国家科技创新部长级会议讨论了科技创新框架计划等议题，并发表了《坎皮纳斯宣言》和《金砖国家科技创新工作计划（2019—2022年）》。

2020年11月，第八届金砖国家科技创新部长级会议就审议《金砖国家政府间科技创新合作谅解备忘录》五年执行进展等议题展开讨论，通过了《第八届金砖国家科技创新部长级会议宣言》和《金砖国家科技创新活动计划（2020—2021年）》，更好地为疫情背景下金砖国家间科技创新合作的顺利开展提升了信心、指明了方向。

在推进科技创新合作的同时，对科技创新成果的保障工作也不容忽视。金砖国家自2012年起开启知识产权合作，在知识产权领域的合作一直保持着良好态势，金砖国家知识产权局局长会议机制随着知识产权合作的深入发展已被列入金砖国家合作部长级会议。2017年4月，第八届金砖国家知识产权局局长会议就启动金砖国家知识产权网站建设等内容达成共识；2018年3月，第十届金砖国家知识产权局局长会议发表了《金砖五局关于加强金砖国家知识产权领域合作的联合声明》，为推动成员国知识产权发展提供了方向和建议；2019年4月，在第十一届金砖国家知识产权局局长会议上，各方代表就数据交换及信息服务等议题展开讨论并达成一致意见，批准了金砖国家知识产权公众意识提升模板和金砖知识产权合作网站管理框架文件，通过并签署了第十一届金砖国家知识产权局局长会议纪要；2020年8月，在第十二届金砖国家知识产权局局长会议上，各局围绕数字化技术应用情况及未来可能开展的合作等内容交换意见；2021年8月，在第十三届金砖国家知识产权局局长会议上，各局就数字化技术和其他新兴技术应用等议题进行深入探讨和经验分享。

目前，金砖国家合作框架已形成了以领导人会晤为导向、以各有关部门和领域高层会晤为辅助的多领域、多层次合作机制，以及包含部长级会议、高级官员会议和工作组会议三个工作机制的科技创新合作。这一系列的举措和文件表明金砖国家科技创新合作的发展进程正在迈上新台阶。金砖国家对世界的科技创新进步的影响力日益提升，贡献度逐步提高，拥有了更多的国际话语权，各成员国在科技创新领域的合作空间和潜力尚待深入挖掘，"金砖五国"在科技领域拥有各自相对领先的技术实力和优势，能更好地合作共赢、互惠共享。金砖国家逐渐成为所在地区的模范，带动周边国家和地区的经济、社会、文化和科技发展。

（2）双边合作方面

与俄罗斯的科技创新合作方面。为了满足中俄两国关系和经济社会不断发展的需要，两国科技创新合作逐步从短期、小型的一般性交流向中长期、大规模的科技项目合作迈进。"首届中俄创新对话"及系列活动于 2017 年 6 月在北京举办。双方围绕科技创新政策、科技金融与合作等议题开展讨论，会上签署了《首届中俄创新对话联合宣言》，发布了《2017—2020 年中俄创新合作工作计划（路线图）》。2017 年 10 月，在中俄总理定期会晤委员会科技合作分委会第二十一届例会上，双方就科技创新合作现状与前景、大科学装置合作等议题展开讨论，签署了《中俄总理定期会晤委员会科技合作分委会第二十一届例会议定书》。2018 年 6 月，中国科学院与俄罗斯科学院签订的《中国科学院与俄罗斯科学院科技合作协议》为双方在化学和生物科学、医学等领域的深入合作奠定基础；9 月，在中国国家海洋局第一海洋研究所与俄罗斯太平洋海洋研究所签订的合作协议指导下，中俄科学家在俄罗斯"拉夫连季耶夫院士号"科学考察船上开启第二次北极联合科学考察工作；10 月，在"第二届中俄创新对话"上，双方达成共识，发表《第二届中俄创新对话联合宣言》，制订了《2019—2024 年中俄创新合作工作计划（路线图）》。2019 年 9 月，"第三届中俄创新对话"通过举办主旨论坛、中俄人工智能专题研讨会等活动，推动双方创新领域机构在创新产品供给等领域深化交流合作，建立更为密切良好的合作关系，加强相关方面的科技人才互访交流与合作。2020 年 8 月，中国科学院微生物研究所和俄罗斯医学科学院梅奇尼科夫疫苗与血清研究所签署了备忘录，共同建立中俄新型冠状病毒联合研究中心或联合实验室，开展中俄病原微生物学与免疫学合作研究及相关的联合大数据平台建设。科技创新是中俄两国极富潜力和前景的合作领域之一，两国的科技合作成果在金融、化学、生物科学、医学、海洋、民用生活等领域发挥着关键作用，中俄两国逐渐丰富和完善相关合作机制，加大对科技创新合作的支持力度，为科技创新领域的互动制定具体任务、阶段性措施和进行及时、谨慎、清醒的评估，科教并重，共同携手培养科技创新人才，进一步夯实合作基础。

与印度的科技创新合作方面。近年来，中印两国科技合作已经深入到海洋科学技术、能源、基础设施、卫星遥感、信息技术、农业技术、3D 打印等领域，有关科技合作日益密切。2017 年 11 月，第二届中印技术、创新与投资合作论坛召开，论坛进一步深化了两国的技术转移、产业融合与技术合作。2018 年 4 月，中国国家发展和改革委员会与印度电子信息部在第五次中印战略经济对话高技术组会议上就电子信息制造业等领域的深化合作达成共识；9 月，中印双方在第三届中印互联网对话大会上就物联网等新兴科技产业展开深度探讨。2019 年 9 月，在第六次中印战略经济对话及中印经济合作论坛上，双方围绕高技术等议题开展深入交流并达成新的共识。

与南非的科技创新合作方面。科技合作是中南两国全面战略伙伴关系的关键领域。近年来，在金砖国家等框架下，中南两国秉持着"优势互补、合作共赢"的原则，逐渐拓展合作领域，合作水平也不断提升，科技创新领域合作成果颇丰。2017 年 4 月，在中国—南非高级别人文交流机制第一次会议上，中南两国科技部共同签署了《关于共建中国—南非联合研究中心的谅解备忘录》和《关于实施中国—南非青年科学家交流计划的谅解备忘录》。其中，《关于共建中国—南非联合研究中心的谅解备忘录》同意建设首个两国政府部门层面的联合科研平台，由此将正式启动联合研究中心的共建合作，以便更好地助力两国国家科研机构建立长期稳定的伙伴关系，提升科技创新合作水平，中南科技合作进入发展的新阶段；同年 11 月，在中国—南非"天文学中的大数据挑战"双边研讨会上，两国围绕机器学习与数据分析等议题进行意见交换。2018 年 7 月，两国进一步签署了《关于共同实施中南青年科学家交流计划的行动计划》和《关于共同实施中南青年科学家交流计划的行动计划》；9月，中南矿产资源开发利用联合研究中心的揭牌以及双边会谈签署的《中国科技部和南非科技部关于共建中南林业联合研究中心的谅解备忘录》进一步促进了双方在矿业领域的科技创新交流与合作。2020年疫情发生以来，中南两国的科技等部门多次举行了抗疫经验视频交流会，就病毒检测、疫苗研发等方面保持密切交流与合作。2020年5月，中南两国数字领域专家分享数字基础设施和数字技术的抗疫经验；6月9日，中南两国疫苗研发机构就新冠病毒疫苗研发合作事宜展开讨论，推动临床试验联合合作；6月下旬，在中国与南非平方公里阵列射电望远镜（SKA）项目首次双边合作研讨会上，双方围绕中南SKA科技合作等主题展开深入交流；12月，中国南非跨境科技孵化合作线上启动仪式为中国南非科技园合作开启新篇章。2021年9月，中国科技部和南非科学创新部成功联合举办中南跨境孵化器重点企业线上推介会，进一步深化中南双方科技创新的合作关系。中南两国的科研人员、机构和企业间在矿业、生物等多领域的合作交流密切深入，在两国科技部和有关领域的共同努力之下，双方政府间合作和民间合作呈现了"携手共进、百花争艳"的多元蓬勃发展势头，为创新型企业的成长起到了关键的标杆作用。

与巴西的科技创新合作方面。中国与巴西的科技创新合作在双方的共同努力之下，合作方式不断创新，合作领域逐步拓展。目前，中巴科技合作领域涵盖航天航空、水产养殖和新材料等，合作基础日益牢固，推动中巴科技创新合作水平的提升。2017年9月，在中国—巴西高层协调与合作委员会科技创新分委会第四次会议上，两国签署了《中国—巴西高层协调与合作委员会科技创新分委会第四次会议纪要》，就科技园区等方面的互利合作达成共识。2018年8月，在中巴航天合作十年计划工作组会议上，双方围绕中巴地球资源卫星发射等议题进行深入探讨并达成共识；同月，为深化在下一代移动通信等领域的合作，两国签署了通信领域合作备忘录。2020年9月，在中国巴西（里约）云上国际服务贸易交易会上，中国虚拟现实技术与系统国家重点实验室和巴西FDC基金会签订了合作谅解备忘录。中巴两国将充分利用 5G 等技术开展远程医疗等虚拟现实项目，同时逐步设立中巴虚拟现实技术联合实验室、中巴虚拟现实技术展示中心等。

3. 金融合作

金融合作是金砖国家抵御金融风险、巩固和进一步深化伙伴关系的战略着力点。金砖国家的金融合作经历了从最初的协商准备阶段、探索实践初期阶段再到目前的合作框架和体系的实际运作阶段，整体呈现渐进式的发展进程。

近年来，金砖国家逐步建立起完善、成熟的金融合作框架，在资本市场合作、金融监管合作、金砖国家新开发银行等方面取得丰硕成果。第一届和第二届峰会为金砖国家的金融合作规划了初步的合作蓝图；在第三届峰会上签署的《金砖国家银行合作机制金融合作框架协议》是金砖国家金融合作正式起步的关键标志，此外中俄两国还签订了本币结算协定，进一步为两国经贸往来提供便利；在第六届峰会上，决定成立金砖国家新开发银行，2015 年金砖国家新开发银行正式开业，进一步为金砖国家在融资、抵御金融风险、双边及多边金融合作等方面提供合作平台、拓宽合作路径。截至 2019 年，新开发银行共提供了 37 笔基础设施贷款，总价值 102 亿美元，涵盖交通、城市重建等领域，获得了日本信用评级机构的 AAA 国际信用评级和标准普尔和惠誉国际的 AA+ 信用评级，同时新开发银行成功开展了本币筹措活动，已成功在中国（100 亿元）、南非（100 亿兰特）注册了本币债券项目。此外，新开发银行的发展运营还遵循了第九届峰会上提出的绿色金融理念，不仅是金砖各成员国间的互惠共赢，也惠及了广大发展中国家的经济发展，进一步促进金砖国家经济社会的高质量、可持续、绿色发展。2021 年 9 月 2 日，金砖国家新开发银行宣布将迎来 3 个新的成员国——阿联酋、乌拉圭和孟加拉国。新成员国的加入将为金砖国家金融合作的深入发展开启全新的篇章。

随着信息科技与金融的融合发展，金砖各国的科技金融合作也在不断深化，科技金融的合作框架与体系日趋完善成熟，或将成为金砖国家金融合作的新篇章和闪光点。金砖国家除南非是以银行为主导的支持体系外，其他四国建立了以市场为基础，以政策性金融和金融中介为主体，政府主导、法律保障的科技金融支持体系。

金砖金融合作将为推进国际货币体系改革、国际金融监管合作、全球贸易体系升级等发挥出特有的金砖影响力、引导力，推动构建多元国际经济新格局，在国际社会上就全球性金融问题、建立国际经济金融新秩序等议题寻得更多共识和支持，为更多发展中国家赢得发言权。

4. 环境合作

金砖国家在环境保护方面的合作进一步丰富了金砖合作的成果、提升了金砖的影响力和感召力，为共同应对区域及全球生态环境挑战提供强有力的支持。

2017 年 5 月，在中俄总理定期会晤委员会环保合作分委会第十二次会议上，双方就环保政策交流等议题进行深入探讨，就共同在环保新领域开展合作达成共识；6 月，在第三次金砖国家环境部长会议上，各成员国代表围绕全球性环境问题、环境保护工作进展等方面交换意见，发布了《第三次金砖国家环境部长会议天津声明》和《金砖国家环境可持续城市伙伴关系倡议》。

2018 年 5 月，第四次金砖国家环境部长会议围绕"加强金砖国家在可持续消费与生产背景下的循环经济合作"主题展开，各方就循环经济、未来环境合作方向等内容展开探讨，发布了《第四次金砖国家环境部长会议声明》。

2019 年 7 月，在中俄总理定期会晤委员会环保合作分委会第十四次会议上，两国代表围绕双方边境地区生态环境保护工作情况、跨界自然保护区和生物多样性保护工作组等的工作报告展开讨论，在中俄双方的共同努力和合作下，生态环境保护合作硕果累累，进一步为维护地区生态平衡和推动经济社会可持续发展打下基础；8 月，在以"城市环境管理对提高城市生活质量的贡献"为主题的第五次金砖国家环境部长会议上，各国代表围绕海洋垃圾、污染场地修复等议题展开深入探讨，审议通过了《第五次金砖国家环境部长会议联合声明》和部长决定等文件。

2020 年 7 月，在第六次金砖国家环境部长会议上，各国代表就 5 年来合作成果、各国环境保护工作进展等主题进行交流，并审议通过了《第六次金砖国家环境部长会议联合声明》；9 月，在中俄总理定期会晤委员会环保合作分委会第十五次会议上，审议并批准了 2020～2021 年度各工作组的工作计划。

2021 年 8 月，在以"为持续、巩固和共识而合作"为主题的第七次金砖国家环境部长会议期间，各成员国代表围绕近年环境保护合作成果、各国环境保护工作进展、未来生态环境合作等议题进行深入讨论，审议通过了《第七次金砖国家环境部长会议联合声明》。

5. 能源合作

能源转型、能源多样化、能源安全等都是金砖国家能源合作的战略领域，推动金砖国家能源合作机制和体系的完善、落实与监管，是目前各成员国在能源合作领域的关键着力点。

2019 年 11 月，第四次金砖国家能源部长会议期间，各方代表围绕各国能源转型问题、能源计划等议题进行深入交流，通过了第四次金砖国家能源部长会议联合声明和《金砖国家能源研究合作平台工作章程》；11 月 14 日，金砖国家领导人第十一次会晤表示，欢迎通过了《金砖国家能源研究合作平台工作章程》，该章程进一步为金砖国家能源合作提供更强有力的指引。

2020 年 11 月，金砖国家领导人第十二次会晤强调了深化金砖国家在能源领域的国际合作，推动各国能源转型、加强能源安全等，欢迎通过了《金砖国家能源合作路线图》，该路线图进一步强化了金砖国家能源领域的战略伙伴关系。

6. 农业合作

农业是拥有世界上 35.6% 耕地面积的金砖国家的基础合作领域，各成员国的农业资源、发展条件各有千秋，具有较强的互补优势，合作发展空间和前景广阔。第一届金砖国家农业部长会议召开以来，金砖国家在国际粮农论坛上的发言权不断提高，在农业合作体制机制、农业应对气候变化、农业科技合作等方面取得了阶段性的成果，形成了以每年举办的金砖国家农业部长会议为桥梁，以金砖国家农业研究平台等为支持，以农业生物多样性、粮食安全和营养、农业产业投资等为突破点的农业合作机制。

2019年9月，以"促进创新和行动，强化粮食生产系统的新解决方案"为主题的第九届金砖国家农业部长会议发表了《第九届金砖国家农业部长会议共同宣言》。2020年9月，第十届金砖国家农业部长视频会议召开，发表了《第十届金砖国家农业部长会议共同宣言》。2021年8月，在第十一届金砖国家农业部长视频会议上，各方代表就"金砖国家携手合作，加强农业生物多样性，促进粮食安全和营养"主题展开研讨，通过了《第十一届金砖国家农业部长会议共同宣言》和《金砖国家农业合作行动计划（2021—2024）》，为未来4年的金砖国家农业合作确定了路线图。

7. 信息通信技术合作

当前，全球正处于第四次工业革命的重要转折时期，同时网络空间规则不完善、秩序有失合理、发展失衡等问题较为突出，金砖国家信息通信技术合作则是把握新工业革命机遇和引导网络空间国际秩序合理变革的推进器。

2017年9月，金砖国家领导人第九次会晤通过了《金砖国家领导人厦门宣言》，强调了加强金砖国家在物联网、云计算等信息通信技术方面的联合研发和创新的交流合作，并形成了成果文件《金砖国家网络安全务实合作路线图》。2020年9月4日，在金砖国家外长正式会晤上，各国外长就建立金砖国家信息通信技术应用安全问题合作法律框架、网络安全工作组等议题进行深入探讨，强调《金砖国家网络安全务实合作路线图》的进一步落实工作；同年10月29～30日，在以"创新网络，共筑未来"为主题的2020金砖国家未来网络创新论坛上，各方代表就加强金砖国家信息通信技术合作、网络空间等议题进行交流互鉴，加快金砖国家未来网络领域高质量交流合作平台的建立，进一步推动信息通信的技术合作、应用合作、普惠合作和互信合作，打破长期以来发达国家在软件、信息技术等领域的垄断局面，提高信息通信产业的普惠性。

8. 人文交流合作

金砖国家拥有悠久的历史与文化渊源，人文交流是金砖合作的重要支柱之一，在金砖合作中发挥着基础性作用，同时是潜力巨大的金砖国家合作增长点。金砖国家在人文交流领域达成了一系列合作文件，不断加强议会、政党、青年、智库和地方合作，金砖国家大学联盟、金砖国家网络大学等的成立，进一步推动金砖国家人文交流合作迈入新的阶段。

2015 年 6 月，首届金砖国家文化部长会议在俄罗斯莫斯科举行，7 月，在金砖国家领导人第七次会晤上，《金砖国家政府间文化合作协定》的签署为金砖国家开展文化交流与合作夯实基础；2017 年，金砖国家达成《落实〈金砖国家政府间文化合作协定〉行动计划（2017—2021 年）》《金砖国家加强媒体合作行动计划》《金砖国家青年论坛行动计划》《金砖国家电影合作拍摄 2017—2021 年计划》等一系列文件，并成立图书馆联盟、博物馆联盟、美术馆联盟和青少年儿童戏剧联盟，人文交流合作领域不断拓展，7 月，金砖国家教育部长共同签署的《北京教育宣言》提出，支持"金砖国家网络大学"成员开展教育、科研和创新相关领域的合作；2018 年 6 月，在金砖国家智库国际研讨会暨第二十一届万寿论坛上，与会嘉宾就金砖国家人文交流的机制创新等议题达成广泛共识；2019 年 11 月，在金砖国家人文交流论坛上，首部金砖国家联拍纪录片《孩童和荣耀》的全球首映式同时举办；2020 年 12 月，在金砖国家治国理政研讨会暨人文交流论坛上，正式启动了第二届金砖国家联拍联播纪录片主题全球征集活动；2021 年 9 月，金砖国家领导人第十三次会晤发布的《新德里宣言》指出，运用数字解决方案确保包容和公平的优质教育，加强教育与培训领域的合作，发出在开发、分配和获取公开数字内容等方面进行合作的倡议。

由此可见，金砖国家在贸易投资、科技、金融、环境、能源、农业、信息通信技术、人文交流等关键领域有极大的合作潜力和发展空间，在关键领域的合作将提高金砖国家在国际社会上的话语权，将在全球经济复苏中唱响"金砖"声音。

（二）金砖国家在全球经济中的地位和贡献

金砖国家的五个成员国，都是世界上具有较强影响力的新兴经济体，分

处四大洲、地跨南北半球，具有独特地理优势，国土面积占世界领土面积
29.6%。2020年，金砖国家人口占世界总人口的41.3%，其中中国占18.1%，
印度占17.8%，巴西占2.7%，俄罗斯占1.9%，南非占0.8%（见图3）。

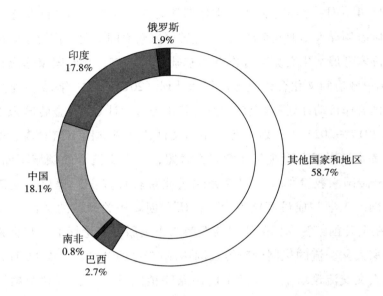

图3　2020年金砖国家人口占世界总人口的比重

资料来源：世界银行公开数据库，http://data.worldbank.org.cn/。

世界银行统计数据显示，2020年金砖国家的国内生产总值（GDP）约
20.6万亿美元（现价），占全球的24.3%。2005～2020年，金砖国家GDP
的全球占比呈现逐年稳步提升的趋势，2020年的全球占比相较于2010年的
17.9%提高了6.4个百分点，相较于15年前的10.6%翻了一倍多，年均提
高0.9个百分点。其中，2016年受全球大宗商品价格波动影响，俄罗斯、
南非和巴西的经济出现收缩，金砖国家GDP的全球占比增长停滞，但很快
出现复苏势头，并保持稳定的正向增长。

金砖国家2020年经济总量约占世界经济总量的24.3%，成为推动全球
经济复苏和可持续增长的重要引擎。在2020年世界500强企业榜单中，来
自金砖国家的企业共有151家，其中中国企业有133家，占比高达88.1%。

2020 年金砖各国对外贸易总额约 7.4 万亿美元（现价），占全球贸易总额的 16.6%。15 年来，金砖国家贸易总额的全球占比虽在个别年份有波动，但整体呈现上升趋势，相较于 2005 年的 10%，2020 年提升了 6.6 个百分点，年均提高 0.4 个百分点（见图 4）。

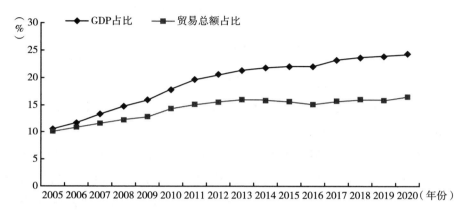

图 4 2005～2020 年金砖国家 GDP 和贸易总额的全球占比

资料来源：世界银行公开数据库，http：//data. worldbank. org. cn/。

金砖国家携手合作，发挥日益增强的经济力量，推动了国际金融治理权的重大变革。根据 2010 年世界银行和国际货币基金组织改革方案，金砖国家在世界银行的投票权大幅增加至 13.1%，在国际货币基金组织的份额将达到 14.81%。虽然在改革方案实现过程中遇到老牌发达国家的阻碍，但 2021 年 7 月，"金砖五国"在世界银行的投票权最终上升到 13.46%，在国际货币基金组织的份额总量上升到 14.82%。[①] 金砖国家新开发银行开业 5 年来，投资总额已超过 200 亿美元，包括港口、公路、铁路等基础设施建设项目，在金砖国家抗疫和经济复苏中发挥重要作用,[②] 今后还将为金砖国家和其他发展中国家改善基础设施、应对汇率波动、深化金融合作提供有效

① 外交部网站，https：//www. fmprc. gov. cn。
② 《加强金砖合作 促进经济复苏——巴西举办"金砖国家贸易潜力"论坛》，商务部网站，2020 年 9 月 4 日，http：//chinawto. mofcom. gov. cn/article/e/r/202009/20200902998677. shtml。

保障。

金砖国家均是新兴市场国家，禀赋各异，发展模式不尽相同，这给"金砖五国"拓展合作提供了广阔空间。"金砖五国"的市场、资源、技术、资金、劳动力等要素相结合并辐射到外部，将成为世界经济新的"增长源"，也将带动全球政治、经济、贸易和金融多极化发展。

（三）金砖国家合作的现实困境

1. 金砖各成员国间的相互投资合作规模尚小

投资长期以来就是金砖国家合作的重要领域，但金砖各成员国间的投资合作规模与成员国的经济体量相比仍较小。

据联合国贸易和发展会议统计，金砖国家间的相互投资额仅仅占其对外投资总额的 6%。以中国为例，从金砖国家吸引的外商直接投资额和向金砖国家的对外直接投资额占中国投资合作总金额的比重均较低。根据历年《中国外资统计公报》《中国对外直接投资统计公报》的数据计算得，就外商直接投资而言，2017 年和 2018 年，实际投入金额排名前三的分别是中国香港、新加坡和英属维尔京群岛，其投资金额占中国外商直接投资总额的72% 以上；2017 年和 2018 年，中国从其他金砖国家吸引的外商直接投资占中国外商直接投资总额的比重分别为 0.221% 和 0.131%；2019 年，实际投入金额排名前三的分别是中国香港、新加坡和韩国，投入金额分别为 963.0亿美元、75.9 亿美元、55.4 亿美元，占中国外商直接投资总额的比重分别为 68.2%、5.4%、3.9%。而 2019 年中国实际利用印度、南非、俄罗斯和巴西的外商直接投资金额分别为 2563 万美元、311 万美元、5402 万美元、340 万美元，占中国外商直接投资总额的比重分别为 0.019%、0.002%、0.039%、0.002%，中国从其他金砖国家吸引的外商直接投资总额仅占中国总投资额的 0.062%。就对外直接投资而言，2017 年和 2018 年，中国对其他金砖国家的直接投资额仅占中国对外直接投资总额的 1.63% 和 1.40%；2019 年，中国对外直接投资存量排名前三的分别是中国香港、开曼群岛和英属维尔京群岛，对外直接投资金额存量分别为 12753.6 亿美元、2761.5

亿美元和 1418.8 亿美元，占中国对外直接投资总存量的比重分别为 58.0%、12.6% 和 6.5%。而 2019 年中国在印度、南非、俄罗斯和巴西的直接投资存量分别为 36.1 亿美元、61.5 亿美元、128.0 亿美元和 44.3 亿美元，合计占中国对外投资总存量的 1.23%。

金砖国家间投资合作金额占比较低的原因之一是发达国家在投资合作领域占据了主导地位，金砖国家的投资合作很难不受发达国家的影响，进而金砖各国吸引外资的来源国和对外直接投资的目的国都将优先考虑发达国家。此外，金砖国家作为新兴经济体，各国跨国企业的国际化起步晚，国际化水平较低，跨国投资的能力和经验仍显不足，相比新兴市场和发展中国家，发达国家拥有更好的投资合作环境和政策引导，因此各成员国更青睐于与发达国家进行投资合作。然而，随着金砖各国在国际社会的影响力不断提升，各国的经济优势互补，合作基础不断扩大，未来金砖国家间的投资合作仍然有巨大的潜力和发展空间。

2. 疫情冲击使各成员国经济增长分化明显

2020 年，新冠肺炎疫情对全球经济造成了深远的负面影响和冲击，随着疫情防控措施的稳步推进，金砖国家经济在大幅衰退的基础上有一定程度的复苏。

2020 年 12 月 23 日，世界银行发布的《中国经济简报：从复苏走向再平衡》预测 2020 年中国将是全球主要经济体中唯一正增长的国家。国家统计局 2021 年 1 月 18 日发布的数据显示，2020 年我国 GDP 为 101.5986 万亿元。第一季度，中国的经济社会受疫情影响较大，经济增速为 1992 年中国公布季度 GDP 数据以来的最低值，接下来的三个季度，中国的工业、服务业、进出口等逐渐复工复产。按可比价格计算，2020 年 GDP 比上年增长 2.3%。分季度看，2020 年第一季度同比下降 6.8%，第二季度同比增长 3.2%，第三季度同比增长 4.9%，第四季度同比增长 6.5%，中国经济基本面长期向好。

2020 年第一季度，俄罗斯经济同比增长 1.6%，新冠肺炎疫情对俄罗斯的经济冲击相对有限，然而从 3 月底起，疫情对俄罗斯的负面影响开始显现。前三个季度，俄罗斯的实际 GDP 同比下降 3.4%。第四季度，由于俄罗斯第二波疫情的爆发，新一轮疫情防控措施实行，制造业采购经理指数（PMI）在 10～12 月分别为 46.9、46.3、49.7，处于萎缩态势。按俄罗斯联邦统计局的初步统计，2020 年俄罗斯名义 GDP 同比下降 3%。《2020 年第 4 季度全球宏观经济季度报告》指出 2021 年俄罗斯经济预计增长 3% 左右。

2020 年新冠肺炎疫情对巴西经济的影响在第一季度开始凸显，第一季度巴西经济环比增长 -1.5%，同比增长 -0.3%，第二季度经济进一步衰退，第三季度开始有所回升，经济环比增长 7.7%，但 GDP 仅仅恢复到相当于 2017 年的水平，第四季度巴西经济形势进一步好转，与上一季度相比，总体情况向好；10～12 月，巴西制造业 PMI 已连续 7 个月处于景气区间，但有所下降，分别为 66.7、64 和 61.5。但值得注意的是，随着巴西政府对疫情管控措施的收紧和政策空间的收窄，巴西经济复苏的难度进一步增加。巴西国家地理统计局数据显示，2020 年巴西经济负增长 4.1%，截至 2021年 6 月，巴西央行预测 2021 年巴西 GDP 增长 4.36%，世界银行预测 2021年巴西 GDP 增长 4.5%。根据国际货币基金组织（IMF）2021 年 10 月发布的《世界经济展望》（WEO），报告将巴西 2021 年的经济增长预期从 5.3%下调至 5.2%，将 2022 年的经济增长预期从 1.9% 下调至 1.5%。

2020 年第一季度，印度经济增长创 10 年以来新低，同比增长 3.1%，由于印度在 3 月底对全国实施了封锁措施，对第二季度的印度经济产生了更为强烈的冲击，印度 4 月和 5 月的失业率激增至 23.5%。同时，服务业濒临崩溃，4 月服务业 PMI 从 3 月的 49.3 暴跌至历史最低水平，为 5.4，5 月恢复至 12.6，6 月恢复至 33.7。第三季度，印度经济同比下降 7.5%，第四季度经济略有复苏，2020 年 10 月印度工业生产同比增速进一步恢复到3.6%，制造业 PMI 连续 5 个月保持在景气区间，10～12 月分别为 58.9、56.3 和 56.4。据印度官方公布数据，2020 年印度经济下降 7%。《2020 年第 4 季度全球宏观经济季度报告》预计 2021 年印度经济增长 5.0%。

2020 年第一季度，南非经济同比增长 -0.1%，失业率已经高达30.1%。第二季度南非经济因为全国范围内的封城措施进一步恶化，南非统计局的调查显示，8.1% 的受访者表示已失去工作或企业歇业。随着疫情隔离措施逐渐放松，第三季度经济有所好转，经济同比萎缩 6.0%，年化环比增长 66.1%，失业率为 30.8%，相比第二季度上升 7.5 个百分点。第四季度，南非基本实施最低一级的防控措施，推动经济进一步回升。南非消费者信心指数从第三季度的 −23 回升至 −12，10～12 月南非制造业 PMI 升至景气区间，反映了制造商信心在一定程度上的恢复。但疫情反弹又加剧了南非经济的不稳定性和不确定性，第二波疫情反弹对南非经济的冲击预计较大。南非统计局数据显示，2020 年南非经济增长率为 −6.4%。《2020 年第 4 季度全球宏观经济季度报告》预计 2021 年南非经济增长 3.0%。

可以看出，金砖各成员国受疫情冲击的影响不同，经济复苏形势也存在差异，实力不对称越发凸显，增加合作协商的难度。

3. 对经济发展的利益诉求和合作定位存在差异

金砖国家尽管在政治制度、发展现状、意识形态等方面存在不同，但在彼此核心利益等方面达成一致和明确的共识，这也是金砖国家战略合作的基石。然而，随着各成员国内部的经济增长出现分化，各国对经济发展的利益诉求以及金砖国家的合作定位存在一定程度的差异。

从资源角度来看，对作为能源大国的俄罗斯和巴西而言，高的能源价格有利于两国从中获利，然而对于主要能源消费国的中国和印度来说，居高不下的能源价格会使其利益受损。对身处非洲的成员国南非来说，各成员国在国际市场上既是好的合作伙伴，又是最强劲的竞争对手。南非和巴西是中国重要的矿产原料出口国，两国在对华的矿产原料出口领域难免形成竞争态势，由此产生的利益纷争势必会对金砖国家间的合作产生不良影响。

此外，为了更好地面对国内外环境的复杂变化，各成员国针对本国的核心利益和战略定位制定和调整了对外经济合作策略，如中国的"丝绸之路经济带"和"21 世纪海上丝绸之路"、印度的"季风计划"、俄罗斯的"欧亚经济联盟"等。印度的"季风计划"着力于覆盖东非、阿拉伯半岛、南亚、东南亚等地的民生基础设施合作、货币金融合作等，俄罗斯的"欧亚经济联盟"涵盖了白俄罗斯、哈萨克斯坦、亚美尼亚和吉尔吉斯斯坦国家的货币金融合作、能源合作等领域，而中国提出的"丝绸之路经济带"和

"21 世纪海上丝绸之路"重点在于产能合作、基础设施互联互通、能源合作等，包含了金砖国家成员国，是更具有普惠性和互利性的合作。在上述各成员国的发展规划中，除了包含金砖国家趋同的目标之外，也在一定程度和范围上存在着竞争和冲突，由此可见，金砖国家的战略定位和规划重点存在一定的差异，各成员国间的经济合作尚未发挥出战略的规模效益，未达到理想的战略高度，这将阻碍成员国之间经济合作的进一步深化。

4. 逆全球化思潮抬头

2008 年国际金融危机以来，贸易保护主义、单边主义、孤立主义等逆全球化声浪在全球范围内不断高涨，加上 2020 年疫情对全球经济的冲击，国际交流和物流、人员往来受阻严重，全球贸易投资大幅下降，供给侧和需求侧受到重创，全球化生产更加不稳定，国际贸易几近中断，鼓吹逆全球化的思潮甚嚣尘上，加剧了世界经济的不确定性和风险。多数国家在疫情影响下，实施了严格的跨境旅行和国际贸易运输限制，意大利、西班牙、日本等少数国家直接实行全面"封国"。这对全球产业链、供应链造成了严重冲击，跨境交流、国际贸易的受阻和中断直接导致了部分国家抗疫物资短缺，美国等国家宣称将以本国生产和区域化来取代全球化。在逆全球化背景下，金砖国家面临的国际经济环境更加复杂、不确定性提高、风险加大。

三　金砖国家合作的前景及其策略

（一）进一步深化经贸财金合作

在世界经济增速放缓、单边主义、保护主义、世界经济结构性问题、收入分配差距扩大、地缘政治风险集聚的国际大背景下，促进金砖国家的全面经贸财金合作对深化金砖国家战略伙伴关系具有重要的作用和战略价值。

经贸合作一直是金砖国家合作的"压舱石"和"推进器"，已达成的多个合作协议框架成果有效推动了成员国间的贸易投资合作，比如《金砖国家多边贸易体制合作声明》《专业服务合作框架》《金砖国家投资便利化合作纲要》《金砖国家投资便利化谅解》《金砖国家经济伙伴战略 2025》等。

在金砖经贸合作体系下，金砖成员国间已经形成了重要且良好的贸易合作伙伴关系，尽管 2020 年全球贸易受疫情的影响较大，但在金砖经贸合作机制的引导与推动下，金砖国家加强经贸务实合作，不仅保障了当前疫情关键物资的供应，未来还将进一步扩大贸易往来，为金砖国家经济复苏、全球产业链供应链安全高效运行筑牢基础。

新开发银行是金砖国家财金合作的旗舰项目。在金砖国家领导人第六次会晤上，各国代表一致决定成立金砖国家新开发银行，2015 年金砖国家新开发银行开业，为金砖国家及其他新兴经济体和发展中国家在融资、抵御金融风险、双边及多边金融合作、基础设施建设、可持续发展项目等方面提供合作平台、拓宽合作路径。截至 2020 年，金砖国家新开发银行共完成或批准了 78 个基础设施项目，总价值 300 亿美元，涵盖交通、城市重建、可持续等领域。此外，新开发银行的发展运营遵循了第九届金砖领导人峰会上提出的绿色金融理念，更好地推动金砖国家践行绿色金融，不仅有利于金砖各成员国间在经贸财经合作领域的互惠共赢，进一步促进金砖国家经济社会的高质量、可持续、绿色发展，也惠及了广大发展中国家的基础设施建设和经济发展。2020 年 6 月和 9 月，新开发银行在国际资本市场分别发行 15 亿美元 3 年期和 20 亿美元 5 年期抗击疫情债券，用以募集用于资助新开发银行可持续发展项目的资金，包括紧急援助贷款、抗击疫情等的资金支持。为抗击疫情，新开发银行通过其快速通道机制，2020 年已向中国、印度、南非和巴西划拨了共 40 亿美元贷款用于公共卫生应急支出。① 2021 年 9 月 2 日，新开发银行宣布 3 个新的成员国——阿联酋、乌拉圭和孟加拉国加入。新成员国的加入将为"金砖 +"合作模式添彩，扩大金砖国家"朋友圈"，推动南南合作，增添金砖成色。随着金砖的特色突出、比较优势显现、内部治理加强、国际影响力扩大，新开发银行将朝着卓越的 21 世纪新型多边开发机构发展，为广大新兴市场国家和发展中国家的经济社会发展贡献金砖力量。

---

① 《金砖合作铸就"金色未来"》，"中国经济网"百家号，2020 年 11 月 17 日，http：//baijiahao. baidu. com/s？id=1683559849097978540&wfr=spider&for=pc。

（二）加快构建新工业革命伙伴关系

数字化新时代催生出了新技术、新产业、新组织形式、新业态，既给包括金砖国家在内的新兴市场和发展中国家提供了历史性的新发展机遇，也为其带来了新挑战。在单边主义、保护主义、世界经济结构性问题、地缘政治风险集聚的国际大背景下，加快构建新工业革命伙伴关系是金砖国家着眼未来、系牢金砖战略伙伴关系纽带、发挥协同效应和互补优势、更好地应对瞬息万变的国际国内局势、加强战略对接、把握发展先机的重要举措。

在2018年金砖国家领导人第十次会晤上，中国国家主席习近平在发表题为《让美好愿景变为现实》的重要讲话时发出构建新工业革命伙伴关系的倡议，各国就启动新工业革命伙伴关系构建工作、针对第四次工业革命的重点领域制订相关的工作计划和制定任务大纲等议题达成共识，并写入《金砖国家领导人第十次会晤约翰内斯堡宣言》。2019年，中国成立了金砖国家未来网络研究院分院，以推动金砖成员国间的网络技术创新合作和数字经济发展，为新工业革命伙伴关系的构建做出了实质性行动。在2019年金砖国家领导人第十一次会晤上，各国围绕建立金砖国家工业园和科技园、创新中心等六个领域合作项目展开深入探讨。在2020年金砖国家领导人第十二次会晤上，中国国家主席习近平在发表重要讲话时宣布中方将在福建省厦门市建立金砖创新基地，该创新基地实行理事会领导下的主任负责制，采取理事会、战略咨询委员会、实体机构的三级架构运行机制，这将是金砖国家构建全新合作模式、为南南合作发展注入新活力的新阶段。2021年9月，2021金砖国家新工业革命伙伴关系论坛在中国厦门成功召开，各国政府部门、企业、科研机构及国际组织代表就产业链供应链畅通实践、绿色转型、新兴技术提升其韧性、相关人才培养等议题进行探讨；9月9日，在金砖国家领导人第十三次会晤上，印度提出了金砖国家新工业革命伙伴关系创业活动等倡议。

新工业革命伙伴关系的构建有利于发挥金砖各国数字经济发展阶段的互补优势，进一步发挥各自优势，采用差异化的合作策略，把握重点的合作领域，整合龙头企业、科研机构等资源，充分发挥区域大国的辐射作用，加强行业间、产业上下游的协作，推动金砖产业链布局的形成，打造"金砖 + 地区"的经济循环，确保全球产业链、供应链稳定，推动金砖创新基地成长为金砖国家数字经济创新发展的重要平台，促进跨境贸易、移动支付、金融科技等方面的数据互联互通与共享，推进金砖国家的 5G 基站、轨道交通、人工智能等新型基础设施建设项目的合作，共同把握第四次工业革命的时代机遇。

（三）推动构建人类卫生健康共同体

疫情发生以来，金砖国家深入开展卫生领域合作，将进一步促进金砖国家卫生健康共同体的构建，共同参与全球抗疫，巩固抗疫成果，共同应对疫情及其连锁负面影响等全球性挑战和威胁。

截至 2020 年 3 月，中国与南非通过举办多次抗疫经验视频交流会，围绕病毒检测、疫情防控经验、疫苗研发等九大主题展开交流；4 月 28 日，在金砖国家应对新冠肺炎疫情特别外长会上，各国代表围绕抗击疫情、深化金砖合作等主题进行深入探讨，就坚持密切疫情信息分享和经验交流、展开药物和疫苗研发合作、坚定支持世界卫生组织等国际组织在国际抗疫中的领导作用等议题展开讨论，并达成共识；截至 5 月，中国已向柬埔寨等 19 个国家派出了 21 个医疗专家组，向这些国家提供疫情防控工作援助、指导与咨询。

其他金砖国家与别国的抗疫合作以疫苗研发合作方式为主。巴西公共卫生机构与英国制药公司、牛津大学就其研制的疫苗展开合作。印度血清研究所与美国生物技术公司 Codagenix 合作研发新冠"减毒活疫苗"，此外，印度也与牛津大学合作研发疫苗，并于 2020 年 5 月在印度开展临床试验。南非的金山大学与牛津大学于 2020 年 6 月开展非洲首个疫苗临床试验合作。俄罗斯与土耳其、意大利等多个国家开展疫苗研发和临床试验合作。2020 年 11 月 11 日，在第十届金砖国家卫生部长会议上，各方代表围绕疫情应对措施、加强疫情监测、检测和预警合作等议题交流互鉴，就支持多边主义和发挥世卫组织在全球卫生安全领域的领导作用达成共识；11 月 17 日，金砖国家领导人第十二次会晤上通过的《金砖国家领导人第十二次会晤莫斯科宣言》强调金砖国家支持世界卫生组织等各国际组织、国家机构、医药行业对疫苗的研发、生产、公平分配。2021 年 7 月 28 日，在第十一届金砖国家卫生部长会议暨传统医药高级别会议视频会议上，各国部长就本国疫情应对措施经验分享，强化数字健康、药物研发等领域合作等议题进行深入探讨，并通过了《第十一届金砖国家卫生部长会议宣言》；9 月 9 日，在金砖国家领导人第十三次会晤上，各国围绕共同在世卫组织等现有国际框架下应对疫情和全球健康挑战等议题达成共识。

金砖国家可推动成员国间的应急医疗卫生合作和嵌入型医疗卫生合作相融合，同时设立医疗卫生合作的短期目标和中长期目标，短期合作目标有助于针对突发疫情采取应急协调、磋商和合作，中长期目标则有助于金砖国家间、金砖国家与其他国家、国际机构在疫苗研发、传统医药合作、卫生人才培养等领域展开的中长期交流合作，提高医疗卫生能力，降低疫情对国际社会存在的潜在风险。

（四）进一步强化能源和环境可持续合作

化石能源在第一次工业革命后开始成为社会生产生活发展的重要动力能源。随着化石能源的广泛使用，化石能源带来的环境和资源问题逐渐引起全球关注。当前，金砖国家汇集了能源需求和供给两侧举足轻重的国家，对于资源和能源的需求将在未来的经济和社会发展进程中不断增多，能源和环境问题将成为金砖国家实现可持续发展和高质量发展过程中不容忽略的问题，因此金砖国家间以及其与其他新兴市场和发展中国家进行的能源清洁转型和环境污染防治合作、绿色金融等将成为未来能源和环境合作的主旋律。

在推动能源清洁转型和环境污染防治方面需要庞大的资金支持，尽管发达国家在《联合国气候变化框架公约》第十五次缔约方会议上承诺对发展中国家的环境保护加大经济援助力度，但实际上真正落实的援助资金远不足承诺资金。金砖国家等新兴市场和发展中国家在能源转型和环境污染治理等可持续发展上，不能仅仅依靠和等候发达国家伸出援手，还需要深化各成员国与其他新兴市场和发展中国家之间在能源清洁转型和环境污染治理方面的资金、技术和人才等的交流合作。对此，金砖国家领导人第十一次会晤和第十二次会晤，欢迎通过了《金砖国家能源研究合作平台工作章程》《金砖国家能源合作路线图》《第六次金砖国家环境部长会议联合声明》，金砖国家各国领导人表示，未来将进一步加强能源和环境合作，巩固已有的成果，推动能源研究平台和环境友好技术合作平台的建设，强化扩大能源联合研究范围、实施能源联合项目、能源研究平台建设、建立环境友好技术平台架构模型等方面的工作，对进一步强化金砖国家能源和环境保护领域的战略伙伴关系有坚定的信心和决心。

为解决能源问题、应对全球气候变化和相关的生态问题，金砖各国一直致力于从能源和环境可持续领域落实《2030 年可持续发展议程》，努力推动联合国《生物多样性公约》第十五次缔约方大会制定和通过的"2020 年后全球生物多样性框架"，明确表示履行包括《联合国气候变化框架公约》及其《京都议定书》和《巴黎协定》在内的各项环境治理国际协议。在实现碳达峰、碳中和方面，俄罗斯（苏联）于 1990 年达到碳排放峰值，尽管 2010 年之后，随着俄罗斯经济的复苏，碳排放量有所回升，但仍然远低于 1990 年碳排放峰值水平。巴西政府在 2009 年哥本哈根气候大会后，开始重视碳减排和雨林保护，巴西于 2012 年实现碳达峰。在实现碳中和的道路上，巴西设立阶段性目标：到 2025 年碳排放量较 2005 年低 37%，到 2030 年较 2005 年低 43%，并力争在 2060 年实现碳中和。中国应对气候变化问题可追溯至第十一个五年规划提出的建立"资源节约型、环境友好型社会"倡议；2011 年，中国在"十二五"规划纲要中明确了应对气候变化的目标任务，气候变化议题开始纳入顶层设计，同年颁布的《"十二五"控制温室气体排放工作方案》提出到 2015 年碳排放量下降 17%的政策目标，国家发展和改革委员会在 2011 年将北京市、广东省及深圳市、天津市、重庆市、上海市、湖北省纳入碳排放权交易试点；2015 年颁布的"十三五"规划纲要提出"推动建设全国统一的碳排放交易市场"；习近平主席在第七十五届联合国大会一般性辩论、联合国生物多样性峰会、金砖国家领导人第十二次会晤、气候雄心峰会及 2020 年中央经济工作会议上，提出中国二氧化碳排放力争于 2030 年前达到峰值，努力争取 2060 年前实现碳中和。印度政府于 2008 年首次发布关注可再生能源开发和适应气候变化的纲领性文件《气候变化国家行动计划》，同时，还推出了加强气候变化战略研究的能力建设规划；2012 年，印度在向气候变化框架公约大会提交的《第二次国家信息通报》中，明确到 2020 年碳排放强度在 2005 年的基础上削减 20%～25%；在 2015 年向联合国递交的减排计划中承诺，到 2030 年碳排放量较 2005 年下降 33%～35%，同时设立本国应对气候变化的基金。南非形成了以化石燃料为主的电力供应体系，因此电力行业成为南非碳排放的主要来源，为加快应对气候变化的行动，南非将碳达峰时间由 2035 年提前至 2025 年，陆续关闭燃煤电厂。

2011～2014 年，在金砖国家领导人第三次到第六次会晤中，金砖国家在气候变化问题上以呼吁和倡议为主；2015 年 4 月，第一届金砖国家环境部长会议创建了金砖国家在环境领域合作的新机制。金砖国家气候与环境合作机制的构建取得实质性推进，9 月，金砖国家领导人第七次会晤进一步落实金砖国家气候与环境合作机制；2016 年 10 月，金砖国家领导人第八次会晤提出减少温室气体排放，呼吁发达国家履行承诺，帮助发展中国家更好地应对气候变化。

在实现碳达峰、碳中和目标的过程中，金砖各国的气候合作将向纵深发展。各成员国具备相关领域的技术实力和实现条件，比如中国的太阳能产业、巴西的可再生能源和海洋能源、南非的清洁煤炭能源、俄罗斯的水电和核电，有利于推动各成员国在气候领域的深入合作，共同加快能源结构转型，实现碳达峰、碳中和目标，打造"绿色金砖"。

（五）进一步推进人文交流合作

人文交流作为金砖国家合作三大支柱之一，对于"金砖五国"合作始终发挥积极的促进作用。教育、文化、体育、科技等人文领域的广泛交流与合作为增进五国人民相互理解与友谊、夯实民意基础，发挥了重要作用。不同国情、社会背景下的金砖国家文化、文明各具特色和优势，互补性强，为金砖国家间的相互学习、借鉴奠定了基础。金砖国家的政治、经济和社会制度也因此存在较大的差异，构建人文交流纽带才能做好民心工程，增进成员国间的相互了解与信任，进而推动金砖合作走深走实。

在金砖国家合作机制成立的较长一段时间内，金砖合作的着力点主要集中于经济领域，而人文交流合作的进程相对缓慢，人文交流机制缺乏顶层设计，人文交流机制间的协调性不足、约束力与执行力较弱。此外，金砖国家间的文化与文明的优势互补尚未充分挖掘，如何实现金砖国家各自文化与文明的优势互补仍然是金砖合作需要研究的重要课题。

随着金砖国家合作迈入新阶段，各成员国应发挥政府的引导和统筹作用，充分调动和整合各种资源，为人文交流合作搭建平台，同时要发挥政府与民间机制的联动效应；在资源有限的情况下，金砖国家人文交流合作机制要立足于五国人文交流合作的切实需要和满足人民的迫切需求，将资源投入到有效增进成员国相互了解和信任的人文交流合作领域，优先进行人文交流重点领域的机制建设，打造示范性成果；发挥智库合作的专业优势和协同效应，针对金砖国家人文交流机制建设和发展开展基础性和对策性研究。

金砖国家新工业革命伙伴关系概要

一 新工业革命的本质与特点

（一）新工业革命发展浪潮

20世纪50年代后，一系列重大的科学技术突破，尤其是信息传递技术的突破，推动了新科技革命和新产业经济的发展，并直接促成了以美国为首的西方发达国家的经济结构调整和产业层次升级。除德国、日本等少数发达国家之外，大多数发达国家都出现了去工业化的现象，制造业在国民经济中的比重不断降低，而以金融等为代表的服务业比重不断上升。

在去工业化的背景下，全球制造业中心开始从发达国家向发展中国家转移，经济全球化、贸易自由化发展迅速，全球经济活力、创新速度也得到提升。然而，服务业主导下的虚拟经济过分繁荣导致经济结构失衡，给发达国家埋下了隐患。2007年美国次贷危机爆发，虚拟经济泡沫破裂，并迅速演变为一场席卷全球的国际金融危机。危机发生后的两年里，主要发达国家国民经济出现负增长，而以中国和印度为首的发展中国家却依然保持强劲增长势头。危机促使全球各国重新认识工业化，特别是制造业发展的重要地位，积极探索以制造业与服务业一体化发展为主要特征的新产业体系的构建。

德国"工业4.0"战略的提出正式拉开了新工业革命的序幕。之后，以美国、日本、韩国、英国等为首的发达国家和以中国、印度等为首的发展中国家，都纷纷推出了相应的计划和战略，"智能制造"的发展浪潮席卷全球。下面将以美国以及传统制造强国德国为发达国家代表、以中国为发展中国家代表，一窥全球新工业革命发展浪潮。

美国方面。二战过后，美国迅速崛起并成为全球经济霸主，但其制造业产品的全球竞争力在进入 21 世纪后出现了下降。这是第三次工业革命中美国去工业化的直接结果，也在 2008 年全球金融危机爆发后给美国的经济复苏造成了极大影响。2009 年 12 月，美国总统执行办公室发布《重振美国制造业框架》；2011 年 6 月，美国总统科技顾问委员会提出"先进制造伙伴计划"；2012 年 2 月，美国国家科技委员会发布《先进制造业国家战略计划》，美国的"再工业化"和先进制造业发展行动全面启动。在新一轮的工业革命中，通用电气率先提出的工业互联网模式成为美国制造业战略的典型代表。2012 年 11 月，通用电气发布《工业互联网：突破智慧和机器的界限》，提出了工业互联网的发展构想。工业互联网是新一代信息通信技术与工业经济深度融合的新模式和新业态，它以网络为基础、以平台为中枢、以数据为要素、以安全为保障，将人、机、物、系统全面连接，构建起覆盖全产业链、全价值链的全新制造和服务体系，为工业乃至产业的数字化、网络化、智能化发展提供了实现途径。

德国方面。与其他西方发达国家不同，德国始终重视制造业发展，拥有世界一流的机器设备和装备制造业，但全球金融危机发生后，美国开始重振自身制造产业，亚洲国家也奋起直追，德国制造商的领先优势受到威胁。新一代信息通信技术的发展催生了包括移动互联网、大数据、云计算等在内的一大批创新产品，对制造业的生产和发展模式产生了深刻影响，而软件和互联网技术却是德国的相对弱项，严重削弱了德国在新工业时代的先发优势。如何解决上述两大难题，巩固自身制造业优势并抢占国际制造业竞争制高点，成为德国政府的当务之急。2011 年 1 月，德国工业—科学研究联盟通信促进小组提出将"工业 4.0"纳进德国联邦政府"未来项目"；同年 11 月，"工业 4.0"作为德国政府的战略倡议被写入《德国 2020 高技术战略》。"工业 4.0"战略包括两大部分：一是推动信息物理系统在制造业中的调度应用；二是销售信息物理系统技术和产品。战略旨在将新一代信息技术与德国工业优势相结合，通过发展"智能生产"、打造"智能工厂"，实现生产中的机器协同、制造流程协同以及价值链协同。

中国方面。改革开放之后，尤其是加入世界贸易组织之后，我国从经济全球一体化中受益良多，不仅从原先的农业大国转变为工业大国，更一举超越欧美国家和地区成为世界第一制造业大国。然而全球金融危机发生后，全球制造业格局开始重新调整，国际贸易保护主义开始抬头。对我国而言，一方面美国、德国、英国、日本等发达国家开启"再工业化"进程，对我国制造业的中高端升级造成战略挤压；另一方面，印度、越南等发展中国家依靠劳动力、资源等要素成本优势，加入争夺中低端制造业市场，许多劳动密集型制造业产业开始向这些国家转移。此外，我国进入新常态发展阶段后，迎来了产业结构升级、发展动力转换的关键时期。在内外双重压力下，我国迫切需要推动新产业革命发展，加速自身制造业转型升级。2015年，我国政府出台了《关于积极推进"互联网＋"行动的指导意见》《关于大力推进大众创业万众创新若干政策措施的意见》等一系列文件，智能制造、制造业服务化、"互联网＋"、众创经济等开始广受关注，强化工业基础能力建设、提高创新能力建设、推进信息化与工业化深度融合、发展服务型制造和生产性服务业、提高制造业国际化发展水平等成为我国新工业革命浪潮的重点目标。

（二）新工业革命主要特征

1. 创新成为引领发展的第一动力

在新技术革命和新产业革命的推动下，经济和产业发展范式发生了巨大的改变。从各国历史发展经验来看，在传统工业革命阶段，一国发展更多的是依托资源和生产要素禀赋，在发展范式上一般遵循在充分发挥资源和生产要素优势的基础上，逐渐从产业链、价值链低端向中高端升级。而到了新一轮工业革命阶段，颠覆性技术的涌现、新兴技术的群体性突破和协同应用，以及由此催生的新产业、新业态、新模式，都体现了经济和产业发展范式的根本性变化。智能制造和个性化定制的发展，使得许多传统工业行业的规模经济优势变得不再明显。数字经济、平台经济的涌现，则对传统工业模式造成了巨大冲击。单纯依靠规模经济，想要在全球产业链和价值链争夺战中不落人后甚至获胜，难度很大。对后进国家而言，遵循其他国家的历史发展轨迹，依靠自然资源和劳动力资源优势实现工业化并最终实现现代化，越加困难。科技创新和技术进步成为新工业革命阶段产业链和价值链升级的主要动力来源。科技创新和技术进步一方面可以直接提升资源和要素的利用效率，另一方面可以帮助产业从低附加值的加工制造环节向高附加值的设计、研发、服务等环节延伸。此外，科技创新和技术进步所带来的物理世界和虚拟世界的一体化趋势给发展中国家提供了一个跨越式发展的可能。

2. 制造业与服务业不断深度融合

当前，大数据、云计算、区块链、人工智能等新一代信息技术不断成熟，数字经济、平台经济等新兴经济蓬勃发展，生产领域和消费领域开始进入平台时代。与传统工业时代相比，新工业革命阶段的制造业和服务业深度融合发展成为现代产业发展的主流趋势，也是加快制造业与服务业向价值链高端延伸的重要途径。就制造业而言，随着数据驱动、网络运用等向制造领域的渗透，其上游产业链从制造环节向技术研发、产品定制和成果转化等前端环节延伸，下游产业链则从制造环节向信息服务、智慧城市、电子商务等现代服务业发展。这种全产业链的发展模式有效打通并缩短和减少了传统制造业产品从研发设计到生产再到销售的时间和环节，极大提高了制造业效率、质量和附加值。而服务型企业在掌握了核心技术、核心业务之后，也倾向于利用自身在产业链高端的控制力和主导地位，凭借技术、管理、销售等渠道的优势，通过自建工厂、贴牌生产、连锁经营的方式嵌入制造业生产，实现全产业链上的增值。制造业和服务业这种相互融合的趋势，催生了一些新产业、新业态，推动社会总体从产品经济向服务经济转型。

3. 绿色发展成为重要战略任务

新工业革命阶段，除了由技术带来的要素构成、生产形式、产业组织形式变革之外，各国所面对的环境压力也发生了根本改变。从第一次工业革命开始，化石能源开始成为生产投入要素的重要构成。但化石能源的大量燃烧导致的温室气体排放，给大气环境和生态环境造成了极大的破坏。各国共处一个世界，人类只有一个地球。不管是从工业化国家发展经验来看，还是从当前气候灾害频发、生态环境恶化的现实形势来看，"先污染、后治理"的老路已经没法继续。新工业革命阶段下的发展的内涵，不只是技术进步和经济增长，还包括了资源节约和环境友好。节能减排、绿色低碳已经成为全球共识，也成为新发展阶段中各国技术攻关和产业发展的重要组成部分。其包括但不仅限于：节能减排技术研发；可再生能源产品、清洁能源产品的开发和应用；对传统工业经济系统的绿色改造；发展环保、环境治理、循环利用等绿色环保产业；等等。从发展目标要求来看，新工业革命不仅指新一轮科技革命和产业革命，还包含了对社会生产和生活方式的深度绿色变革。

（三）新工业革命发展趋势

新工业革命不仅涵盖了新技术和新产业的重要突破，也包括了新业态和新模式的发展，是以新一代信息技术为主的多种技术融合发展所引发的要素投入、生产方式、组织形式和产业形态的系统性变革。

1. 信息、数据等无形资产将成为关键生产要素

新工业革命之前，人类经济活动中除劳动力之外的生产要素投入基本来自自然资源，例如资金、土地、矿产、能源等有形资本。自新工业革命开始，互联网成为重要载体，随着新技术的广泛和深入应用，信息、数据等非实物资产逐渐成为关键生产要素。一方面，信息、数据等作为独立要素进入生产、流通、消费等各个经济领域和环节；另一方面，信息、数据等新型生产要素具有很强的溢出和渗透效应，同其他传统生产要素融合后，可以有效提升传统生产要素的边际产出，提高传统要素的利用效率。信息、数据等无形资产作为新型生产要素，开始逐渐超越、取代有形资产，成为新工业革命中的基础性和战略性资源及竞争资源。信息和数据的挖掘、收集与处理的及时、准确及完整，开发利用的深度和广度，流转的速度和效率等，对经济主体的核心竞争力提升至关重要。

2. 智能化、个性化生产将成为主要生产方式

之前几次工业革命中，技术主要借助机器的使用实现对人类体力劳动的

替代，进而提高劳动生产效率。由于个性化定制涉及对产品设计和生产流程的调整，成本相对高昂，推广应用潜力有限，所以实际还是以规模化生产和标准化生产为主，柔性化、个性化程度相对较低。进入新工业革命阶段，得益于新技术的发展和应用，在海量数据中自动挖掘和收集有用信息，并将其加工转化成新的知识资本，从而使技术对人类智力劳动进行替代成为可能，数字化生产、智能化生产成为生产方式发展的主要趋势。同时，智能制造和工业互联网的可重构生产系统，令进一步低成本定制得以实现，随着可重构生产系统逐渐取代刚性生产系统，传统规模化、标准化的生产方式逐渐向分散式、个性化生产方式转型。

3. 网络化、协同化将成为主流组织模式

生产方式的变迁必然带来企业组织形态和产业组织模式的改变。第二次工业革命后，大规模标准化生产方式成为主导，规模经济和成本竞争对企业和产业发展产生重要影响。与此相适应，垂直一体化的现代企业组织，以及以大企业为主导的垂直一体化的供应链模式，占据优势地位。新工业革命中，在各类新技术的支持下，人、机器和资源之间的智能互联极大促进了包括企业内部、企业之间、供应链之间的不同主体之间信息交互和协作能力的提升。扁平化、网络化的企业组织结构，可以更好地提高沟通和决策的效率、增强组织的反应能力和协调能力、提升企业综合竞争力，日益成为主导。而基于互联网的企业网络极大突破了时空限制，有效减少了企业之间的交易环节、降低了企业之间的交易费用，能够更好提升生产组织的灵活性，使匹配市场需求的模块化、网络化的产业组织模式成为趋势。在此过程中，竞争理念和竞争方式也相应发生了改变。传统的零和博弈思想开始被基于共享价值的竞争与合作替代，原先个体间、供应链和价值链间的竞争逐渐转变为生态圈间的竞争。

4. 产业形态模式创新将发挥关键引领作用

此前几轮工业革命中，产业基本遵循技术引领型的发展模式，即新的技术突破形成新的产业领域，并主导产业的发展和改革。新一轮工业革命中，产业形态模式创新对产业发展和改革的引领作用更为突出。在新技术和新产业外，技术整合、产业链整合推动的新业态和新模式成为产业革命的核心和主导。随着新一代信息技术的发展，工业互联网成为工业发展的重要趋势，传统产业不断加快向智能化和网络化发展转型，服务业发展迈入大数据时代。而在新技术基础上展开的产业融合，孕育出诸如共享经济、数字经济等新模式，形成了更加高效的生产范式和更为开放、协同的发展模式，有效刺激了全球经济增长。在经过之前几轮的发展之后，由技术前沿领域直接推动的产业发展空间不断缩小，前沿技术创新不再是决定产业竞争优势的主要来源。以新技术为支撑的新业态和新模式，具有广泛的市场发展空间和较强的市场竞争力，是产业发展和改革的重要方向，也是经济增长的新动能所在。

二　新工业革命伙伴关系的内涵与要求

（一）新工业革命伙伴关系概念解析

新工业革命伙伴关系是习近平主席基于新工业革命，在原有金砖国家合作机制基础上的深化和发展，是以共同发展为目标，以合作共赢为核心，意在推动金砖国家及其他新兴市场国家和发展中国家抓住时代机遇，实现更好发展的新型合作机制。

1. 新工业革命是重要时代背景

新工业革命伙伴关系是在新科技革命和新工业革命时代背景下发展的新型合作机制，特殊的时代背景给了新工业革命伙伴关系成员国不一样的机遇和挑战。机遇方面。首先，新工业革命为金砖国家带来巨大发展潜力。新一轮科技革命和工业革命催生了"互联网＋"、智能制造、数字经济、分享经济、平台经济等新技术、新产业、新业态和新模式，这其中蕴含着巨大的商机，也创造了巨大的需求。对于金砖国家而言，这是一片巨大的"蓝海"市场。其次，新工业革命为金砖国家提供弯道超车的可能。与以往工业革命率先发生于发达国家不同，金砖国家在抓住新一轮科技革命和工业革命机会上并未出现明显的后发劣势，在一些领域（例如5G、电子支付等）甚至已经处于领先地位，这给金砖国家的进一步发展争取了宝贵的空间。挑战方面。首先，新一轮工业革命加剧了全球战略资源竞争。新工业革命下，颠覆性技术层出不穷，科技成果转化速度明显加快，产业组织形式和产业链条垄断特征更加明显。为了抢占领先地位，各国在资金、人才、技术等创新资源方面的竞争逐渐白热化。与发达国家相比，发展中国家在创新资源争夺中处于相对劣势。其次，新一轮工业革命中，发达国家给金砖国家制造了更多的障碍。第三次工业革命中，发达国家将一些低端制造业转移到发展中国家，客观上为发展中国家的经济和科技创新发展提供了帮助。进入新工业革命阶段，为了复苏自身经济、巩固自身优势，发达国家一方面开始"工业回流"，另一方面对发展中国家进行了不同程度的经济、技术封锁，金砖国家发展所面临的外部不稳定性因素明显增多。

2. 高质量发展是根本发展目标

新工业革命伙伴关系的重要特点之一就是对共同发展目标的调整。上一个阶段金砖国家合作机制开启时，各成员国的经济发展水平仍然处于较低水平，对于各国而言，当务之急在于借助金砖国家合作机制推动自身和其他国家的经贸合作和投资发展。实施过程中，金砖国家合作内容和机制随经济社会形势的变化而发展调整，但从实际合作的重点和效果来看，成员国的根本诉求没有发生太大改变。经过10多年的发展之后，面对百年未有之大变局和新一轮工业革命的重要机遇，金砖国家在发展共识上出现了一些新变化。习近平主席出席金砖国家领导人第十一次会晤，发表题为《携手努力　共谱合作新篇章》的重要讲话，强调金砖国家"应该把握改革创新的时代机遇，深入推进金砖国家新工业革命伙伴关系，在贸易和投资、数字经济、互联互通等领域不断打造合作成果，助力五国经济发展，努力实现高质量发展"。在金砖合作的下一个、下下一个10年里，金砖国家的根本目标不仅是实现发展，还是要实现高质量发展，即抓住新工业革命机遇，通过新工业革命伙伴关系，发挥彼此的互补优势，实现资源的有效整合，在深化传统合作的基础上，推动"四新经济"发展合作，实现产业结构、产业链和价值链的高端升级。

3. 国际话语权提升是坚实保障

与原有金砖国家合作机制相比，新工业革命伙伴关系构建的主要特点之一是起点的不一样。首先，金砖国家经济实力持续提升，已经成为全球经济增长的重要引擎。金砖国家合作机制成员国虽然都为发展中国家，但都是各个地区经济发展的"领头羊"。2007～2017年，"金砖五国"经济总量的全球占比从12%提升至23%，对外投资比重从7%上升到12%，对世界经济增长的贡献率达到50%。2020～2021年受新冠肺炎疫情影响，各成员国经济增速出现下滑，但2020年"金砖五国"经济总量的全球占比仍然达到了24.59%，超过了欧盟27国之和，接近美国24.66%的经济总量占比。① 近10年来，发达国家虽然开启了"再工业化"的进程，但金砖国家依然是全球经济增长的重要引擎。其次，金砖国家在全球治理中的参与度和地位得到明显提升。长期以来，国际治理规则和体系都由发达国家主导，金砖成员国在此前很长一段时间内都只是规则的接受者和治理实践的参与者。在金砖国家合作机制的推动下，金砖国家在全球经济治理、全球环境治理中的角色也发生了明显变化，逐渐从参与者向引领者转变，从接受者向制定者发展。"金砖五国"在世界银行的投票权占到了13.24%，在国际货币基金组织的份额占到了14.91%，人民币更是加入了特别提款权（SDR）货币篮子，成为新SDR货币篮子五种货币中的一种。② 此外，近几年发达国家在全球治理中不进反退，而以中国为代表的金砖国家在维护国际经济政治秩序中日益发挥积极作用。这些都进一步提升了金砖国家在全球治理中的话语权，为新工业革命伙伴关系的构建和发展提供了坚实的保障。

（二）新工业革命伙伴关系的重要内涵

新工业革命伙伴关系是建立在金砖国家既往合作基础上的，面向新阶

---

① 世界银行统计数据及CEIC数据库数据。
② 《携手推进新动能新产业统计 助力金砖国家经济转型升级 第九届金砖国家统计局局长会议在浙江杭州开幕》，网易，2017年9月7日，http://www.163.com/news/article/CTOVG99V00014SEH.html。

段、新形势的一种国际多边合作形式。它以技术创新为引领，以产业变革和经济增长为主体，以夯实合作为基础，以包容共赢为保障，通过提升科技创新水平，建立现代产业体系等手段，充分释放金砖国家发展潜能，满足合作国家不同发展需求，成为世界经济增长的重要引擎。

1. 强化区域安全合作，有力推动建立公平合理的国际新秩序

近年来，全球化和全球治理体系遭遇严重冲击和挑战。美国总统特朗普上任后，退出《巴黎协定》《跨太平洋伙伴关系协定》《伊朗核协议》等国际条约，全球范围内保护主义、民粹主义开始抬头，全球治理出现"失序""碎片化"特征。面对错综复杂的全球治理形势，金砖各国在区域安全上面临前所未有的挑战。从外部来看，发达国家与金砖国家的竞争愈演愈烈，美国联合西方国家对以中国为首的金砖国家的围堵从经济领域逐渐扩展到科技、文化、意识形态等领域。从内部来看，金砖国家合作机制成员国之间由于政体国情不一样，利益诉求不尽相同，也存在摩擦和碰撞。新工业革命伙伴关系的重要内涵之一就是充分发挥金砖国家负责任大国的作用，以多边主义为原则，通过深入交流意见、协调立场，携手应对国防安全、军事安全等传统安全问题和气候变化、粮食安全、疾病防控、能源安全等非传统安全问题，推动建立公平合理的国际新秩序和公平高效的全球治理体系。在维护国际安全稳定、构建世界多极发展格局的同时，满足金砖国家自身融入全球产业链供应链、实现安全稳定发展的需要。

2. 扩大经贸金融合作，扎实推动金砖国家经济发展转型升级

经济是凝聚"金砖"的首要因素，经贸合作一直是金砖国家合作的"压舱石"和"推进器"。金砖国家合作机制建立10多年来，金砖国家在内外多重压力之下，仍然在经贸金融合作领域取得了诸多成果。在金砖合作的第一个"黄金十年"里，"金砖五国"经济总量增长179%，贸易总额增长94%。但总体上，金砖国家的经贸金融合作还是相对集中在传统贸易和投资项目方面，以及围绕传统贸易和投资项目展开的货币合作、投融资合作等。就中长期来看，一方面随着大数据、云计算、智能制造等新技术在全球范围内的推广和应用，新技术、新产业、新业态、新模式"四新经济"将成为

经济发展新引擎、产业发展新方向；另一方面，在疫情起伏不定、全球经济复苏乏力以及"逆全球化"等不利因素影响下，金砖国家经济社会发展面临巨大考验。新工业革命伙伴关系最为关键的就是在已有的成就和基础上继续拓展，走深、做实经贸金融合作，以更好适应发展新阶段和发展新要求。这包括继续深化内部合作，在基础设施、产业贸易、服务贸易、物流体系、对外投资等传统领域，实现更广范围的"促发展、惠企业、利民生"；开展智能制造相关交流与合作，推动互联网、人工智能等新技术与传统产业的融合发展；把握时代机遇，开展在电子商务、数字经济、平台经济、互联互通等新兴领域的交流和合作；积极开展多边合作，主动参与国际规则制定，推动全球经济治理能力提升等。

3. 深化科技创新合作，有效推动金砖国家实现跨越式发展

当前，新科技革命和新工业革命方兴未艾，科技创新成为经济增长主要动力来源，对全球政治经济格局重塑起到了重要作用。金砖国家是引领发展中国家科技创新发展的主要群体，在科技创新合作方面形成了广泛共识，也形成了一定的机制性保障，取得了一定的成就。目前，金砖国家科技创新合作主要集中在材料、工程、信息和生命等四大领域，主要以项目和资金资助的形式展开。但从科技合作产出情况来看，金砖国家尚未形成紧密的研究合作伙伴关系，科技创新研究潜力释放有限。在全球治理体系发生深刻变革，全球经济发展格局调整重建，以及各种不确定性因素、不利因素不断显现的当下，加强科技创新合作，不仅有利于促进科技成果共享，打造开放、包容、普惠、平衡、共赢的全球发展格局，而且有利于提高金砖国家参与全球治理的能力和话语权，帮助金砖国家实现跨越式发展。从长远发展来看，金砖国家应该抓住发展中国家实现弯道超车的历史机遇，夯实科技创新合作基础，拓展并深化在通信设备、交通运输、生物技术、新兴产业、能源安全、粮食安全、防灾减灾等领域的科技创新交流和合作，围绕共性问题、关键问题制定重点合作清单、制订长期合作计划，共同推动科技创新发展、培育经济发展新动能。这也是构建新工业革命伙伴关系、牢固新工业革命关系的必然要求。

4. 加快绿色低碳合作，共同促进人类社会可持续发展

工业革命带来了生产力的飞速提升，也导致了严峻的资源环境问题。随着工业革命的发展，全球生态环境日益恶化，给人类的生存和发展埋下了严重隐患。从 20 世纪开始，环境治理就已成为全球治理的重要组成部分，受到各方广泛关注。然而近年来，单边主义、保护主义的发展对全球气候治理造成了严重打击，全球范围内的气候灾害和新冠肺炎疫情更是对全球环境治理造成了二次冲击。新工业阶段，重建全球气候治理秩序和框架、加快全球气候治理步伐已是必然要求，绿色低碳将成为对各国经济社会发展的根本要求。2020 年，金砖国家人口总计32.1 亿人，约占全球人口总数的 41.3%。[①]对金砖国家而言，绿色低碳发展更是重中之重。一方面，环境治理极可能成为发达国家用以压制发展中国家的工具，另一方面大量的污染排放直接影响本国群众的身心健康和生活质量。与此同时，绿色低碳循环产业具有广阔前景，可能在全球带动几十万亿美元甚至上百万亿美元的投资和市场。不论从哪个角度来看，绿色低碳合作都是新工业革命关系的重要内涵之一。金砖国家应当从污染防治和低碳发展两个维度，围绕产业链、供应链绿色转型升级，一是在普及绿色发展理念、制定绿色相关政策、推广绿色相关技术、培养绿色相关人才等方面展开交流与合作，二是在绿色产品、绿色服务等方面制定完备标准，推动绿色市场体系发展。

（三）新工业革命伙伴关系的根本要求

1. 坚持开放包容、互相尊重

新工业革命伙伴关系成员国不仅在资源禀赋、经济结构、产业优势和发展水平上具有较大差异，在政治制度、文化传统、价值观念等方面更是存在明显不同。良好的新工业革命伙伴关系，必须坚持开放包容的发展理念。不但要相互尊重，尊重不同的文化传统、宗教信仰和制度模式，尊重各国人民和地区自己所选择的发展方式和道路，不以强权干涉别国内政或强行输出自

---

① 世界银行统计数据。

身价值观，更要开放发展，以共同利益为根基，以互利共赢为目标，构建广泛的利益共同体，从政策、技术、资金、产业等多个维度推动"共商、共建、共享"，实现深度融合，促进共同发展。此外，要平等对待其他国家和地区，不论是大国还是小国，是强国还是弱国，在相处、交流与合作中，应当一视同仁，不搞"小团体"，不搞封闭排外。

2. 坚持公平正义、遵规守信

近年来，全球经济发展虽然出现了一些不合群的声音，但整体上经济全球化趋势不可阻挡。在全球化的背景下，国与国之间、地区与地区之间的联系将变得更加紧密、频繁和复杂。以气候变暖、环境污染为典型代表的一些全球性问题，单靠一国或一个地区的能力无法得到有效解决，要依靠世界各国的共同和有效参与。而地区发展的不平衡、不充分问题，国家之间的竞争和对抗问题，以及各国在实现自身发展过程中对稳定外部环境的需求等，都需要良好的国际规则和秩序的支持。新工业革命伙伴关系作为一种多边机制，成员对制度和规则的有效遵守，是其良好运行的重要保障。金砖国家在彼此核心利益问题上应当相互支持，反对恃强凌弱、唯我独尊，共同维护主权、安全、发展利益，在问题协商和合作沟通时，应当以《联合国宪章》为基本准则，通过相应的制度和规则进行协调和规范，共同维护以联合国为核心的国际体系、以国际法为基础的国际秩序。

3. 坚持互利共赢、协商合作

新工业革命伙伴关系的最终目标是实现金砖国家的合作共赢，但合作共赢不是平均主义。就金砖国家内部而言，各国禀赋优势各异、结构基础不同、科技实力悬殊、发展战略多元。在通过新工业革命伙伴关系谋求新发展的过程中，可以做到机会平等、过程平等，但很难实现收益均等，因此在这一过程中，不可避免地会出现各类问题和摩擦。构建和维持良好的新工业革命伙伴关系，首先应当明确最终发展目标，摒弃零和博弈、赢者通吃思想，以互利共赢为目标，提倡公平公正竞争，追求共同发展，实现共同惠利；其次，应当从相对收益的角度评价各类合作的前景和成效，拒绝平均主义、自私自利的狭隘思想和政策；最后，应当尊重和包容差异，坚持通过协商对话的方式解决分歧，拒绝对抗拆台，不搞贸易战、科技战等"封锁"冲突。

4. 坚持务实创新、与时俱进

当前，全球正面临百年未有之大变局。一方面，颠覆性技术不断涌现，生产和生活方式相应发生剧烈改变；另一方面，保护主义、民粹主义明显抬头，新冠肺炎疫情起伏不断，国际不稳定因素明显增多，全球政治经济格局正在调整重塑，而金砖国家内部也由于各自所处发展阶段、经济政治形式等因素影响，出现了一些新的变化。新工业革命伙伴关系必须坚持务实创新、与时俱进，根据形势发展和现实需要，在共识基础上调整、完善合作内容和方式。从中长期来看，应当立足世界格局变化，着眼应对新科技革命和新产业革命挑战需要，扎实推进科技创新、经贸投资、环境治理、绿色低碳等方面的协商合作，推动金砖国家实现高质量发展。从短期来看，应当坚定信念、加强团结，加强公共卫生、疫苗医药等方面的交流合作，共同抗击新冠肺炎疫情。

三 金砖国家构建新工业革命伙伴关系的现实基础

从 2002 年中国、印度、俄罗斯三国开始寻求、谋划合作，到 2009 年"金砖四国"首次发表联合声明，再到 2018 年金砖国家新工业革命伙伴关系的提出，金砖国家围绕经济、科技、文卫等诸多领域开展了一系列的探索、交流与合作，并取得了良好的成效。这一过程中形成的伙伴关系和金砖精神，与目前金砖国家拥有的良好发展基础以及迫切的战略协同需要一起构成了金砖国家新工业革命伙伴关系的坚实基础。

（一）金砖国家形成共同利益关系

金砖合作启动以来，金砖国家致力于促进经济发展、人民富裕和民族振兴，在经贸、财金、科技、文化、教育、卫生等方面开展了丰富的、多层次的交流合作。随着金砖合作逐渐从共识走向实践、从愿景转化为现实，金砖国家在全球治理体系中的地位不断提升，已经成为世界经济和政治格局调整的重要力量。在这一过程中，金砖国家逐渐建立起一种相互尊重、平等相待的战略伙伴关系，形成了独特的开放、包容、合作、共赢的金砖精神，利益共同体、命运共同体关系越发强烈。一方面，随着金砖合作的拓展和深化，金砖国家在经贸、金融、货币、科技、粮食安全等传统领域的利益纽带日益牢固；另一方面，随着防疫、反恐、气候变化、信息安全、网络安全等非传统领域问题的不断发展和演变，金砖国家的共同利益诉求不断增多。同时，金砖国家间密切机制性战略交流和沟通使得各自的政治安全利益交叉重叠面扩大，安全共同体意识进一步增强。此外，金砖国家作为一个新兴市场国家群体，其战略意义远超五国范畴。金砖合作是当今世界唯一具有全球影响力的南南合作机制，在全球治理和世界经济转型中发挥着为发展中国家和新兴市场国家发声并争取合法权益的重要作用，金砖国家的共同利益关系凝结远比眼见深厚。这些都为新工业革命伙伴关系的构建提供了扎根的土壤。

（二）金砖国家拥有良好的发展基础

金砖国家囊括了全球最大的五个新兴市场国家，是新兴经济体和发展中国家崛起的杰出代表。金砖国家国土面积占比接近30%，人口占比超过40%，拥有丰富的矿产资源，许多重要矿产资源储量和产量位居世界前列。在金砖合作的15年中，金砖国家发展势头迅猛。经贸方面，金砖国家经济总量全球占比翻番，对全球经济增长的贡献率超过50%，对全球减贫的贡献率近80%，成为全球经济增长的重要引擎。[①] 科技创新方面，中国科学技术交流中心出版的《金砖国家综合创新竞争力发展报告（2020年）》显示，金砖国家年研发投入全球占比超过16.6%，高技术产品出口额全球占比超过25%，科技期刊论文发表数量全球占比超过25%，科技创新竞争力持续增强，国际影响力日益提高。随着综合实力和国际影响力的持续提高，金砖国家已经从诞生时期的国际金融危机的应对者发展成为现在的国际新秩序的积极塑造者，在国际体系变革和世界秩序发展走向中发挥着十分重要的作

---

① 由世界银行统计数据计算得到。

用。较大的人口基数、丰富的自然资源、广阔的市场前景、良好的产业和创新条件以及在全球事务中不断提升的代表权和话语权，为新工业革命伙伴关系的构建提供了坚实的基础，也标志着金砖合作进入了一个新的发展阶段。

（三）金砖国家面临共同的机遇和挑战

近年来，金砖国家的外部环境和内部条件发生重大改变。国际金融危机后，世界经济一直面临复苏乏力的情况，困扰各国经济增长的结构性问题迟迟未能解决。反全球化和逆全球化风潮涌动，观念冲突和对立、政治分化和对抗加剧，社会不稳定因素增加。疫情持续蔓延导致的全球供应链中断、消费量下降、失业增加等，又进一步加剧了国际环境的不确定性和不稳定性。而金砖国家内部，人口和环境制约因素逐渐显现，经济结构调整和转型压力不断增大。各国普遍面临基础设施落后、外贸需求疲软、经济增长放缓、贫富差距扩大、地区发展差异明显等共同问题。在世界多极化和经济全球化趋势发展背景下，金砖国家面临的内外部挑战，为深化相互之间的合作关系提供了现实基础，同时使得金砖国家的合作具备了战略关联性和可能性。面对新形势、新目标和新任务，金砖国家迫切需要寻求新的发展生机、发展动力和发展平台，解决自身经济发展动能和效能问题，避免落入中等收入陷阱。这种情形下，抓住新一轮科技革命和工业革命的机会，构建金砖国家新工业革命伙伴关系，强化金砖国家之间、推动金砖国家和其他国家之间的战略对接和政策协调，寻求在产业、科技和人才等方面的更深层次合作，实现共同利益也就成为必然。

四 金砖国家构建新工业革命伙伴关系的挑战与路径

新工业革命伙伴关系的提出意味着金砖国家在应对全球治理问题、抗击新冠肺炎疫情、促进经贸金融发展、推动科技创新发展等各领域的交流和合作进入深化阶段。金砖国家在上一个"黄金十年"中所取得的发展成就和在全球治理事务中所表现出的责任担当，赢得了国际社会的广泛关注和正面肯定。作为金砖国家合作机制在新工业革命阶段的延续和深化，新工业革命伙伴关系的构建具有良好的基础和起点，但也面临一些困难和阻碍。金砖国家构建新工业革命伙伴关系，应当增进战略沟通和政治互信，坚持务实创新、合作共赢，对接发展政策、发挥互补优势，不断深化战略伙伴关系，推动金砖合作取得更多务实成果和更好发展。

（一）新工业革命伙伴关系构建的主要障碍

1. 外部压力不断增大

发达国家与发展中国家的竞争逐渐激烈。在新工业革命之前，发展中国家对于发达国家而言，更多的是代工厂和海外市场的概念。发达国家对发展中国家的态度和政策整体相对友好，极大助推了发展中国家的经济发展和经济全球化趋势的加强。2008 年国际金融危机过后，一边是发达国家经济复苏乏力，另一边是发展中国家的迅速崛起。而发达国家长期以来在经济、军事、科技等方面都处于世界领先水平，在国际权利结构中具有相对优势，并且发达国家在国际制度、国际组织和国际规则制定中一直处于主导地位，在一些领域甚至具有一票否决权。发达国家对发展中国家态度的转变和政策的收紧，对发展中国家经济社会的发展造成了直接、显著的不利影响，给发展中国家的发展前景带来了极大的不确定性。可以预见，随着新工业革命和金砖国家经济的不断发展，金砖国家面临的来自西方世界的外部竞争压力将不断加大。

2. 经济发展面临考验

综合经济实力是新工业革命伙伴关系长期稳定发展的重要基础。2008 年国际金融危机过后，金砖国家经济取得了非常亮眼的成果。但随着西方发达国家"再工业化"进程的推进、贸易保护主义的抬头以及金砖国家自身要素优势的削弱，金砖国家经济也出现了减速和疲软的现象，特别是 2020 年疫情在全球蔓延并扩散之后，全球贸易活动、要素流动、物流交通等受到剧烈冲击，包括金砖国家在内的各国经济都出现了显著的下滑和萎缩。而金砖国家又多处在全球产业链和价值链的低端，抗风险能力比较弱，疫情冲击给经济社会发展带来的不利影响更大。世界银行数据显示，2020年全球GDP增速－3.6%，其中金砖成员国中国、印度、俄罗斯、巴西和南非的GDP增速分别为2.3%、－8%、－3%、－4.1%和－7%。除了中国实现逆势增长之外，其他四个成员国都出现负增长，且印度、巴西和南非三个国家经济降幅都超过了全球平均水平，而即使是表现最为抢眼的中国，近年来也面临着新旧动能转换和产业结构升级的关键转型问题。如何从短期、中期、长期破解金砖国家经济发展难点、痛点，是构建新工业革命伙伴关系必须考虑和解决的问题之一。

3. 政治互信基础不牢

新工业革命伙伴关系能否从理论走向现实，取决于成员国彼此之间能否做到相互尊重、相互信任。没有坚实的政治互信做基础，金砖国家在各个领域的交流与合作都很难深入展开和取得实质性成效。2008年国际金融危机过后的几年里，金砖国家基于拉动贸易、促进投资等多个方面的共同目标开展合作。在第一个"黄金十年"中，成员国们在政治、经济、人文等方面的合作不断深化，取得了良好的成果。但是随着合作的进行，金砖国家内外部形势逐渐发生变化，给金砖国家的政治互信带来了不利影响。从外部来看，发达国家为了消除发展中国家对其垄断地位的威胁，除了前文提到的遏制政策之外，还采取了分化金砖国家的手段。这无疑对金砖国家之间的政治互信造成了直接影响，不利于金砖国家合作的开展。从内部来看，金砖国家虽然在争取国际话语权、促进彼此之间经贸金融往来等方面存在合作共识和共同利益，但在争夺全球市场、吸引国际投资、抢夺资源要素等方面又存在不可避免的竞争和矛盾，更不用说成员国之间一些不和谐的声音，都可能造成金砖国家之间的信任危机甚至上升为政治冲突。

4. 理念分歧客观存在

新工业革命伙伴关系构建中，金砖国家虽然对于要进一步深化经济、政治、科技、文化等领域交流合作达成共识，但在如何开展合作、要合作到什么地步等具体内容和细节方面存在理念和主张的分歧。例如，在对待全球气候治理问题上，金砖国家都加入了《巴黎协定》，表示愿意携手各国共同应对全球气候变暖问题，但金砖各国对于气候变化与经济发展之间关系的认识却不太一致。以中国为首的部分国家认为气候变化事关人类生存和可持续发展，不应该将气候治理置于经济发展等其他事情之后。而以巴西和印度为首的部分国家认为，不应该因为气候变化及环境治理影响一国发展。又例如，随着计算机网络技术的飞速发展和互联网的广泛普及，网络安全成为政府工作的重要事项。但在一国政府可以在何种程度上对网络安全进行管理方面，各国意见不一。一部分成员国认为，网络安全事关国家安全，可以在一定程度上对公民的网络行为进行约束和限制，而另一部分成员国认为，公民享有网络自由的权利，不能对其网络行为加以限制。这些理念主张的分歧和差异一是来源于各国文化、价值等内在的不同，二是来源于经济社会发展所处阶段的不同，对经济发展、资源保护和环境治理目标的侧重点的不一致，但都对新工业革命伙伴关系的实际运行产生了直接影响。

（二）新工业革命伙伴关系构建的重点路径

1. 支持捍卫多边主义

全球化治理和全球化发展是保障金砖国家实现长期稳定发展的重要外部环境支撑，任何向单边主义和贸易保护主义靠拢的做法都无异于自绝后路。金砖国家应当带头捍卫多边主义，坚定支持《联合国宪章》的宗旨和原则，维护以联合国为核心的国际体系，以国际法为基础的国际秩序，以及以世贸组织为代表的多边贸易体系，维护新兴市场和发展中国家的发展利益和空间。金砖国家应当积极践行多边主义，在维护国际公平正义的基础上开展竞争与合作，包括积极推动金砖国家之间、金砖国家与其他新兴市场和发展中国家之间的竞争与合作，以及金砖国家作为一个整体与发达国家之间的竞争与合作，提升金砖国家自身发展水平、发展的独立性和自主性，在把握新工业革命机遇中实现弯道超车。金砖国家应当积极参与全球治理事务、承担国际责任和义务，加强对技术落后国家、不发达国家的产业、技术和医疗援助，让金砖合作红利惠及更多群体。金砖国家应当加强多边主义合作，坚持共商、共建和共享，反对搞霸权、零和博弈，使全球治理更具包容性、代表性和参与性，符合所有人利益。

2. 加强政策沟通协调

作为由五个经济、文化、政治等各方面存在较大差异的发展中国家构成的国际多边组织，良好的政策沟通协调是打破政策壁垒、解决成员国分歧、推动成员国合作、保障新工业革命伙伴关系良好运行的根本。金砖国家应当联手加强沟通协调平台建设，通过制定金砖国家新工业革命伙伴关系联席会议制度或部长级会议制度，定期举办金砖国家新工业革命会议、论坛和展览等，共同探讨产业发展、技术趋势、人才培养、政策协调等重要事项。金砖国家应当进一步加强在经济、产业、贸易、金融、投资、创新等宏观层面的政策沟通协调，提高财政政策、货币政策和结构性改革等政策工具的有效性、前瞻性和公开透明程度，营造有利于金砖国家结构性变革的政策环境。金砖国家应当进一步加强在市场准入、标准制定、项目对接、银行融资等重点领域的标准化协调与合作，推动实现从技术到项目再到产业的顺利对接，有效提高高质量供给、扩大总需求，进而促进金砖国家的对外贸易发展和高质量发展转型。金砖国家应当加强知识产权保护协作，共同营造良好创新发展环境和氛围，推动创新成果的应用、分享和改善，充分激发金砖国家整体创新动力和活力。

3. 推动开放创新增长

经济合作是金砖国家的"压舱石"，解决金砖国家内部矛盾、提高金砖国家凝聚力的关键抓手就是以产业发展为重要载体，通过开放创新实现金砖国家在经济发展上的互利共赢。金砖国家应当统筹谋划、积极布局，依托数字金砖、创新中心、工业和科技园区等项目和平台，着眼新一轮科技革命和产业革命的核心领域、关键领域和前沿领域，深化彼此在产业创新上的合作和交流，打造金砖国家产业创新合作网络，解决经济发展动能和转型升级难题。金砖国家应当立足各国工业基础，推动互联网技术与传统产业融合发展相关先进经验分享、技术交流和创新合作，加快智能制造发展，抱团向产业链、价值链高端转型升级。金砖国家应当立足现有科技创新领先成果，深挖各国在5G通信、大数据、区块链、人工智能等新一代信息技术领域的潜力，深化各国在数字、新能源、新材料、海洋、太空等高新技术领域的产业合作，打造经济增长新引擎。金砖国家应当继续加强在能源安全、互联互通、公共卫生等领域的创新合作，不断开拓新的产业部门，提升科技创新服务各国民生发展的水平。

4. 促进资源互惠共享

金砖国家资源禀赋、产业结构和科技水平具有明显差异，不同国家在要素、产业和技术上各有所长。例如中国具有相对完备的产业体系和较为先进的 5G 技术；俄罗斯在核电、军工产业及航天航空技术方面位居世界前列；印度具有强大的人口优势和 IT 技术；巴西具有得天独厚的自然条件，农业生产技术发达；南非矿产资源丰富，采矿技术成熟先进。在融入全球产业链、价值链的过程中，各国应当通过新工业革命伙伴关系平台，充分发挥彼此的比较优势、互补优势，促进要素、技术、产业等资源的互惠共享，推动形成合理的产业分工和合作体系，实现共同发展。此外，人才是发展的第一动力，金砖国家普遍面临人才缺口，加快人才培养合作是促进金砖国家合作发展、加快金砖国家创新发展的根本保障。金砖国家应当立足经济和科技创新发展需要，通过金砖国家大学联盟、企业联盟、创新平台等，合作培养具有国际视野、具备核心素养的高素质人才，实现人才的共育共用。

5. 打造示范项目平台

新工业革命伙伴关系的构建涉及政治、经济、产业、科技、人文、人才诸多领域。从金砖国家合作机制既往发展来看，部分领域合作的推广和深化存在较大困难。出现这一问题的原因，一是合作往往牵涉众多方面，二是合作在实施中可能面临制度约束。顾虑问题、针对制度约束的沟通成本问题或者合作实施过程中出现的事先未考虑到的问题，是相当部分合作停摆或搁置的主要原因。打造类似厦门金砖国家新工业革命伙伴关系创新基地这样的示范性项目或平台，可以为金砖国家深化务实合作、创新合作内容提供"试验田"。示范项目平台一方面可以聚焦政策协调、人才培养、项目开发等重点领域，深化金砖国家在数字化、工业化、包容增长、创新发展等领域的合作，促进金砖国家高质量发展转型，提升金砖国家的国际竞争力；另一方面可以在示范中发现问题、总结问题、解决问题，充分考虑领域更为广泛的金砖国家合作机制和规则设计，提高政策的顶层设计水平和增强政策的落地实施效果，强化金砖国家的合作信心。同时，示范项目平台可为其他新兴市场、发展中国家的多边合作提供更多的成功案例和经验借鉴。

金砖国家新工业革命伙伴关系
创新基地的发展愿景

金砖国家作为新兴市场和发展中国家的代表，秉持开放包容、合作共赢的精神，在经济、政治、人文等领域开展合作，使世界经济增长点多元化；在全球气候变化等重大国际和地区问题上沟通协调，携手共进，共同建设公平公正的美好世界，推动国际关系民主化。在当前逆全球化与新兴保护主义思潮下，世界经济发展面临的不确定风险增大。金砖国家一道，坚定不移地构建开放型世界经济，维护以世界贸易组织为核心的多边贸易体制，在支持经济全球化与贸易自由化的同时，维护新兴经济国家合理利益，推进了世界经济健康发展。

当前新工业革命来势汹涌，以数字化、网络化、智能化、绿色化为核心特征的新工业革命，正全面突破人类自身能力局限与资源环境瓶颈，在增强可持续发展能力的同时，全面提升工业经济发展质量。2018 年在南非约翰内斯堡举行的金砖国家工商论坛上，习近平主席指出金砖国家将"共同建设金砖国家新工业革命伙伴关系，加强宏观经济政策协调，促进创新和工业化合作，联手加快经济新旧动能转换和转型升级"，从而助力"金砖五国"乃至全球经济的高质量发展。为此，"建设金砖国家新工业革命伙伴关系"写入了《金砖国家领导人第十次会晤约翰内斯堡宣言》。金砖国家新工业革命伙伴关系的建设，将成为推动金砖国家深化合作的新领域、新亮点、新方向。金砖国家通过互学互鉴，加强政策沟通协调，释放互补优势，为培育和提升金砖国家的国际竞争力发挥关键作用。

2020 年 11 月，习近平主席在金砖国家领导人第十二次会晤上宣布，在福建省厦门市建立金砖国家新工业革命伙伴关系创新基地（以下简称"金砖创新基地")。从而为增强金砖国家新工业革命伙伴关系，加强各领域的合作与联系，全面系统深入研究新工业革命中出现的各项问题，加强各国发展的联动性，为有效开展政策协调、人才培养与项目开发等领域合作，实现产业发展与协调创新的同步性提供了机遇与平台。金砖创新基地必将随着金砖新工业革命伙伴关系的不断深入而快速成长与发展。它不仅会成为金砖国家新工业革命伙伴关系深入联系的纽带，也会成为推动金砖国家新工业革命健康发展的助力平台。

一　将金砖创新基地发展成为金砖国家新工业革命的舆论引领与智力支持平台

在新工业革命浪潮中，发达国家和后发达国家之间的竞争和赶超将会是常态化。近年来，少数发达国家运用技术民族主义，对新兴国家发展进行技术打压和围堵，国际范围内单边主义、保护主义抬头。在这一背景下，作为由新兴市场和发展中国家组成的金砖国家，只有通过坚持真正的多边主义，秉持共商共建原则，加强团结协作和战略对接，共同把握新工业革命带来的历史机遇，才能有效应对新工业革命在产业政策、国际规则、社会伦理等范畴引发的变革，进而切实保障新兴市场和发展中国家的相关利益，才能有效地参与国际经济决策和规则制定。

金砖创新基地通过深入交流与合作，在推进新工业革命伙伴关系的基础上，凝聚共识，突出"创新"。通过引领、凝聚合作理念与发展共识，共同引领国际舆论，增强新工业革命中新兴经济体的国际话语权；通过汇集金砖各国研究机构与智库，共同为金砖国家宏观经济战略与发展制定相应决策参考，提供可行性建议，团结协作，一致在国家新工业革命产业政策等领域发声，维护发展中国家利益；通过共同探讨合作机制，加强金砖各国在新工业革命领域的团结协作，避免不良竞争，提升发展质量，为发展中国家打造新工业革命领域的发展标杆。交流与合作将充分考虑金砖各国的特殊国情与共同诉求，探索一条新型合作发展路径，推动金砖国家伙伴关系变得更紧密、更全面、更牢固。随着金砖国家新工业革命伙伴关系的深入，金砖创新基地将会发挥越来越重要的作用，将会发展成为推进金砖国家新工业革命的智库和创新合作必不可少的平台。

（一）推进思想交流，凝聚合作发展共识

1. 充分发挥交流平台作用，增进金砖国家间的沟通交流

随着全球化的发展，世界进入多层次、多元化问题交融阶段，单一或局部简单的方式无法解决世界面临的动态开放的复杂发展问题。[①] 正如保护物种多样性一样，维护和保持文化多样性，有利于全人类的交流互鉴，有利于持续发展和共同进步。金砖国家在支持多边主义、改革和完善多边体系方面有着广泛共识，尤其在当前发达国家运用技术垄断对新兴国家进行打压和围堵的现实情况下，发展中国家，尤其是新兴经济体如何加强团结协作，做好战略应对，充分抓住新工业革命带来的历史机遇，有效参与国家经济决策和规则制定，对切实保护自身利益和维护全球公平公正的经济秩序至关重要。

深入开展合作，需要加强战略协调，需要金砖国家增进沟通交流。合作源于沟通和对话，不同环境、文化背景的国家和区域，只有通过人与人之间的交流与对话，才能明确意图，消除误解，凝聚合作，发展共识。协调好发展规划与思路，才能为各国深入开展合作奠定思想基础。金砖国家新工业革命伙伴关系要想得以深入推进，交流必不可少。交流是双向的和多向的，其目的是交融和再生，当然也会有交锋甚至碰撞，但交流的结果必然是推动合作，加深理解，有助于推进新工业革命伙伴关系的互信与协调。金砖国家之间应平等、友好并以客观、公正的态度来进行双方主体或多方主体之间的交往活动，通过对话、交流，相互借鉴与融合，实现新工业革命在各国的协调发展。

作为金砖国家合作的重要活动载体之一，金砖创新基地通过规范化的交流与合作，将会成为金砖国家学术和智库对话交流与合作的重要平台。邀请

---

① 娄晓琪：《文明交流互鉴思想影响世界》，《光明日报》2017 年 4 月 9 日。

有代表性观点与理念的机构与团体，就新工业革命领域合作的发展思路和对策进行充分交流与对接，本着求同存异的理念，共同制定推进合作的规划和措施，及时协商解决合作中出现的问题，营造良好的沟通与交流环境。为各方提供思想交流与对话合作的渠道，加强金砖国家人们之间的思想碰撞与合作交流，在更深入了解彼此的同时，为金砖国家新工业革命伙伴关系凝聚更多共识，形成更为广泛的合作共赢理念，推进金砖国家新工业革命领域的各方合作。

2. 发布研究成果引领舆论，凝聚合作共赢理念

合作伙伴关系是金砖国家领导人多次会晤达成的共识，要使合作共赢理念在各国成为广泛的社会共识，仍需加强沟通交流与舆论引领。在 2018 年 7 月金砖国家领导人约翰内斯堡会晤、2018 年 11 月金砖国家领导人布宜诺斯艾利斯非正式会晤、2019 年 6 月金砖国家领导人大阪非正式会晤以及 2019 年 11 月金砖国家领导人巴西利亚会晤上，习近平主席多次强调伙伴关系的重要性，指出伙伴关系是下阶段金砖经济合作的一个重要抓手，要把握改革创新的时代机遇，深入推进伙伴关系。在新科技革命和产业变革方兴未艾、新兴市场和发展中国家的崛起势头不可逆转的背景下，金砖国家应该顺应时代潮流，回应人民呼声，展现应有的责任担当，谋求开放创新的发展前景，深入推进金砖国家新工业革命伙伴关系。然而，如何协调好各国利益，减少疑虑，增强信任与合作，需要不断增强沟通，加强舆论引领。

舆论是在特定的时空范围内，公众对社会公共事务集中表达的意见态度，是民众个人情绪、社会心理、利益诉求和思想状况的综合反映。在现代国家治理结构中，舆论需要引导，金砖创新基地应在其中扮演重要角色。金砖创新基地应着眼于壮大主流舆论、凝聚社会共识，充分发挥交流平台在阐释金砖国家新工业革命伙伴关系合作中的理论、解读公共政策、研判社会舆情、引导社会热点、疏导公众情绪的积极作用，运用新媒体等多种手段，扩大金砖创新基地影响力，传播相关思想价值，更大范围地集聚社会共识。金砖创新基地通过出版发行相关研究书籍、研究报告，在公众中形成广泛影响；通过媒体，诸如报纸、杂志、电视、电台等传统媒体传播金砖国家在新工业革命领域的声音；通过举办学术会议、开展国际合作等，甚至网络媒体，及时、便捷、迅速地发布金砖创新基地的研究理念、思想产品和研究成果。金砖创新基地通过上述舆论引导方式，将其思想观点进行广泛传播，有效引导社会舆论，为政策形成和政策实施营造有利的社会氛围。从而使人们充分认识到，要想在国际上共同维护发展中国家的利益，实现同频发展、协调发展，就需要增强思想交流，减少合作中的文化软环境的阻碍，为金砖国家深入开展新工业革命领域的合作营造良好的环境。

（二）研究可行性思路，提供决策参考

金砖国家新工业革命伙伴关系合作强调，有必要确保更深入地参与全球价值链，提高"数字"包容性，并评估其影响，鼓励渐进、安全、公平和可持续地使用颠覆性技术，制定促进包容性增长的标准化政策。金砖国家发展阶段相近，发展诉求趋同，加强新工业革命领域合作具有较强的意愿。然而，现实操作中，金砖国家新工业革命伙伴关系的合作机制新、抓手少、难点多、涉及面广，亟须建立有效的合作实施平台。因此，金砖创新基地作为合作平台，可以通过深入研究，形成思想深刻的政策意见，并将其提供给相关决策机构。各国通过金砖创新基地合作平台，组织金砖及"金砖＋"国家的大学、研究机构、企业、智库等，就新工业革命领域技术、规则层面政策战略重点问题开展联合研究，以专家报告形式发布相关建议、白皮书或共同文件，为各国制定宏观经济政策战略以及做出相应决策提供参考。

从某种意义上来说，金砖创新基地作为合作平台，还充当和发挥着智库的角色和作用。智库机构是促进决策者与公众沟通的桥梁，积极正面的智库建议可以提高决策的权威性和公信力。金砖创新基地可以通过组织搭建论坛、研讨会等平台为研究者、社会大众以及决策者提供交流思想、意见和建议的渠道，推动他们之间的相互了解，有助于他们达成共识，推动问题的解决。金砖国家由于国情、文化不同，出现分歧很正常。当不同舆论产生分歧时，金砖创新基地可以以其独立、客观、公正的角色和专业的知识背景对相关问题进行分析、解释，帮助公众深入理解、澄清误解、纠正偏见、指出问

题，从而打破舆论分野，促进共识的达成。通过这一平台，金砖国家的专家智库、学术人才，可以深入研究和探讨金砖国家新工业革命伙伴关系的建设思路、内容、模式、途径，破解制约合作的一些政策性障碍，推动金砖各国分享最佳政策与实践，充分发挥金砖创新基地的战略研究作用，全面提升"金砖机制"的含金量，推动金砖合作第二个"金色十年"。

（三）探讨合作机制，推进务实合作

要使金砖国家新工业革命伙伴关系走深走实，通过合作聚焦新工业革命重点发展方向，开展金砖及"金砖＋"的务实合作，就需要有完善的合作机制作为保障。合作机制是一种合作组织的调节制度，其完善程度在很大程度上影响并决定着合作组织本身的运行质量、效率、稳定性、可持续性及发展前景和影响力，也决定了合作组织成员及整体所能够达到的目标及获得的效益。金砖国家作为新兴经济体，单独应对新工业革命挑战的成本与代价较为高昂，通过整体协作形成合力，可以最有效地利用这一战略机遇，推进本国产业转型升级。为此，金砖国家可以在制定标准、协同发展上共同商讨，解决分歧，协调运作，取得合作的良好成效以及红利。然而要使合作有效持续运行，就需要合作者通过一定方式协商和达成约定、规范等促进集体良性的公共决策，以优化资源配置、降低交易成本、减少自利行为，抑制、控制和消除机会主义行为、侥幸获利动机以及"囚徒困境"，避免"公地悲剧"及不和谐、不公正现象，实现合作个体与集体利益最大化，提升合作成效。

金砖创新基地通过实体机构化的方式为各国提供互为借力的有效平台；通过共同探讨，形成相对认可的制度与规划；通过统一愿景、明晰职责，实现协调行动、有效纠错，发挥各自优势，从而实现金砖国家在新型工业化领域的全面提升。只有规范合作，才能机制化、系统性、持久性地开展新工业革命领域的交流与合作，进一步提升金砖合作动力，促进各国共同应对新形势、新挑战，联手实现经济转型和产业升级，实现务实化的合作。

需要指出的是，当前，金砖国家各自与其他合作机制的复杂关系在一定程度上制约着金砖国家合作机制的完善。金砖国家各成员国分属不

同大洲，出于经济与其他利益考量参与了不同区域合作机制和国际合作机制。这些机制对于其参与金砖国家合作机制造成一定影响。如果各成员国不厘清和适当处理与其他区域性多边合作组织错综复杂的关系，难免会弱化金砖国家合作机制的作用，抑制金砖国家新工业革命合作机制本身的深化与效能提升。

金砖创新基地可以联合各成员国的政府、社会、企业及智库等机构，前期参与、提议、酝酿与讨论相关合作机制，进而提出、形成智慧更加广泛、准备更加充足的合作推进机制。为使合作机制有效运作，其应包括建立部级各国联席会议制度，统筹推进金砖创新基地建设工作，支持金砖创新基地实体化运作；按照机构化设置、国际化运营原则，批准设立"金砖国家新工业革命伙伴关系创新基地"协调工作机构，作为核心运营主体负责协调解决相关合作间的问题。此外，通过搭建常态化的金砖创新对外合作平台，如举办金砖国家新工业革命伙伴关系论坛、金砖工业创新合作大赛、金砖国家新工业革命展览等，提升研究成果影响力；通过建设金砖新工业产业基金等投融资平台，通过市场化手段支持项目建设，推进合作进一步深入；通过成立金砖基地创新联盟，协调高校、创新机构、龙头企业等参与，助力金砖创新基地的可持续发展等。这一系列实体化的合作机制，将会使合作机构具有一定的权威性和约束力，进而提升其执行力以及运行效果。随着合作领域的扩大、合作事宜的增多、合作复杂程度的提高，分歧、矛盾和冲突可能会增加，金砖创新基地也将会积极探索建立争端仲裁机制，妥善应对内部的争议。

二　将金砖创新基地发展成为金砖国家新工业革命的政策推进与规则协调平台

深入金砖国家新工业革命伙伴关系合作，携手把握产业转型的时代机遇，共同迎接挑战，需要坚持互学互鉴，深入开展产业政策与实践的经验分享活动，进而发挥新型工业化对经济发展的放大、叠加、倍增作用。为此，金砖国家一方面，要通过加强政策沟通协调，充分发挥互补优势和释放协同效应，将新工业革命伙伴关系打造成为"金砖五国"抢抓产业变革机遇、应对风险挑战的战略平台；另一方面，要推动各方参与，围绕新工业革命重点领域和金砖国家实际需求，推动各国制定符合新工业革命需求和发展现状的政策、战略和规划，提升与金砖及"金砖＋"国家在发展理念、发展战略及规则标准等方面的"软联通"，携手形成影响乃至引领全球新工业革命领域的合理标准与规则，将新工业革命伙伴关系打造成为开放创新、互利共赢的合作平台。金砖创新基地作为沟通与协调平台，将通过充分发挥自身作用，协调好各国政策与标准规定的制定，将新工业革命伙伴关系打造成为面向未来、引领金砖务实合作的旗舰项目，以新工业革命伙伴关系建设为契机，进一步深化智能制造等领域的务实合作，共同谱写金砖合作第二个"金色十年"新篇章。①

（一）分享发展政策与实践，加快金砖国家新兴工业革命发展进程

金砖国家团结合作，顺应了人类社会发展和国际格局演变的趋势，看似偶然，但实属历史必然。金砖国家的发展壮大，影响了国际格局调整的速度、广度、深度，正在从根本上改变世界政治经济版图，为维护发展中国家利益与发展权利带来契机。金砖国家要增强使命感和紧迫感，推进各领域的合作，为五国人民，为广大新兴市场和发展中国家，为世界和平与发展，开辟更加光明的未来。② 对金砖国家，乃至广大的发展中国家而言，在应对新工业革命浪潮时，存在发展方向选择、政策制定以及技术开发等诸多困惑和迷茫，应通过互学互鉴的交流合作，不断拓展交流的广度和深度，合力推进各国产业升级的进程与产业结构的优化。各国应以"金砖＋"合作为平台，加强同不同文明、不同国家的交流对话，让金砖的"朋友圈"越来越大、

---

① 申冉：《金砖国家智能制造暨新工业革命伙伴关系论坛在南京召开》，中国新闻网，2019 年 10 月 20 日，https：//www.chinanews.com/cj/2019/10－20/8984279.shtml。

② 《习近平出席金砖国家领导人第十一次会晤并发表重要讲话》，中国政府网，2019 年 11 月 15 日，http：//www.gov.cn/xinwen/2019－11/15/content_ 5452192.htm。

"伙伴网"越来越广、新工业革命的进程越走越顺。

以数字化、网络化、智能化、绿色化为特征的新工业革命，正深刻影响着当今人类社会，并推动社会经济快速变革。可以预见的是实体经济将伴随新工业革命发生颠覆性的改变。为了抓住这一变革带来的机遇，各国都积极制定本国的新产业政策，以期占领未来工业的制高点，尤其是发达国家。美国提出的第三次工业革命本质上是推动互联网技术在新能源领域的深度应用，是新能源与互联网相融合的新一次工业革命。在德国，"工业4.0"概念被认为是以智能制造为主导的第四次工业革命，旨在通过深度应用信息技术和网络物理系统等手段，将制造业向智能化转型。① 发达国家率先在新工业革命领域进行了积极探索与实践，为了避免在新工业革命浪潮下，发展中国家和发达国家间形成明显的技术鸿沟，发展中国家急需在新工业革命领域加强创新实践与政策引领。

新工业革命需要新产业政策与之相适应，以推动其快速健康发展。新工业革命带来的冲击以及产业发展的变化，需要与之相对应的制度创新和政策演进来加以规范与推进，尤其是新工业革命领域出现的新模式，需要各国坚持创新驱动，加强预判，进行前瞻性研究，及时出台"新产业政策"，促进经济体系实现协调健康发展。同时，当前制造业正面临新的范式转变。"新产业政策"也应在产业发展范式转变中进行引领，以适应当前产业变革的潮流。工业革命带来的诸多领域的重大情况变化，都有着深远的意义和影响，如当前工业化和信息化"两化"融合的方向、重点、路径、方法等，都急需相应的政策来规范和引领产业、企业的转型发展。这就需要各国政府通过实践探索，在政策制定上先知先觉，制定适时的政策来推进本国工业的转型升级。

没有一个发展中国家不制定、实施产业政策就能赶超发达国家。② 因

---

① 王喜文：《新工业革命需要新产业政策》，中国社会科学网，2016年10月31日，http：//www.cssn.cn/jjx/xk/jjx_ yyjjx/gyjjx/201610/t20161031_ 3258551. shtml。

② 《林毅夫：中国要理直气壮地支持和引领新工业革命》，北京大学新结构经济学研究院网站，2020年6月18日，https：//www.nse.pku.edu.cn/sylm/xwsd/503906. htm。

此，对金砖国家而言，在新工业革命中要发挥"有为政府"的作用，充分利用各种资源，坚持开放，加强金砖以及"金砖＋"国家的合作，使新工业革命的后发优势变成现实优势，提高金砖国家，以及发展中国家在全球工业生产中的地位。为降低金砖国家在新工业革命领域政策制定的探索成本，提升政策的有效性与适时性，金砖国家应加强互学互鉴，增强各国在新工业革命领域的实践、政策的交流与合作，合力完善与优化本国政策，推进各国新型工业化进程。中国在新一轮产业革命浪潮中正在积极探索发展路径，在"新常态"和"供给侧改革"的背景下，强调制造业在我国经济中的基础作用，认真谋划如何从要素驱动、投资驱动转向创新驱动，积极探索如何从制造大国升级为制造强国……这些实践探索与发展政策，可以在金砖创新基地的交流与合作平台上，进行分享、分析与总结。金砖创新基地将通过聚集各国研究力量，深入研究各国的实践措施与相关政策。一方面，制定金砖国家在新一轮工业革命的整体实施策略，商讨联动性的产业政策，实现新工业革命领域的结伴而行；另一方面，探索适合各国国情的新工业革命政策，在整体协调的同时，突出本国特色，全面推进金砖国家的新兴工业革命发展进程。

（二）研究发展困境与挑战，促进金砖国家新工业革命健康发展

当今世界经济处于新旧动能转换的关键时期。新一轮科技革命和产业变革正在催生大量新产业、新业态、新模式，给全球发展和人类生产生活带来翻天覆地的变化。新技术带来新工艺、新产品、新应用，也带来生产模式、生产管理的深刻变化。新工业革命对金砖国家提升本国工业发展水平、增强国际竞争力来说，是重大的发展机遇，更是挑战。因为，与西方发达国家在新材料、新能源、生物技术和新一代信息技术方面占据显著优势不同，金砖国家中支撑经济发展的更多的是传统产业。金砖国家发展新型工业，不仅面临新工业革命给传统产业带来巨大冲击，还会面临新兴技术获取困难的窘境。发达国家凭借领先的基础研究能力、强大的高新技术和创新优势，率先抢占先进制造业制高点，加紧从技术、标准、规则和市场等方面设置门槛，

使发展中国家的制造业向价值链高端升级的难度增大。① 金砖国家产业的转型升级面临发展困境。此外，新型工业的发展给传统产业发展造成冲击，会在一定程度上影响经济增长，给各国带来经济下行的压力，尤其在当前全球经济放缓的背景下，压缩传统产业，选择发展新兴产业需要较大的勇气。金砖国家为应对这些困境，需要合力研究，找出应对之策，通力协作，共赢发展，才能实现破茧成蝶，弯道超车。

金砖国家新工业革命伙伴关系旨在深化金砖国家在数字化、工业化、创新、包容、投资等领域合作，最大限度地把握第四次工业革命带来的机遇，应对相关挑战。为此，金砖创新基地可以通过集中各国智慧，对当前发展中面临的困境与存在的问题进行分析总结，利用伙伴关系充分发挥五国各自比较优势，促进经济增长和转型，增强可持续工业生产能力，推动各国新型工业化的发展。

当前，新冠肺炎疫情使各国人民生命安全和身体健康遭受巨大威胁。全球公共卫生体系面临严峻考验。人类社会正在经历百年来最严重的传染病大流行。国际贸易和投资急剧萎缩，人员、货物流动严重受阻，不稳定、不确定因素层出不穷，世界经济正在经历 20 世纪 30 年代大萧条以来最严重的衰退。此外，单边主义、保护主义、霸权主义行径愈演愈烈，治理赤字、信任赤字、发展赤字、和平赤字有增无减。在百年变局与世纪疫情交织的特殊历史时期，金砖国家更要"在危机中育先机，于变局中开新局"。金砖合作既充满挑战，也面临巨大机遇。金砖国家只有秉持开放包容、合作共赢的金砖精神，承担共同发展使命，不为困难风险所惧，不为外界干扰所惑，持之以恒推进金砖合作，就可以为五国乃至世界发展开辟更加广阔的空间，携手同心铸就"金色未来"。

金砖创新基地可以强化研究力量，充分发挥各国智库智慧，联合开展后疫情时期的经济恢复与经济转型发展研究，探讨全球保护主义下的金砖国家新型工业化进程的路径，探寻各国存在的问题与面临的困境，通过强化金砖

---

① 刘春长、关兵：《新工业革命的挑战和应对》，《中国经济时报》2012 年 9 月 24 日。

国家新工业革命伙伴关系，加强联合互动，应对当前的发展困境与挑战，共同推动各国经济复苏。

（三）协调各国建立规则标准，推进金砖国家新兴工业革命协作发展

金砖国家融入新工业革命体系，需要加强宏观经济政策协调与发展规则标准沟通，促进创新和工业化合作，以及在经贸金融、政治安全、人文等多个领域加强交流。2015 年在俄罗斯举行的第一届工业部长会议形成了金砖国家在扩大关键领域产业合作和共同采取行动方面的共识。2017 年在中国杭州举行的第二届工业部长会议，制订了金砖国家在产能合作、政策协调、基础设施建设等七个方面的行动计划。2017 年厦门金砖国家领导人会晤，提出加强各国在产能和产业政策、新型工业基础设施与标准、中小微企业等领域的合作，共同抓住新工业革命机遇，加速金砖国家工业化进程。抓住新工业革命发展的机遇，深入开展产业合作，加强科技创新合作，已成为金砖国家共识。

标准作为创新发展的引领和推动力量，是促进金砖国家新一轮科技革命和产业变革的有效手段。在新工业革命背景下，如何挖掘金砖国家广阔的合作潜力，尤其是如何抓住机遇加强标准对接、减少标准之间的不协调造成的贸易壁垒、实现发展中国家的飞速发展是当前金砖国家面临的重大考验。为此，金砖创新基地可以通过组织开展政府层面的政策沟通与专家领域的交流活动，加强金砖国家标准化国际交流和标准化人才队伍建设，从而为推动金砖国家、新兴市场和发展中国家实现跨越式发展提供重要支撑。

在新工业革命背景下，金砖国家要加强标准互认与对接，突出新工业革命领域标准化体系建设。由于金砖国家经济发展阶段不同，标准化领域人才相对紧缺以及政治文化、地理位置存在较大差异等，五国之间在标准化领域的合作交流相对较少。这些年来，中国标准化和质量工作机构有所增多，其职能得到了显著增强，这既为金砖标准化合作创造了更好的条件，又为以标准化为基础的更广领域的质量合作提供了契机。因此，金砖国家间可以探索，尤其在关键技术环节上，尝试建立统一的标准和进行规范的制定，使技

术和产业评价标准对接，助推技术的融通创新。

加强以标准化手段推动金砖国家互联互通，是金砖国家加快合作的共识，也是下一步金砖国家标准化领域合作的方向。金砖创新基地通过积极推动与金砖国家标准化组织建立常态化的合作交流机制，加快推进制定国际标准与团体标准，探索建立金砖国家标准化示范项目，推动金砖国家发展规则与标准的协调与制定，为进一步加深各国新工业革命伙伴关系奠定基础，实现新兴市场和发展中国家的跨越式发展。[1] 金砖创新基地建设，同样需要以规则制度的开放来激发金砖创新合作动力，通过构建标准化国际交流平台，搭建标志性的金砖对外合作平台，推进金砖国家合作伙伴关系走深走实。加强金砖国家知识产权保护的协作，相互尊重、鼓励和借鉴创新，推动创新成果的改善和共享，持续破除制约金砖国家合作的政策樊篱，充分释放互补优势和协同效应，拓展金砖国家的合作空间。

三 将金砖创新基地发展成为金砖国家新工业革命的项目合作与交流推动平台

金砖国家作为主要发展中国家，各国资源禀赋、产业优势不同，巴西、俄罗斯和南非拥有丰富的石油、天然气、铁矿石和其他自然资源，中国和印度拥有丰富的人力资本。因此，在扩大合作领域和促进经济发展方面有着很大的空间。在新工业革命领域，金砖国家都处于加速推进数字化、工业化的发展进程中，工业发展阶段相近、发展目标相同。项目合作是当前金砖国家合作潜力最大、合作内容最丰富的领域之一。金砖国家通过金砖创新基地平台，加强引领，分阶段、分领域逐步开展产业项目合作，不断推动金砖合作走深走实；加强创新合作，实现优势互补，配以正确的政策和合作关系，金

---

[1] 杨敬丽、裴继超：《新工业革命伙伴关系背景下金砖国家标准化国际交流与人才队伍建设暨第二届"之江标准"研讨会在义乌召开》，《标准生活》2018 年第 10 期。

砖国家就能实现巨大的经济、地缘政治和社会收益。

项目合作将会使金砖国家在新工业革命领域的合作更加紧密，发展步调更为协调，共同利益不断扩大，进而不断增强合作发展的凝聚力。项目合作成为金砖国家新工业革命合作伙伴关系走深走实的关键。金砖创新基地将充分发挥交流平台的作用，推进金砖国家新工业革命领域的项目交流对接与合作，通过探讨合作中存在的问题与面临的困境，寻找解决思路，保障合作项目的顺利和深入开展。

（一）研讨金砖国家项目发展与需求，推进交流合作

新工业革命的孕育与兴起，推动新兴技术加速产生和应用，重塑工业特别是制造业及服务业的生产流程和商业模式，极大提升了生产率和增强了竞争力，减少了能源和资源消耗，为金砖国家实现中长期经济增长和可持续发展带来重大机遇，但也为金砖国家构建适应新工业革命的产业政策、创新生态、劳动力技能等带来重大挑战。金砖创新基地打造项目交流与对接平台，将合作做实、做深。

金砖国家合作领域广阔，中国和印度拥有近 30 亿人口的综合市场，可以为金砖国家生产发展提供人力资本与市场。"金砖五国"经济互补性强，各国在技术和产业发展方面都有相对领先的优势。俄罗斯在航空航天领域有优势，巴西的新能源和农业技术较先进，南非有丰富的采矿技术和经验，印度 IT 软件技术发达，中国拥有较先进的 5G 技术、人工智能技术和较完整的产业链体系，以及可以推动其他成员国基础设施的建设能力。根据国际 IGF 绿色 BRI 中心的数据，仅 2021 年 1 月，中国在全球 140 个国家就投资超过 170 亿美元，2013 年以来投资累计超过 4 万亿美元。在新工业革命伙伴关系走深走实阶段，加强自由化的投资和贸易合作，将会有效促进金砖国家间商业项目和服务项目的合作与流动。金砖创新基地将会打造项目交流与对接平台，汇集金砖国家以及其他发展中国家的相关机构与项目合作信息，积极探寻各国间的项目合作空间，充分挖掘合作潜力，使各国在新工业革命中实现突破性发展。

金砖国家项目合作领域广阔，金砖创新基地将重点着手探讨诸如数字经济、创新基础设施、能源以及技术创新等新兴产业领域的项目合作问题。数字经济和绿色经济是未来发展方向。中方支持制订《金砖国家科技创新合作行动计划》，以科技创新和数字化变革催生新的发展动能。以金砖国家新工业革命伙伴关系金砖创新基地作为合作交流平台，通过金砖以及"金砖+"国家的积极参与，在数字经济、绿色产业、绿色技术等领域深化合作，共同实现人与自然和谐共生的现代化，构建人与自然生命共同体。[①] 推动金砖创新基地建设，要先奠定数字化和智能化的基础，加速布局数字化新型基础设施对于构建高水平的金砖创新基地至关重要。金砖国家应聚焦数字化和智能化的难点、热点问题，以项目为牵引，聚合政府、产业和行业各方力量，推动项目合作。

能源是金砖国家合作的重要领域，推进能源清洁、低碳转型是大势所趋，世界主要国家包括"金砖五国"都在朝这个方向努力。金砖创新基地可在能源信息交流、能源能力建设等方面积极探索。技术创新合作是未来金砖合作一个非常重要的抓手。新技术的应用能使更多人享受智能便利的公共服务。创新需要新技术、新突破，并开发新的业务模式、新市场，或者已有技术应用的新模式。金砖国家的许多新技术有很大潜力，如可再生能源技术，能够不断地推动可持续发展。在过去的 10 年中，太阳能成本已大大降低，有利于促进能源结构转型，使产业向低排放发展路径转变。此外，新技术正在造福人类，尤其是医疗健康和教育领域。

位于厦门的金砖创新基地，将会积极促进金砖国家在数字技术、基础设施、生物医疗、清洁能源等领域的项目合作。充分发挥厦门的经济特区与自由贸易试验区迭代升级的政策优势，以及"海丝"与"陆丝"交汇枢纽的区位交通优势，积极推动金砖国家项目交流与合作，将金砖创新基地打造成金砖国家互学互鉴、互利共赢的民心之桥。

[①] 孙楠、骆飞：《王毅出席金砖国家外长会晤》，《人民日报》2021 年 6 月 2 日。

（二）推进多边合作项目研究，促进各方务实合作

金砖国家的合作助力全球经济治理体系变革。作为经济全球化的受益者，金砖国家拥有广泛的共同利益，是推动全球经济治理体系变革的重要力量。近年来，金砖国家就维护多边贸易体制、支持世贸组织进行必要的改革、反对单边主义和保护主义、保持市场开放、为维护发展中成员权益发出共同声音。金砖国家在合作领域的沟通与协调有助于提升新兴市场和发展中国家在全球经济治理体系中的影响力和话语权，推动国际秩序朝着更加公正合理的方向发展。[①] 金砖国家不断拓展经贸财金合作，机制日益完善，成果不断积累，并在疫情背景下焕发出新的生机活力。金砖国家拥有广阔的国内市场、充裕的政策空间，随着经贸财金领域合作不断深化，金砖国家完全有能力克服疫情影响，化危为机实现高质量发展，再次拉动世界经济增长。

金砖国家加强经贸务实合作，共建"一体化大市场"，不仅能够保障当前关键物资供应，助力各国尽快战胜疫情，还将进一步扩大贸易往来，为金砖国家经济复苏提供动力，为维护全球产业链、供应链安全顺畅运行，推动世界经济早日走出阴霾夯实基础。面对严峻复杂的国际经济环境，各成员在深化内部合作的同时，要完善"金砖＋"合作机制，积极帮助广大发展中国家和最不发达国家，在相关领域开展能力建设、经济技术等合作，让金砖经贸合作成果在更广阔的范围内"促发展、利企业、惠民生"，不断增强各国发展韧性和应对风险能力。

金砖国家新工业革命伙伴关系是金砖国家着眼未来、谋求跨越式发展的标志性合作项目，是下一个阶段金砖经济合作的一个重要抓手。众多新产业、新业态、新模式不断涌现，金砖成员要敢于先行先试，加快新工业革命伙伴关系建设，聚焦5G、大数据、人工智能、云计算等数字经济领域，加强战略对接、信息交流与经验分享，推动经济贸易结构转型升级，为成员国

---

① 田士达：《金砖合作铸就"金色未来"》，《经济日报》2020年11月17日。

经济高质量发展提供坚实支撑。

金砖创新基地打造金砖务实合作旗舰项目，将会全面提升金砖机制的"含金量"。随着新发展格局不断优化，中国开放的大门越开越大，必将为包括金砖国家在内的世界各国拓展发展机遇，开辟互利共赢的光明前景。[①]厦门拥有产业优势，拥有平板显示、计算机与通信设备、机械装备、旅游会展、现代物流、软件和信息服务、金融服务、文化创意等八条千亿级产业链群，形成了光电、软件、生物与新医药等国家级产业基地。这些产业优势契合了金砖其他国家的技术诉求，有望形成高质量、可持续的工业化生产服务能力。因此，金砖创新基地通过发挥这些产业优势，加强对金砖国家的多边合作项目的研究，将会有效促进各方务实合作，为金砖国家项目合作提供广阔而又坚实的平台。

四 将金砖创新基地发展成为金砖国家新工业革命的技术培养与人才储备平台

当今全球经济日益由技术和知识驱动，新工业革命的冲击不再局限于相关产业领域，还给各国带来了对高技术人才的高要求和多需求。为此，金砖国家应继续推进和深化彼此间的交流与合作，加大对相应行业技术人员的培训力度，建立人才储备平台。一方面，有利于促成世界人才流动的方向更加多元，改变一定时期内世界高端人才从发展中国家单向流往发达国家的趋向，吸引更多优秀科研人才前往金砖国家，为金砖国家的未来发展积蓄最重要的智力财富；另一方面，有利于聚集金砖国家人才，同步调地进行相关技术创新，使金砖国家能高效地应对新工业革命带来的技术冲击。金砖创新基地通过建立技术培训交流平台、人才储备平台，不断增强对金砖国家新工业革命的技术供给与人才保障。

[①] 郑归初：《全面提升金砖机制"含金量"》，《学习时报》2020 年 12 月 4 日。

（一）加强金砖国家产学研联系与互动，共同推进技术创新

近年来，人类社会经济伴随技术的迅猛发展而快速改变，一些"前沿技术"如人工智能、机器人、生物技术和纳米技术等的涌现，产业更替与升级步伐逐步加快。这些技术突破与交流在一定程度上助推了人类社会的健康发展，2020 年新型冠状病毒疫苗的加速研发突显了这一点。以往的技术变革往往是发达国家领跑，其他国家追随，造成了发达国家与发展中国家之间的发展差距不断加大。在这次新工业革命的技术创新面前，金砖国家应迎头追赶，尽可能地通过技术创新实现弯道超车。

这一次新工业革命领域的技术创新与过去不同，更加注重核心技术领域的原创性。以往新兴市场国家的企业常常走"模仿创新"或"复制创新"的路径，从而在某个领域迅速取得一席之地，进而挑战发达国家企业的传统优势领域。在中国，制造业领域合资企业的创新卓有成效。在巴西，引进和研发世界领先技术，使企业在自然资源和航空航天领域的发展居世界前列。在印度，本土企业在医药和信息科技领域成为技术引领者。[①] 然而，在国际经济全球化脚步加快的背景下、在争夺新工业革命领域制高点的竞争中，发达国家限制技术出口，阻碍与新兴市场和发展中国家的先进技术合作。为此，金砖国家只能依靠自身创新。在新技术研发投入巨大的压力下，独自创新，面临的困难不断增加，尤其是对于一些较大的技术创新课题，已不是单独某个企业甚至单个国家能够完成的，需要联合协作创新。

为此，金砖国家应加强协作，强化产学研联系与互动，充分发挥新工业革命伙伴关系的优势，共同推进技术创新。金砖创新基地通过创新赋能，不断实现优质资源集聚；通过发挥多区叠加优势，深化与金砖国家在数字、新能源、新材料等高新技术领域的合作，建设具有国际影响力的科技创新中心；通过升级现有高新技术产业园区，构建金砖国家产业创新合作网络，打造金砖合作产学研要素资源汇聚区、高端产业示范区、国际创

[①] 埃德蒙·阿曼：《新兴市场国家的创新秘诀》，《人民日报》2013 年 8 月 7 日。

客中心、工业互联网应用中心等，为金砖国家技术创新营造良好的基础环境；通过整合省内相关地市力量共同参与，强化基础设施互联互通、产业协同和规则衔接，共同提升城市能级和综合竞争力，打造都市圈高质量发展的样板、参与国际合作与竞争的高地。同时，金砖创新基地将借鉴国家赋予海南、深圳、浦东等地的支持鼓励政策，争取在厦门率先开展金砖国家合作的相关试点示范；充分利用厦门现有产业基础优势，聚集金砖国家研发团队，联合实现新兴产业领域的技术创新，使金砖国家自身拥有新工业革命领域的核心技术。

（二）共同培养与开发相关人才，建立相关专业人才储备库

由于与新工业革命相应的技术日新月异的发展，世界各国都同样面临人才短缺的严峻挑战，发展中国家表现得尤为严重。因此，培养、开发与储备人才具有重要意义。金砖国家应充分利用人力资本充裕（人口众多）的优势，集中力量，共同开发和培养新工业革命领域所需的人才，建立专业人才储备库，加强金砖国家人才共育共用，为金砖国家相关产业的发展奠定人才基础。

金砖合作包括政策协调、项目开发和人才培养三大板块。金砖创新基地将在人才培养方面发挥更大作用。金砖创新基地应充分利用厦门经济特区、自由贸易试验区、国家自主创新示范区以及综合配套改革试验区等政策优势，整合现有分散的各种合作机制和制度安排，争做金砖国家合作机制创新，尤其是在人才引进、人才合作领域制度创新的"试验田"。积极争取教育部、人力资源和社会保障部、科技部等相关部委支持厦门建设国际教育示范区，推动金砖国家高校合作办学，鼓励联合共建优势学科、实验室和研究中心，实施灵活的访问学者和交换生政策。鼓励实施金砖国家人才在厦便利通行政策和优化管理措施，为我国人员赴金砖国家开展商务、科研、专业服务等提供便利的签证服务。积极支持符合条件的金砖国家专家、创新人才和技能人才在创新基地就业创业，探索有利于人才发展的政策和机制，加快创建国际化人才特区。发挥厦门中西文化交融荟萃的人文优势，深化金砖国家

在各方面的交流，培养合作人才，促进民心相通。在科技、金融、文化、人才交流等领域开展一批标志性的项目和建设有影响力的平台，对接全球创新资源和网络，不断汇聚金砖技术流、人才流、资金流、物资流、信息流。积极整合相关资源，建设金砖创新基地产业应用人才交流与培训平台。携手国家有关部门建设金砖国家工业能力提升培训基地、举办金砖技能人才培养创新论坛、建设国际城市间产业应用人才创新中心、搭建国际产业人才成果展示交易平台、建设金砖国家工业能力提升培训基地，加强职业教育和尖端技术人力资源开发合作，推进金砖国家职业资格国际互认，进一步扩大厦门在产业技能人才国际创新应用方面的"朋友圈"。

金砖创新基地将会继续围绕工信部与厦门市政府排定的 21 个金砖工业创新合作项目展开，涵盖人工智能、绿色制造、智能城市、数字化转型、健康医疗、防疫抗疫等众多前沿领域，通过前沿科技领域的合作，在推进项目合作深入的同时，不断培养与蓄积人才。充分汇集与发挥厦门的教育资源优势，积极与"金砖＋"国家开展政策协调、人才培养等领域合作，为金砖国家提供高质量教育和培训服务。在厦门大学等 5 所院校探索建立"金砖工业能力提升培训基地"，联合开展金砖国家人才培养。推进科研合作深入开展，发挥多方优势，整合各国资源，建立政校企合作长效机制，不断聚焦金砖人才，携手打造定制化、终身化教育培训体系，为金砖国家新工业革命积蓄相应人才。

站在世界百年未有之大变局、构建人类命运共同体的高度，金砖创新基地将为金砖国家新工业革命积极探索技术人才培养与储备交流机制，建立多元主体参与的金砖人才培养平台。通过金砖创新基地打造开放包容的金砖人才培养生态模式，进一步增强各国民众的认同感、亲近感与紧密感，将金砖创新基地打造成为金砖各国合作的重要桥梁和纽带。

福建省及厦门市与金砖国家合作情况

一 福建省与金砖国家的合作基础

福建是我国对外开放程度较高的省份之一，各领域国际合作在全国处于领先位置。近年来，随着"一带一路"倡议的实施，福建省作为海上丝绸之路的起点之一，进一步拓展了国际合作的广度与深度。其中，与金砖国家之间的广泛合作已经构成了福建省对外开放的重要内容，为金砖国家新工业革命伙伴创新基地（以下简称"金砖创新基地"）的建设提供了良好的基础。

（一）福建省与金砖国家的经贸合作基础

福建省与金砖国家之间存在良好的进出口贸易往来基础，在 2017 年金砖国家领导人厦门会晤后更是发展迅速。2018 年 1～7 月福建省从金砖国家进口额达 310.7 亿元，占福建省进口总额的 11.2%；对金砖国家出口额为 254.0 亿元，占福建省出口总额的 5.9%。纵向对比，尽管受新冠肺炎疫情影响，2020 年 1～7 月福建省从金砖国家进口额仍增至 384.5 亿元，占福建省进口总额的比重增至 12.8%；出口额有所减少，为 192.2 亿元，占福建省出口总额的 4.4%。在进出口总额上，即便受疫情影响，福建省对金砖国家的进出口总额仍然从 2018 年 1～7 月的 564.7 亿元增至 2020 年 1～7 月的 576.7 亿元（见图 1、图 2）。

在贸易往来中，福建省和金砖国家发挥各自比较优势，形成有效的互补互利。在行业上，福建省充分利用民营经济先发优势，对金砖国家的出口主要涉及纺织服装、家具、箱包、鞋类等劳动密集型产品以及机电产

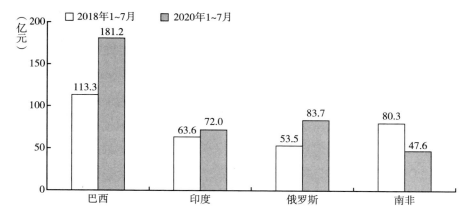

图1 福建省从金砖国家进口额比较

资料来源：福建省商务厅网站，https：//swt. fujian. gov. cn/。

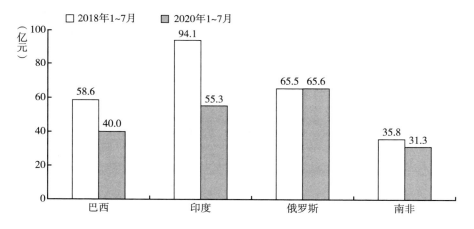

图2 福建省对金砖国家出口额比较

资料来源：福建省商务厅网站，https：//swt. fujian. gov. cn/。

品。在进口行业上，福建省利用金砖国家资源丰裕的特征，主要从金砖国家进口铁矿砂、锰矿砂和煤等资源类产品，使之有效满足省内经济发展的资源需求。因而，在贸易上，福建省与金砖国家之间的关系是合作大于竞争，双方长久以来的进出口贸易发展既能充分发挥各自的产业优势，又能为各自的经济结构优化提供要素及产品支撑。在具体的国别贸易合作典型案例中，2019 年，福建省与俄罗斯就茶叶和汽配等优势产业开展专项贸易对接，促成多家企业和俄罗斯达成合作协议，促进福建省茶叶和汽配等对俄罗斯的出口；2020 年，福建国航远洋集团与俄罗斯埃尔加煤炭公司达成战略合作，极大促进了福建省从俄罗斯的煤炭进口。在与巴西的贸易合作中，福建省借助巴西华侨人数众多的优势，积极推动与闽籍华侨企业的合作，以引进华侨企业家和组团赴巴西交流考察的方式推动贸易合作，推动巴西成为福建省在南美洲最大的贸易伙伴。在对印度的合作中，福建省泉州市通过与印度金奈市建立友城关系来推动双方文化贸易、服务贸易的发展；通过政府间友好关系，福建省石材企业在印度泰邦境内设立 70 多家贸易公司，推动石材贸易的广泛合作。

在进出口贸易发展的积极推动下，福建省与金砖国家之间的双边投资合作开始兴起。2017 年，福建省位于莆田市的风电项目成为首个获批利用金砖国家新开发银行贷款的投资项目，标志着与金砖国家间投资合作的良好发展势头。在此基础上，福建省多次赴金砖国家开展招商引资洽谈会，有效地推动了金砖国家优质资本来闽投资。比如，2017 年，福建省在厦门市举办"走进金砖国家——福建与巴西企业合作交流会"；2019 年，福建省在印度举办"中国·福建—印度经贸合作推介会"；2020 年，福建省分别与俄罗斯和南非合作开展"中国·福建—俄罗斯经贸合作在线推介会""中国·福建—南非经贸合作线上推介会"，互推合作项目并推出优惠政策措施，为吸引金砖国家企业投资提供了基础条件。福建省商务厅数据显示，截至 2019 年底，南非在福建省投资 36 个项目，印度在福建省投资项目 52 个，这些项目的运行为福建省持续引进金砖国家外资提供了良好的基础。

在双边投资合作的基础上，福建省对金砖国家的投资发展更为迅速。在国家"走出去"和"一带一路"倡议的助推下，福建省成为我国对外投资的主要输出地，其中不乏对金砖国家的重大投资项目。在对巴西的投资中，典型的项目有中国电建集团福建工程有限公司承建的输电工程项目，展现了福建省和巴西发挥彼此优势开展基础设施投资合作的良好基础。在对印度的投资中，福建省的典型投资项目特征是组织优势中小民营企业入驻中印境外经贸合作区，体现出利用产业优势的投资合作基础。在对俄罗斯的投资中，典型的项目有以福耀集团为代表的领头民营企业的产能转移，彰显福建省企业对俄罗斯产能投资合作的良好基础。在对南非的投资项目中，福建省的典型项目涉及多个行业，包括钢铁制造、建材生产、塑料加工和贸易中介等传统优势行业，为双边投资合作奠定扎实基础。福建省商务厅数据显示，截至2019年底，福建省在南非设立的境外企业机构为20家，在印度设立的境外企业机构为22家，这些企业机构在金砖国家当地的发展将成为福建省对金砖国家投资合作的扎实基础。

（二）福建省与金砖国家的科技创新合作基础

科技创新历来是金砖国家之间合作的重点议题，2014年，金砖国家举行了首届科技和创新部长级会议，探讨通过科技创新领域的战略伙伴关系推动公平增长和可持续发展，并确定了金砖国家科技创新框架的主要合作领域，我国也以多种形式积极开展与金砖国家之间的科技合作。2016年和2017年，金砖国家科技创新部长级会议分别签署了事关科技创新合作的《金砖国家政府间科技创新合作谅解备忘录》和《金砖国家创新合作行动计划》等文件，为金砖国家间开展科技创新合作达成了多方共识并提供了基本框架。中国国家自然科学基金委员会也专设与金砖国家科技创新框架合作计划的项目，为我国和金砖国家进行基础科学创新合作提供务实性的支持。2020年，科技部发布了"政府间国际科技创新合作"重点专项2020年度金砖国家应对新冠肺炎疫情联合研究项目，进一步为我国和金砖国家在疫情防控科技创新合作上提供了基础。

2012~2019年，福建省对科技创新的重视程度迅速提升，在科技创新上的财政投入不断增加（见图3），为与金砖国家之间建立更广泛的科技创新合作创造了基本条件。在总体上，福建省高度重视与金砖国家之间的科技创新合作，支持省内机构与金砖国家的科技合作项目是近年来福建省科技厅对外合作项目的重点方向。2019年，在福建省福州市召开的金砖国家智库国际研讨会以"金砖国家科技创新合作"为主题，通过与金砖国家专家学者的深入交流来推动科技创新合作各项举措的落实，为福建省与金砖国家开展务实性的科技创新合作提供了软环境和智力基础。

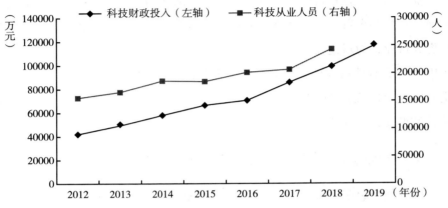

图3　2012～2019 年福建省科技财政投入和从业人员的发展趋势

注：统计年鉴中未列出 2019 年科技从业人员数据。
资料来源：2013～2020 年《福建统计年鉴》。

落实到具体的国别，福建省与金砖国家之间已经创造了扎实的科技创新合作基础。在与南非的科技创新合作中，福建省计量科学研究院在 2016 年已与南非国家计量研究院签订技术合作框架协议，为双方在计量研究高端技术领域的长期合作创造了条件。在与俄罗斯的科技创新合作中，福建省跨境电商考察团于 2017 年赴俄开展交流访问，就跨境支付、物联网等领域的科技创新合作达成了基本共识。在与印度的科技创新合作中，福建省电子信息集团组织省内知名电子信息企业于 2019 年赴印开展电子信息产业科技创新合作的考察访问，双方在区块链应用、云计算等多个领域达成创新合作基本意向。

（三）福建省与金砖国家的教育和人才交流合作基础

教育和人才交流也是金砖国家合作的重要议题，联合国教科文组织在 2013 年与"金砖五国"达成一致，支持教育和人才交流合作。截至 2021 年 12 月，金砖国家教育部长会议已成功举办八届，通过了多份合作宣言，为教育和人才交流可持续性合作奠定了基调。国际化是教育发展的未来方向，金砖国家利用各自在高等教育上的优势，不断推动各个层次的人才交流合作，合作领域包含本科、研究生以及成人教育等多个层面。在此框架下，我国与金砖国家之间的人才教育合作不断深化，教育部数据显示，在来华留学生源国中，印度和俄罗斯稳居前十的位置，巴西和南非的留学生数量在近年来也不断增加。

近年来，福建省高度重视教育国际化发展，通过"引进来"、"走出去"以及合作办学的方式与国外开展教育和人才交流合作，一方面引进国外留学生，培养国际合作人才，另一方面推动教育机构积极"走出去"，开展国际交流合作。这种国际合作也体现在与金砖国家之间的教育和人才交流合作方面，并在近年来不断取得新的进展，多所高校与金砖国家建立了教育和人才交流合作关系。其中，在与俄罗斯的合作中，福州大学、三明学院等分别与俄罗斯两所高校签署了校际合作备忘录，致力于福建与俄罗斯之间的教育人才交流合作。在与南非的合作中，福建农林大学于2013年在南非开设孔子学院，并于2017年和南非在福州合办中非发展合作研讨会，推动人才教育合作；武夷学院与南非地方政府签署合作协议，推动南非学生来校留学。在与印度的合作中，闽南师范大学、泉州师范学院等都曾与孟买大学等印度高校进行交流合作，并签署相关合作协议文本或备忘录，并推广汉语文化教育合作。

二　厦门市与金砖国家的合作基础

厦门作为福建副省级城市，同时也是中国改革开放的"排头兵"，各领域国际合作位于福建省乃至全国的领先地位。随着"一带一路"倡议的不断推广和深入实施，厦门市成为中国深度参与国际合作、与金砖国家各成员国共建"一带一路"的重要节点城市。从20世纪90年代举办的"投洽会"开始，到2017年9月举办的金砖国家领导人第九次会晤，厦门以中国发展模式较有代表性的城市形象出现在世界舞台，这为建设金砖创新基地奠定了坚实的基础。

（一）厦门市与金砖国家的经贸合作基础

近年来，厦门市与金砖国家不断加强经贸合作，尤其是 2017 年金砖国家领导人厦门会晤之后，彼此经贸往来变得更加密切。近年来，厦门市与金砖国家的进出口贸易呈现持续向好的趋势。2019 年，厦门市对金砖国家的出口额为 196.81 亿元，同比增长了 1.8%；从金砖国家的进口额高达 366.95 亿元，同比大幅增长 18.8%；对金砖国家的进出口总额为 563.76 亿元，同比增长 12.2%，占当年厦门市进出口总额的 8.8%。2020 年，厦门市对金砖国家的出口额为 170.43 亿元，同比下降了 13.4%，这主要归因于疫情明显阻碍了国际贸易往来。然而，即便在疫情的强烈冲击下，2020 年厦门市从金砖国家的进口额仍然高达 439.18 亿元，比 2019 年大幅增长 19.7%；对金砖国家的进出口总额为 609.61 亿元，比 2019 年增长了 8.1%，占当年厦门市进出口总额的 8.81%。此外，2021 年第一季度，厦门市对金砖国家进出口总额已经达到了 141 亿元，同比增长 10.3%；其中，出口额为 48.1 亿元，同比增加 19.6%；进口额为 92.9 亿元，同比增长 6.1%（见图 4、图 5），这说明 2021 年厦门市与金砖国家的经贸合作已经呈现不断加强的良好发展态势。

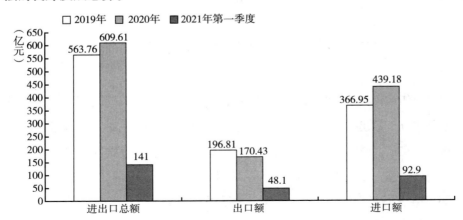

图 4　2019 至 2021 年第一季度厦门市对金砖国家进出口总额的变动情况

资料来源：厦门海关网站，http://xiamen.customs.gov.cn/。

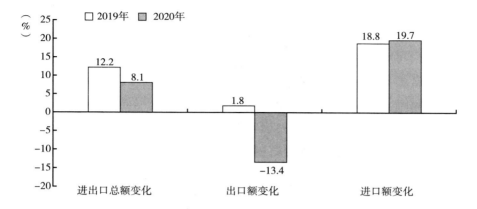

图 5　2019～2020 年厦门市对金砖国家进出口增幅的变动情况

资料来源：厦门海关网站，http://xiamen.customs.gov.cn/。

从国别市场分布来看，厦门市与金砖国家经贸合作的程度存在明显差异。以 2020 年为例，厦门市与巴西经贸合作的规模最大，进出口总额高达199.78 亿元，占厦门市与金砖国家进出口总额的 32.78%；与俄罗斯、印度经贸合作的规模次之，进出口总额分别为 170.06 亿元和 149.56 亿元，分别占厦门市与金砖国家进出口总额的 27.90% 和 24.53%；与南非经贸合作的规模排名最后，进出口总额为 90.21 亿元，占厦门市与金砖国家进出口总额的 14.80%（见图 6）。

从经贸合作的商品结构来看，厦门市与金砖国家充分发挥自身优势，结合双方实际发展需要，通过加强经贸合作程度、拓展经贸合作形式，形成相辅相成的共赢局面。厦门市对金砖国家进出口贸易主要涉及的商品种类比较丰富，从主要出口商品来看，厦门市充分发挥自身产业优势，对巴西出口机电产品、液晶显示板、服装、钢材、电工器材、纺织纱线等主要商品；对俄罗斯出口的主要商品包括机电产品、服装、高新技术产品、鞋靴、钢材、液晶显示板、农产品、体育用品等；对印度出口的主要商品包括机电产品、高新技术产品、电工器材、钢材、纺织纱线等；对南非出口的主要商品包括服装、机电产品、鞋靴、纺织纱线、高新技术产品、电工器材等。从主要进口商品来看，厦门市紧密结合实际发展需要，积极从金砖国家进口种类丰富的

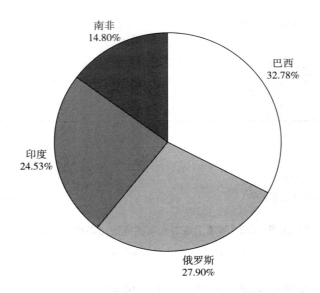

图6　2020年厦门市与金砖国家经贸合作国别分布情况

资料来源：厦门海关网站，http://xiamen.customs.gov.cn/。

商品。例如，厦门市从巴西主要进口的商品包括金属矿及矿砂、农产品、大豆、纸浆、牛肉等；从俄罗斯主要进口的商品包括煤及褐煤、木及其制品、锯材、农产品、食品、纸浆、水产品、金属矿铜材等；从印度主要进口的商品包括铁矿砂及其精矿、纺织纱线、初级形状的塑料、钢材、农产品、食品等；从南非主要进口的商品包括金属矿及矿砂、纸浆、纸及其制品等（见表1）。厦门市与金砖国家通过上述商品多元化的进出口贸易合作，积极有效地拓展了彼此间经贸合作的广度与深度，为创建金砖创新基地打下扎实的经贸合作基础。

表1　厦门市对金砖国家进出口的主要商品类型

国别	主要出口商品	主要进口商品
巴西	机电产品、液晶显示板、服装、钢材、电工器材、纺织纱线等	金属矿及矿砂、农产品、大豆、纸浆、牛肉等
俄罗斯	机电产品、服装、高新技术产品、鞋靴、钢材、液晶显示板、农产品、体育用品等	煤及褐煤、木及其制品、锯材、农产品、食品、纸浆、水产品、金属矿铜材等

续表

国别	主要出口商品	主要进口商品
印度	机电产品、高新技术产品、电工器材、钢材、纺织纱线等	铁矿砂及其精矿、纺织纱线、初级形状的塑料、钢材、农产品、食品等
南非	服装、机电产品、鞋靴、纺织纱线、高新技术产品、电工器材等	金属矿及矿砂、纸浆、纸及其制品等

资料来源：厦门海关网站，http：//xiamen. customs. gov. cn/。

　　在双边投资合作领域，厦门市与金砖国家大力推进企业投资活动，积极实施"走出去"和"引进来"，取得了一系列显著成效。从"走出去"的实施情况来看，截至 2021 年 3 月，厦门市累计备案对金砖国家的境外投资企业项目为 28 个，占厦门市累计对外投资总项目的 1.75%，主要涉及制造业、批发和零售业；总协议投资额为 6496.81 万美元，占厦门市累计对外投资总协议投资额的 0.29%，其中中方协议投资额为 5825.25 万美元，占厦门市累计对外投资中方协议投资额的 0.34%。① 由此可见，厦门市对金砖国家的投资项目较多，但整体体量相对较小，未来仍然需要进一步提高。从"引进来"的实施情况来看，截至 2020 年，金砖国家在厦门市累计设立外资企业 89 个，合同外资 4651 万美元，实际使用外资 321 万美元，分别占厦门市累计设立外资企业、合同外资和实际使用外资的 0.6%、0.07% 和 0.01%。2021 年 1~8 月，金砖国家在厦门市累计投资了 17 个项目，合同外资 162 万美元，实际使用外资 18 万美元，均来自印度。上述金砖国家在厦门市的投资主要为小型企业，总体规模较小，实际到资企业较少，主要涉及进出口、批发贸易、餐饮、文化传播、教育咨询等行业。此外，厦门市对外开放合作也取得了骄人成绩。2021 年 1~6 月，厦门市累计外贸进出口总额为 4081.47 亿元，其中出口额为 1988.36 亿元，进口额为 2093.11 亿元；合同利用外资 242.05 亿元，实际使用外资 145.81 亿元。中欧（厦门）班列的开通，直接提升了厦门市连接欧洲及部分金砖国家的便利性。总体而言，

---

　　① 本段数据都来自厦门市统计局网站，http：//tjj. xm. gov. cn/。

厦门作为中国重要港口城市和中国（福建）自贸试验区的组成部分，将更加具有加强与金砖国家经贸往来的基础与优势。

（二）厦门市与金砖国家的科技创新合作基础

近年来，厦门市坚持创新发展战略，积极加大重点领域研发投入力度，把创新驱动作为发展的主引擎，提高自主创新能力，促进产业加快发展，这为厦门市与金砖国家开展科技创新合作奠定了良好的基础。"十三五"期间，厦门市科技创新投入力度不断加大，从 2015 年的 18.58 亿元增加到 2020 年的 41.21 亿元，占全市财政支出的比重从 2015 年的 2.8% 提高到 2020 年的 4.2%。R&D 经费实现较快增长，2019 年 R&D 经费投入达到 177.66 亿元，占厦门市 GDP 的 2.96%。近年来，厦门市自主创新能力有效提升，截至 2020 年底，厦门市每万人有效发明专利拥有量达到 37.93 件，比"十二五"末增加 23 件以上。[①]

"十三五"期间，厦门市累计 16 项成果获得国家科学技术奖，287 项成果获得省科学技术奖，支持转化高新技术成果项目 736 项，培育出国产首支宫颈癌疫苗、全国首辆商用级无人驾驶巴士等一批标志性自主创新成果，累计促成技术交易 23000 多项，合同金额近 400 亿元。与此同时，厦门市高技术产业实现了快速发展，建立健全了"科技型中小微企业—市级高新技术企业—国家高新技术企业—科技小巨人领军企业"的"全周期"梯次培育体系，出台了一系列高新技术企业专项培育政策，累计培育认定国家高新技术企业 3222 家次，实现净增加国家高新技术企业超过 1280 家、省级科技小巨人领军企业 733 家、国家级专精特新"小巨人"企业 49 家。[②] 截至 2020 年底，全市资格有效国家高新技术企业 2282 家，占全省 35.1%；高科技种苗业发展成效突出，全市农作物种子种苗产值 5 亿元，蔬菜工厂化育苗产量 2.5 亿多株，销售总额和产量均超过 2015 年的 2 倍；

---

① 《厦门经济特区年鉴—2021》，中国统计出版社，2021。
② 厦门市统计局网站，http://tjj.xm.gov.cn/。

工业高技术产业韧性足，2020 年高技术制造业占规上工业增加值的 39.8%，增长 8.9%，高于规上工业增幅 2.9 个百分点；数字经济活力较强，线上网络零售额比上年增长 22.5%，高于全省平均水平 8.3 个百分点，为厦门市经济社会发展提供了有力支撑，有效推动了厦门市经济高质量发展进程。①

（三）厦门市与金砖国家的教育和人才交流合作基础

近年来，厦门市不断加强与金砖国家在教育和人才交流领域的合作，积极探索与丰富交流合作的形式、内容，拓展深度和广度，为彼此在教育和人才交流方面的可持续性合作巩固基础，并以此进一步推动金砖创新基地的建设。厦门市拥有丰富的教育资源，尤其在高等教育方面具有较强优势。截至 2020 年底，厦门市拥有包括厦门大学、厦门理工学院、华侨大学、集美大学在内的普通高等学校 16 所，学年初招生数为 5.88 万人，在校学生数为 18.86 万人。② 其中，厦门大学是中国经济研究的知名学府，经过长期的发展积淀，厦门大学在南南合作、国际经贸合作、国际金融合作、国际发展合作、国际问题研究等领域已经具有了雄厚的研究基础，这为金砖创新基地的建设提供了良好的教育和人才交流基础。

多年来，厦门市始终积极加强与金砖国家的人文交流，尤其是 2017 年金砖国家领导人第九次会晤后，厦门市更进一步加大了与金砖国家的交流合作力度。在与印度的人文交流方面，印度每年约有 60 名留学生到厦门市攻读临床医学学士学位；2018 年 4 月 17 日，时任厦门市副市长的韩景义会见时任印度驻广州总领事唐施恩；2019 年印度奥里萨邦比朱人民党代表团应邀访厦出席"厦洽会"；2020 年首个"国际茶日"，厦门市与印度青年领袖联合会、茶叶协会、贸工商会等进行线上茶话会。在与俄罗斯的人文交流方面，厦门市在 2017 年首次开通了直达莫斯科的中欧班列，于 2020 年开通了

---

① 厦门市统计局网站，http：//tjj. xm. gov. cn/。
② 《厦门市 2020 年国民经济和社会发展统计公报》，厦门市统计局网站，2021 年 3 月 19 日，http：//tjj. xm. gov. cn/tjzl/ndgb/202103/t20210319_ 2625973. htm。

到莫斯科的直航航班，这为双方教育和人才交流合作提供了交通便利性；2018 年 5 月 18 日，时任厦门市市长市庄稼汉会见俄罗斯鞑靼斯坦共和国总统明尼哈诺夫一行；2018 年 9 月 10 日，俄罗斯联邦卡累利阿自治共和国行政长官代表团参观厦门大学；2020 年 9 月 9 日，俄联邦驻华商务代表在厦洽会期间举办"俄罗斯鞑靼斯坦共和国专场推介会"，同喀山市建立官方联系，参加喀山举办的"金砖国家友好城市暨地方政府合作在线论坛""喀山数字周"线上市长圆桌会议等，俄罗斯亚洲工业家和企业家联合会在厦门市设立联络点，并签署友好合作备忘录，邀请俄罗斯评审代表参加厦门国际芭蕾舞比赛，俄罗斯列宾美术学院在厦合作办展，加强文艺互动合作；2021 年 6 月 24 日，厦门市外办以视频会议方式出席在俄罗斯喀山举行的第 17 届世界历史都市联盟大会；2021 年 7 月，黄晓舟副市长拜会俄罗斯联邦驻华商务代表达阿列克谢・赫诺夫斯基。在与南非的人文交流方面，2019 年，厦门市与南非德班市就建立友好城市达成共识；2019 年 12 月 12 日，厦门市委副书记陈秋雄与南非德班市市长卡翁达举行会谈，中国海关总署与南非税务署签署厦门海关、德班海关关际合作协议；2020 年 4 月 26 日，厦门市向南非德班市捐赠 5 万枚普通医用口罩，促成国际抗疫合作；2021 年 4 月 21 日，厦门市外办拜会南非驻沪总领事何安娜，推介金砖创新基地；2021 年 6 月，德班市应邀以线上形式参加第七届中国（厦门）国际休闲旅游博览会，为两地开展旅游合作进行预热。在与巴西的人文交流方面，2013 年，厦门市与伊瓜苏市成为友好交流城市，两市官方和民间互动频繁，在旅游推介、马拉松赛事等方面开展了形式多样的交流；2017 年，厦门广播电视集团赴巴西拍摄《走进金砖国家》系列报道，得到伊瓜苏市政府的大力支持；2018 年 1 月，巴西伊瓜苏市运动员参加厦门国际马拉松赛；2020 年，厦门市为伊瓜苏市捐赠 1 万枚 N95 医用口罩，支持伊瓜苏市抗疫工作；2021 年 7 月，黄晓舟副市长拜会巴西驻华大使保罗・瓦莱；2021 年 7 月，厦门—巴西福塔莱萨首次视频交流会开启两市交流新篇章。

长期以来，厦门市政府积极将"走出去"和"引进来"相结合，极力打造厦门市文旅品牌在金砖国家的线上展示窗口，以此间接促进教育和人才交流。2017 年 9 月，在金砖国家领导人厦门会晤期间，厦门市配合文化和旅游部举办"金砖国家文化节"，组织举办了多场演出活动；2017 年 11 月，厦门市政府组团赴巴西举办以"清新福建·美丽厦门"为主题的旅游推介活动，并拜访了伊瓜苏市旅游局和当地旅行商；2018 年 1 月，厦门市小白鹭民间舞艺术中心派出演员随中共福建省委宣传部展演团赴南非开展以"中国茶文化"为主题的交流演出；2018 年 6 月，厦门市政府组织的以"清新福建·魅力厦门"为主题的旅游推介会在南非开普敦成功举办；2018 年 8 月，厦门市政府组团赴俄罗斯开展旅游宣传推介，并在圣彼得堡和莫斯科分别举办了以"您喜欢的厦门"为主题的旅游推介活动，同时，推介团拜访了俄罗斯联邦莫斯科对外经济与国际关系局，与俄罗斯联邦对外经济与国际关系局、国航驻莫斯科办事处、中国国家文化和旅游部驻莫斯科办事处及当地多家大型旅行社开展深入的交流。此外，厦门市也积极借助举办大型旅游展会活动契机，多次邀请金砖国家旅行商来厦门市采风踩线。例如，2019 年 4 月，厦门建发国际旅行社邀请了 6 位俄罗斯旅行商来厦参加中国（厦门）国际旅游休闲博览会并采风踩线，深度体验厦门文化和旅游产品。

三　厦门市承建金砖创新基地的基础

（一）厦门市具备承建的优势

厦门市作为副省级城市、经济特区，以及东南沿海重要的中心城市，获批开发开放类国家综合配套改革试验区，目前已成为海峡两岸新兴产业和现代服务业合作示范区、东南国际航运中心、两岸区域性金融服务中心和两岸贸易中心。因此，厦门市承建金砖创新基地具备突出优势，主要可以概括为以下三点。

一是厦门市历史悠久，人文积淀深厚。所谓"厦门"，是作为象征性城名，表示所镇的土地是中国领土。明洪武二十年（1387 年）始筑"厦门城"，意寓中国之门，"厦门"之名自此列入史册。由于在古代，常有成群的白鹭栖息在厦门岛上，因此厦门又被称为"鹭岛"。厦门市现辖思明、湖里、集美、海沧、同安和翔安 6 个区。思明区是厦门最早的经济、政治、文化、金融中心。清朝初期，郑成功为了抗清复明而驻军厦门，后把厦门改为思明州；民国元年（1912 年），建制设思明县；新中国成立后，厦门市划分行政区域时，为了纪念民族英雄郑成功，把本区命名为思明区。湖里区是厦门经济特区的发祥地，是厦门最早的经济特区，后来特区才拓展到厦门全岛；1980 年，在禾山公社湖里大队划出 2.5 平方千米设立厦门经济特区；1987 年，厦门市成立湖里区。集美区在地理上称集美半岛，位居厦门市的几何中心和厦漳泉三角地带中心位置；集美区历史上分属同安县，同安县最大的河流是东溪，再向南的一段海峡，称浔江；集美是浔江西岸的末尾，因此原先人们称它为"浔尾"或"尽尾"，明朝有当地村民将其改为"集美"。海沧区全境位于海沧半岛，与厦门岛隔海相望，位于厦门本岛西面，2003 年 4 月 26 日由杏林区更名为海沧区，区名取自所辖的海沧镇。同安区别称"银城"，是厦门最大的行政区，是著名的侨乡和台胞祖籍地；同安一地古称大同，境内有座梅山，又名同山，古时东南沿海社会秩序不够安定，所以当时县名多寓有平安之意，遂将同和安字结合，设立同安县，后划分出同安区，有百姓"求同安共乐"之意。翔安区地处海峡西岸经济区最前沿，位于厦门市东部以北，东北与泉州市接壤，南部隔海与厦门岛、金门岛相望，居厦漳泉闽南"金三角"中心地带；古时翔安区被划为翔风里、民安里，后在两地名各取一字而得名，寓意腾翔安康。

二是厦门市经济基础厚实，经济活力充足，发展态势良好。厦门市GDP 在 2016 年、2018 年、2020 年分别突破 4000 亿元、5000 亿元和 6000 亿元大关。[①]"十三五"期间，厦门市 GDP 年均增加 515.42 亿元，比"十二五"时期年均增量多出 183.85 亿元，经济实力大幅提升。"十三五"期间，厦门市 GDP 年均增长率为 7.4%，在 2016～2020 年增速分别为 7.9%、

---

① 本段数据来自历年《福建统计年鉴》《厦门市政府工作报告》。

7.6%、7.7%、7.9%和5.7%，经济运行保持在合理区间，尤其是2020年，虽然受到疫情的影响，但厦门市统筹疫情防控和经济发展的成效显著，全年经济实现5.7%增长，在福建省排名第2，总体发展好于预期，顺利实现经济平稳增长目标。"十三五"期间，从全国层面来看，厦门市经济增速分别高出全国1.1个、0.7个、1.0个、1.9个和3.4个百分点，经济总体呈现稳中有进的良好趋势。从副省级城市层面来看，厦门市经济增速排名分别为第6、第10、第5、第1和第1，连续两年蝉联首位。从福建省层面来看，"十三五"时期厦门市经济增速从2016年低于全省0.5个百分点到2020年高出全省2.4个百分点，反超全省水平（见图7）。从产业结构来看，厦门市三次产业结构由2015年的0.6∶44.4∶55调整为2020年的0.4∶39.5∶60.1，第三产业比重提升了5.1个百分点，首度突破60%。从年均增速层面看，三次产业年均增长分别为0.4%、7.2%和7.6%，第三产业增长最快，高于同期GDP年均增速0.2个百分点。全市万元地区生产总值耗电为456.19千瓦时，比上年减少15.83千瓦时；万元地区生产总值耗水为6.85吨，比上年减少0.45吨。进一步来看，关于第二产业，2020年规模以上工业增加值增长6.0%，其中，外商及港澳台商投资企业增加值增长2.5%；轻工业增加值增长10.2%，重工业增加值增长3.7%；规模以上工业35个行业大类中有15个行业增加值实现增长；全市规模以上工业企业2343家，其中产值超亿元企业814家，合计产值占规模以上工业的91.1%。关于第三产业，2020年实现外贸进出口总值6915.77亿元，比上年增长7.8%；其中，出口3572.92亿元，增长1.2%；进口3342.85亿元，增长16.0%。一般贸易进出口总值为4798.14亿元，比上年增长13.1%，其中出口2091.21亿元，增长1.2%；进口2706.93亿元，增长24.3%。对台进出口贸易总值402.37亿元，比上年增长2.4%，其中对台出口125.16亿元，增长14.5%；进口277.21亿元，下降2.2%。新设外商投资企业987家，合同外资381.36亿元，比上年增长7.4%；实际使用外资166.05亿元，增长23.8%。引进千万美元以上企业91家，合同外资50.30亿美元，比上年增长2.9%；其中新设企业49家，合同外资32.86亿美元，增资企业42家，合同外资17.44亿美元。截至 2020 年底，已累计 63 个全球 500 强公司在厦门市设立外资企业 114 家，合同外资 41.21 亿美元，实际使用外资 36.3 亿美元；对外协议投资项目 115 个，投资额 14.2 亿美元，比上年下降 72.4%。

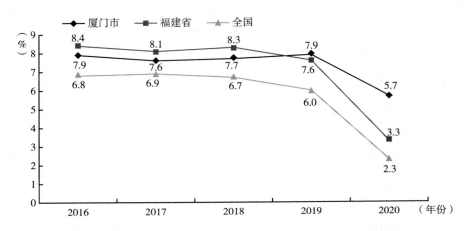

图 7　"十三五"时期厦门市与福建省、全国 GDP 增速情况比较

资料来源：2017～2021 年《中国统计年鉴》、2017～2021 年《福建统计年鉴》。

三是厦门市地理位置独特，区位优势明显。第一，厦门市位于中国东南沿海、福建省南部，北接泉州，南连漳州，地处闽南"金三角"中部，是我国长三角和珠三角之间经济最活跃度的城市之一。从珠三角国家中心城市广州到长三角国家中心城市上海的 1400 公里，厦门市是除了深圳市外沿海地区经济较活跃、经济发展较好的城市之一，是国家"十四五"规划粤闽浙沿海城市群中的核心城市之一，也是福建省委、省政府确定的闽西南城市群的中心城市。厦门市拥有对台的"地缘近、血缘亲、文缘深、商缘广、法缘久"的"五缘"优势，是中国大陆构建对台交流合作的最重要的前沿平台。这具体表现为地理上厦门市是祖国大陆距离台湾地区最近的城市，厦门市小嶝岛到小金门仅有 1200 米，厦门港距离高雄仅为 160 海里。厦门市是因我国台湾地区设立的经济特区，因此，厦门市最早开通到我国金门县的航线；厦门市是祖国大陆对台贸易中心，国家部委在厦门市设立了 20 多个对台交流合作基地，海峡论坛等涉台盛会影响力持续扩大。第二，厦门市具有优越的毗邻港澳的地缘优势。福建乡亲是在港第二大族群，人数达百余万人。厦门市和我国香港、澳门经贸联系密切，香港是厦门市重要的贸易伙伴，2018 年厦门市对香港进出口额 236 亿元，其中出口 233.9 亿元，香港是厦门市仅次于美国的第二大单一出口市场。香港也是厦门吸收投资的最主要来源地，截至 2021 年 8 月，香港累计在厦投资项目共 4772 个，合同外资402.08 亿美元，累计实际使用外资 196.82 亿美元，约占全市实际使用外资总量的 54.1%。[①] 香港还是厦门市企业对外投资的主要目的地，截至 2019年 9 月，厦门市累计在香港投资项目 587 个，累计投资项目金额达 64.4 亿美元；厦门市对香港投资项目数 26 个，比上年同期增加 8 个项目，总协议投资额 5353.3 万美元。第三，厦门市具有优越的毗邻东南亚的地缘优势。厦门市和东南亚各国政治经贸关系紧密，目前拥有的三个外国领事馆都是东南亚国家，即菲律宾、新加坡和泰国在厦门市设立的领事馆。厦门市是福建人尤其是闽南人联系东南亚最紧密的城市，在东南亚许多国家都分布着祖籍为厦门的富豪，这些富豪绝大多数是从厦门港出发去东南亚各国的。此外，2020 年厦门和东盟进出口高达 1299.9 亿元，东盟是厦门市第一贸易伙伴。

（二）厦门具备承建的基础

厦门市承建金砖创新基地的基础主要可以概括为以下四个方面。

一是厦门市港口资源丰富。1842 年，厦门被辟为"五口通商"口岸之一，1864 年厦门港被设为闽海关，开展对外贸易。1996 年 8 月，厦门港被确定为海峡两岸直航试点的两个口岸之一。2006 年 1 月，厦门港突破厦门行政区范围，向漳州行政区延伸，即在厦门港已有的东渡港区、海沧港区、嵩屿港区、刘五店港区、客运港区 5 个港区的基础上，将漳州招银港区、后石港区、石码港区及海沧西侧岸线纳入《厦门港总体规划》，实现"大厦门港"。2011 年，厦门港被确定为国际东南航运中心；2013 年，厦门港被确

---

① 《厦门香港共享"一带一路"新机遇》，台海网，2019 年 11 月 2 日，http://www.taihainet.com/news/xmnews/ldjj/2019–11–02/2323342.html。

定为全国性综合交通枢纽；2016 年，厦门被确定为全国性综合交通物流枢纽；2017 年 3 月 2 日，厦门港被国务院确定为国际性综合交通枢纽。改革开放以来，厦门港已具备接待全球最大集装箱、国际豪华邮轮的能力，码头和航道水平世界一流，世界知名航商悉数进驻，航线通达全球 44 个国家和地区的 138 个港口。截至 2020 年底，厦门港现有生产性泊位 176 个（含漳州），其中万吨级以上泊位 78 个；全年港口货物吞吐量 2.07 亿吨，港口集装箱吞吐量 1140.53 万标箱；2020 年厦门港在全球港口集装箱吞吐量排名第 14，在国内港口排名第 7。[①]

二是厦门市空港基础健全，铁路公路交通运输便捷。截至 2020 年底，厦门空港已开通运营城市航线 175 条，含国际（地区）航线 36 条，其中洲际航线 13 条（具体涉及澳大利亚、美国、加拿大、荷兰、俄罗斯以及东南亚等国）。在厦门机场通航运营的外国（地区）航空公司 11 家，与 17 个国际及境外城市通航；空港旅客吞吐量 1671.02 万人次，位列全国第 14。同时，厦门市正在修建厦门翔安国际机场，总投资约 1300 亿元，规划建设 51 平方公里的新机场片区，跑道长度 3800 米，属于国际最高等级 4F 级，规划吞吐量 7800 万人次。[②] 此次规划计划强化厦门新机场区域综合交通枢纽功能，构建以轨道交通为核心、以公共交通为主体、多种交通方式紧密衔接的机场集疏运系统，辐射"厦、漳、泉、龙"都市区，将厦门翔安国际机场建设成我国重要的国际机场、枢纽机场、国际货运口岸机场和对台主要口岸机场。铁路交通运输方面，厦门市有福厦高铁、厦深高铁、龙厦高铁、杭福深高铁、渝长厦铁路、渝厦高铁、鹰厦铁路等把厦门和我国的东北、华北、长三角、粤港澳大湾区、中部和西北西南等省份串联起来。厦门市高速公路众多，拥有厦蓉、福厦高速公路等，以及 G228、G324、S318 国道省道把厦门市和全国各地联系在一起。

---

① 《厦门市 2020 年国民经济和社会发展统计公报》，厦门市统计局网站，2021 年 3 月 19 日，http://tjj.xm.gov.cn/tjzl/ndgb/202103/t20210319_ 2625973.htm。
② 《厦门市 2020 年国民经济和社会发展统计公报》，厦门市统计局网站，2021 年 3 月 19 日，http://tjj.xm.gov.cn/tjzl/ndgb/202103/t20210319_ 2625973.htm。

三是厦门市具有多重叠加的政策支撑基础，有利于促进厦门市与金砖国家的高质量经贸交流合作。厦门市是我国改革开放最早的四大经济特区之一，2010 年 6 月，厦门经济特区扩大到全市 1700.61 平方公里。厦门市经济政策优惠突出，1989 年和 1992 年，国务院先后批准设立海沧、杏林和集美 3 个台商投资区，在区内的投资项目按现行经济特区政策办理；1992 年 11 月，国务院批准厦门建立象屿保税区。厦门市是国内五个副省级的计划单列市，1988 年，国务院批准厦门市为计划单列市，赋予相当于省一级的经济管理权限；1994 年 2 月，中央确定厦门为副省级城市，为厦门市加快发展创造了有利的体制优势；1994 年 3 月，第八届全国人大二次会议授予厦门市在经济特区范围内制定法律规章的权力。2011 年 12 月，《厦门市深化两岸交流合作综合配套改革试验总体方案》获国务院批准实施。2015 年 3 月 28 日，国务院发布的《推动共建丝绸之路经济带和 21 世纪海上丝绸之路的愿景与行动》中，福建省被定位为"海丝"核心区，厦门市等 16 个沿海城市被列为"海丝"战略支点城市；2015 年 4 月，国务院印发《中国（福建）自由贸易试验区总体方案》。2016 年，厦门市被国务院确定为建设福厦泉国家自主创新示范区。随后在 2017 年 9 月，厦门市成功举办金砖国家领导人峰会。2018 年 5 月，国务院印发《进一步深化中国（福建）自由贸易试验区改革开放方案》；2018 年 11 月，国务院、自然资源部联合下发《关于建设海洋经济发展示范区的通知》，厦门市获批为国家海洋经济发展示范区。因此，厦门市拥有经济特区、台商投资区、保税区、副省级计划单列市、两岸交流合作综合配套改革试验区、福建省自贸试验区厦门片区、"海丝"核心区战略支点城市、福厦泉国家自主创新示范区、国家海洋经济发展示范区等多区叠加的政策支撑基础，非常有利于厦门市发展对外经贸交流合作。

四是厦门市拥有良好的营商环境基础。近年来，厦门市对标新加坡等发达经济体和国内领先城市最优做法，不断打造市场化、国际化、法制化的营商环境，逐年提出改革目标和任务清单。厦门市营商环境从 2014 年相当于全球经济体排名第 61，提高到 2020 年的第 20 左右。厦门市着力构建国际化、法治化、便利化的一流营商环境，全流程推进"减法"改革，形成一套减环节、压时限、降成本的机制，取得良好成效。在我国营商环境评价领域的首部国家报告《中国营商环境报告2020》中，厦门以突出的综合表现与北京、上海等共同跻身全国15个标杆城市行列；软环境指数包括人才吸引力、投资吸引力、创新活跃度、市场监管四个维度，2020年软环境指数排名前五的城市是深圳、厦门、杭州、西安、北京；每千人的市场主体数是反映市场活跃度高低的重要指标，该项指标厦门市排名第三，说明厦门创新创业态势十分活跃，而且创新创业质量较高。2020年4月，厦门市政府研究通过了《关于全面深化国际一流营商环境建设的意见》，包括六个方面二十九条具体改进任务，配套出台两批共181项突破性、引领性的改革举措，并将营商环境建设纳入全市各区各部门年度绩效考评内容。全市各级各部门以硬性指标倒逼改革创新，以更优的环境聚要素，强招商、促发展，确保营商环境水平继续保持在全国前列。

四　金砖国家合作对福建省及厦门市的赋能作用

（一）金砖国家合作对福建省的赋能作用

一是提升福建省民营经济对外合作质量。民营经济是福建省经济发展的重要组成部分，民营企业是推动对外开放的重要力量。受制于发达国家经济复苏乏力和保护主义盛行，福建省民营企业无论在对外贸易、引进外资还是对外投资上均遇到较大阻力，影响了对外开放的可持续性。金砖国家是当前全球经济发展的重要动力来源，并仍拥有较多的发展潜力可供挖掘，增长前景具有可预期性。因此，金砖国家合作为福建省民营企业提供了可持续的对外合作对象，有助于企业规划长期对外业务战略，提升民营经济对外合作质量。

二是推动福建省新优势产业规模化发展。近年来，福建省在数字经济、跨境电商、物联网等领域取得较快发展，逐步培育出新型竞争优势，催生了新优势产业。福建省新优势产业与国际经济合作相互依存，具有相辅相成、相互促进的特征，将随着国际合作广度和深度的拓展呈现规模化特征。金砖国家合作将增加对福建省新优势产业的需求，扩大新优势产业技术在新兴市场国家的应用，提升新优势产业市场份额，从而有助于新优势产业规模化发展，为持续的技术创新和应用推广奠定了良好的基础。

三是畅通福建省内外双循环渠道。在以内循环为主，内外双循环相互促进的发展战略下，畅通传导渠道至关重要。相较于发达国家对我国产能布局的阻碍，金砖国家之间的经贸往来更为公平，更遵循资源配置经济原则。福建省在多个领域具有产能优势，能够借助金砖国家合作推动产能跨国布局，推动企业资源在国内外最优配置，提升企业生产效率。因此，金砖国家合作为福建省企业扩大产业链和供应链空间布局提供了机遇，使企业更有效地利用外循环推动内循环，有利于双循环渠道畅通。

（二）金砖国家合作对厦门市的赋能作用

一是注入城市高质量发展新动能。近年来，厦门市充分发挥经济特区、自贸试验区厦门片区、综合试验区等多区叠加优势推动城市高质量发展，在产业结构优化、科技创新发展、生态文明建设等方面取得显著进展。由于良好的发展基础，金砖国家合作进一步增加了对厦门市发展的需求，赋予厦门市更为全面深刻的城市角色，即一方面推动厦门市深度融入金砖国家产业链合作，另一方面促进厦门市作为结点城市加强服务合作。因此，金砖国家全方位合作将为厦门市注入可预期的长期发展新动能，为厦门市更进一步实现城市高质量发展提供新推力。

二是打造城市国际化进程新视野。作为对外开放的前沿阵地，厦门市在城市发展中不断推进国际化进程，充分把握全球经济一体化的发展机遇，在经济、社会、文化等领域的国际化发展处于国内前列。金砖国家合作赋予的职能使厦门市面临全新的国际化机遇，将可能具备国际合作中心城市功能，在承接国际合作会议，推动国际旅游业务、国际服务贸易发展等的同时获得更光明的发展前景，不断拓宽国际化发展空间。因此，金砖国家合作能为厦门市国际化发展打造新视野，助力厦门市推进更高层次、更全方位的国际化进程。

三是促进城市创新式功能新格局的形成。创新是现代城市发展的根本，近年来厦门市不断夯实创新发展基础，发挥区位和政策优势，在硬环境和软环境上激发了创新活力，在城市科技、制度政策等领域具有引领功能。金砖国家合作将推动厦门市构建一体化创新格局，在工业、科技、大数据、贸易、服务等领域探索全方位融合式创新，以金砖国家创新合作为契机不断促进新创新格局的形成，进一步提升城市创新地位。因此，金砖国家合作能使厦门市在现有创新格局基础上融合各个领域形成新的创新功能，不断明确城市创新定位。

（三）福建省、厦门市在金砖国家合作中所处的位置

1. 福建省在金砖国家合作中所处的位置

福建省是"海上丝绸之路"的起点省份，也是我国推行更全面对外开放的重要探索试验区之一。由于优良的对外开放历程和在金砖国家合作中的扎实基础，福建省在金砖国家合作中处于开展更全面、更深入合作的"先行者"和"探路者"的位置。得益于发达的民营经济和较高的市场化程度，福建省在对外政策上更为灵活，更易实施国家层面的开放政策。同时，借助优越的沿海地理位置和遍布全球的闽籍华侨，福建省企业更易赴海外开展经济贸易合作。金砖国家合作是新兴市场国家之间的全方位合作，在合作机制、合作程度、合作范围等领域仍存在较大的发展空间，国别之间存在显著的政治、经济、社会等差异，需要不断探索多方接纳的合作机制。在我国与金砖国家的合作中，福建省所处的先行先试的位置可以助力不断完善全国层面与金砖国家的合作机制，建立适合长久可持续的合作机制与模式。

2. 厦门市在金砖国家合作中所处的位置

厦门市是国家"十四五"规划粤闽浙沿海城市群中的核心城市之一，经济高质量发展水平高，基础设施条件完善，区位优势明显，人力资源丰

富，国内外知名度较高。在建设金砖创新基地的过程中，厦门市应该明晰在与金砖国家合作中所处的准确位置，主要包括一是明晰厦门市的总体定位，即建设金砖创新基地的首要任务是服务国家战略和外交大局，必须以支撑金砖国家新工业革命伙伴关系机制为主线，以提供落实伙伴关系合作平台为主要任务；二是必须积极发挥金砖创新基地对厦门的赋能作用，以金砖合作为重要契机和关键平台推动厦门市高质量发展，提升厦门市在国内和国际的城市综合竞争力，成为推动金砖国家新工业革命伙伴关系可持续发展的核心示范城市；三是必须聚焦习近平主席强调的政策协调、人才培养、项目开发三大领域合作，围绕"开展新工业革命政策协调领域合作""促进金砖国家人才培养领域合作""推动金砖国家项目开发合作"等核心层面推进金砖创新基地建设，推动相关项目尽快落地和高质量发展。

附　　录

附录一　金砖国家大事记

（一）2001~2010年

2001年，高盛公司首席经济学家奥尼尔在《全球需要更好的经济"金砖"》中首次提出"金砖四国"的概念，"金砖四国"引用了巴西、俄罗斯、印度和中国的英文首字母，与英文中的砖（brick）类似，因此被称为"金砖四国"。

2002年，中国、印度和俄罗斯三国建立三国外长会晤机制，它是增进三国政治互信、扩大交流合作的重要平台。

2003年，印度、巴西和南非成立三国论坛，此论坛的目标是密切三方的合作，鼓励贸易交往，在国际论坛上统一三国的立场。

2003年10月，高盛公司发表了一份题为《与金砖四国一起梦想：通向2050之路》的全球经济报告。报告估计，"金砖四国"经济将于2050年独领世界风骚，"金砖四国"受到各界广泛关注。

2004年9月15日，印度总统卡拉姆对南非进行访问。这是印度国家领导人首次对南非进行国事访问。

2005年4月18日，"金砖四国"代表首次出席G7财长会议，"金砖四国"受到更大关注。

2006 年 7 月 17 日，中国国家主席胡锦涛同俄罗斯总统普京、印度总理辛格在俄罗斯圣彼得堡举行会晤。三国领导人就加强三国合作交换了意见。

2006 年 9 月，联合国大会期间举行了首次金砖国家（BRIC）外长会晤，这是金砖国家首脑峰会的雏形。

2006 年 9 月 5 ~ 6 日，俄罗斯总统普京对南非进行国事访问，这是俄罗斯总统首次访问南非，普京访南非的主要目的是探讨两国的经济合作事宜。

2007 年 6 月 3 日，巴西总统卢拉抵达印度，开始对印度进行为期三天的国事访问。

2007 年 10 月 17 日，印度总理辛格、巴西总统卢拉和南非总统姆贝基在南非行政首都比勒陀利亚举行"印度、巴西和南非对话论坛"第二次首脑会议，三方签署了一系列合作协议。

2008 年 5 月 16 日，"金砖四国"外长在俄罗斯叶卡捷琳堡举行会谈，并决定在国际舞台上进行全面合作。这是四国第一次以"金砖四国"的名义举行外长会议。会议期间四国外长就国际经济和金融状况、能源安全和环境问题、裁军和不扩散核武器问题、国际贸易以及国际组织改革问题进行了广泛讨论。

2008 年 9 月，"金砖四国"外长在俄罗斯叶卡捷琳堡举行会议，就千年发展目标、南南合作、气候变化、能源及粮食安全等问题进行了讨论。

2008 年 11 月 7 日，由巴西、俄罗斯、印度和中国组成的"金砖四国"在巴西圣保罗举行财政部长会议，四国外长呼吁改革国际金融体系，使之能够正确反映世界经济的新变化。

2008 年 11 月 25 日，俄罗斯总统梅德韦杰夫访问巴西，两国就防务、能源、生物技术、航空航天等方面达成的技术合作协议进行了深入的探讨。

2009 年 5 月 9 日，祖马宣誓就任南非新一任总统。

2009 年 5 月 22 日，辛格宣誓就职印度总理，正式成为印度连任总理。

2009 年 6 月 16 日，四国领导人在俄罗斯举行首次正式会晤，会后发表《"金砖四国"领导人俄罗斯叶卡捷琳堡会晤联合声明》。四国领导人呼吁落实二十国集团伦敦金融峰会共识，改善国际贸易和投资环境，承诺推动国际金融机构改革，提高新兴市场和发展中国家在国际金融机构中的发言权和代表性。

2009 年 10 月 27 日，中、俄、印三国外长在印度班加罗尔举行会晤，并签署联合公报，三国外长就共同关心的重大国际及地区问题深入交换了意见，就深化三方合作达成重要了共识。

2010 年 4 月 15 日，第二次"金砖四国"峰会在巴西召开。会后四国领导人发表《"金砖四国"领导人第二次正式会晤联合声明》，就世界经济形势等问题阐述了看法和立场，并商定推动"金砖四国"合作与协调的具体措施，至此，金砖国家合作机制初步形成。

2010 年 5 月 13 日，巴西总统卢拉对俄罗斯进行为期两天的正式访问。两国讨论了巴西与俄罗斯的战略伙伴关系协议、巩固两国经济交流与科技合作的问题，以及在双边贸易中使用国家货币的可能性，双方还讨论了巴西参与发展俄罗斯卫星定位系统的问题以及全球热点问题等。

2010 年 6 月 2 日，南非总统祖马对印度进行正式访问。这是祖马就任南非总统后首次出访印度。双方就加强印度、南非经贸合作以及拓展南非海关联盟和南非地区共同市场有关协议内容等展开了磋商。

2010 年 8 月 5 日，南非总统祖马访问俄罗斯，双方承诺将加强两国在各个领域的合作。

2010 年 9 月，"金砖四国"外长会议在纽约举行，四国外长就新兴市场国家合作、国际金融体系和全球经济治理改革以及国际发展合作等问题进行了讨论。

2010 年 11 月 11～12 日，二十国集团会议在首尔举行，南非在此次会议上正式申请加入"金砖四国"。

2010 年 12 月 21 日，俄罗斯总统梅德韦杰夫访问印度，俄印两国发表了联合公报，签署一系列军火与核电站商贸合同。俄罗斯还表示支持印度争取成为联合国安理会常任理事国。

2010 年 12 月 24 日，中国作为金砖国家合作机制轮值主席国，与俄罗斯、印度、巴西一致商定，吸收南非作为正式成员国加入金砖国家合作机制，"金砖四国"变成"金砖五国"，并更名为金砖国家（BRICS）。

（二）2011 年

2011 年 1 月 1 日，迪尔玛·罗塞夫在新年第一天宣誓就职，成为巴西历史上的第一位女总统。

2011 年 2 月 14 日，南非总统祖马率领南非政府官员和商企代表对俄罗斯进行三天的国事访问。祖马此次访问旨在加强南非与俄罗斯两国之间的双边经贸及投资合作，进一步拓展两国更为广泛的经济合作领域。

2011 年 3 月 3 日，金砖国家领导人第三次正式会晤筹备工作协商会议在南非举行，中方金砖国家事务协调人、外交部部长助理吴海龙与南非金砖国家事务协调人、南非外交部副总司长恩贡巴尼就会议相关问题进行磋商。

2011 年 3 月 24～25 日，由当代世界研究中心和中国和平发展基金会主办的金砖国家智库会议在北京举办，主题是"发展、合作、共享"。来自"金砖五国"的政府官员和专家学者 60 多人出席智库会议。会议通过了"对金砖国家领导人第三次会晤的建议"。

2011 年 4 月 13～14 日，金砖国家工商论坛在中国海南三亚举行。论坛围绕"金砖国家崛起与世界经济复苏""能源、资源利用与可持续发展""金砖国家消费市场的潜力及商机""经贸合作与金融支持"以及"科技创新与绿色增长"等五个环节展开，并共同签署《成立金砖国家工商联络机制谅解备忘录》。

2011 年 4 月 14 日，在中国三亚举行金砖国家第三次领导人会晤，五国领导人讨论了国际金融、国际经济形势、发展问题、金砖国家合作等内容，发表了《三亚宣言》。

2011 年 4 月 14 日，金砖国家银行合作机制成员在中国三亚共同签署《金砖国家银行合作机制金融合作框架协议》。根据协议，中国国家开发银行、巴西开发银行、俄罗斯开发与对外经济活动银行、印度进出口银行和南非南部非洲开发银行五家成员行将在以下四个方面加强合作：稳步扩大本币结算和贷款的业务规模，服务金砖国家间贸易和投资的便利化；积极开展项目合作，加强金砖国家在资源、高新技术和低碳、环保等重要领域的投融资合作；积极开展资本市场合作，包括发行债券、企业上市等；进一步促进成员在经济金融形势以及项目融资方面的信息交流。

2011 年 5 月 18 日，金砖伙伴城市（青岛）会议（第四次会议）在青岛市举行。俄罗斯圣彼得堡市、巴西里约热内卢市、印度孟买市作为"金砖伙伴城市机制"成员应邀与会，签署《青岛倡议》并启动合作项目"金砖广场"的奠基仪式。本次会议围绕"务实合作，互利共赢"主题，主要对金砖伙伴城市建立友好合作交往机制、深化经贸合作、扩大人文交流以及欢迎金砖国家其他城市加入等议题展开讨论。

2011 年 7 月 11 日，以"全球卫生——药物可及"为主题的首次金砖国家卫生部长会议在北京召开。中国卫生部部长陈竺主持会议，巴西卫生部部长亚历山大·帕迪利亚、俄罗斯卫生与社会发展部部长塔季亚娜·戈利科娃、印度卫生和家庭福利部部长阿扎德、南非卫生部部长阿伦·莫措阿莱迪率团出席，世界卫生组织总干事陈冯富珍和联合国艾滋病规划署执行主任西迪贝作为观察员出席了会议。会议发布了《首次金砖国家卫生部长会议北京宣言》。

2011 年 7 月 12 日，在北大医学部教学楼报告厅举行了"金砖国家全球卫生与发展论坛"。来自巴西、俄罗斯、南非及中国卫生部门的代表及相关专家围绕金砖国家政府推进全球卫生与发展进程中的主要挑战，及在推进全球卫生与发展进程中全球卫生研究机构应当承担的责任等问题展开了交流。

2011 年 9 月 22 日，"金砖五国"财长与央行行长会议在美国首都华盛顿举行，会议主要讨论了当前全球经济金融形势、面临的挑战及应对措施，发表了联合公报。联合公报称，金砖国家将与二十国集团（G20）一起就解决全球经济危机做出贡献，对考虑通过国际货币基金组织（IMF）以提供解决全球金融稳定性危机的支持持开放态度。当前经济形势需要决定性的措施加以控制，发达经济体采取负责任的宏观财政政策是至关重要的。金砖国家承诺加快结构性改革进程。

2011 年 9 月 25 日，金砖国家统计局局长第三届会议在北京隆重举行。来自中国、俄罗斯、印度、南非统计机构的主要负责人和巴西统计机构代表，中国外交部代表，以及有关国家驻华大使馆官员出席了会议。大会对金砖国家共同编辑的《金砖国家联合统计手册》进行了总结和讨论，对共同感兴趣的住户调查工作进行了专题研讨。

2011 年 10 月 12 日，巴西、俄罗斯、印度、南非和中国香港的证券交易所宣布，已签署产品共享协议，金砖国家交易所正式宣布组建联盟。从 2012 年上半年开始，包括巴西的 BM & F Bovespa、香港交易及结算所有限公司（Hong Kong Exchanges & Clearing Ltd.）、俄罗斯的 Micex 与 RTS、约翰内斯堡证券交易所（Johannesburg Stock Exchanges）、印度孟买证券交易所（BSELtd）与印度国家证券交易所（Nationnal Stock Exchanges of India）在内的七家交易所（七家交易所总市值达到 9.02 万亿美元，占全球交易所上市衍生品合约成交量的比重为 18%）将把各自的基准股指衍生产品在联盟成员市场实现交叉上市。

2011 年 10 月 27 日，第五届印度、巴西、南非（IBSA）对话论坛首脑峰会在南非行政首都比勒陀利亚举行，会议回顾了 IBSA 自 2003 年正式成立以来所取得的进展，并在一系列国际问题上寻找共同立场。三国首脑一致同意，在气候变化、经济合作、可持续发展以及联合国安理会改革等方面更加紧密地合作。会议还发表了《第五届 IBSA 首脑峰会茨瓦尼宣言》。

2011 年 10 月 30 日，第二届金砖国家农业部长会议在四川成都召开。会上，巴西、俄罗斯、印度、中国、南非五国农业部代表团团长会议围绕"密切合作，共同为世界粮食安全做贡献"的主题，对金砖国家农业合作以及共同促进世界粮食安全保障重大措施的意见和建议、农业适应气候变化、加强农业科技创新合作、开展信息交流与贸易促进以及合作机制建设等问题展开了讨论，签署了《第二届金砖国家农业部长会议共同宣言》。会议批准了《金砖国家农业合作工作组工作规程》，审议通过了金砖国家农业合作五年行动计划（2012—2016 年），决定建立金砖国家规范的农业合作机制。

2011 年 11 月 3 日，中国国家主席胡锦涛在戛纳出席了金砖国家领导人会晤，同与会的巴西总统罗塞夫、俄罗斯总统梅德韦杰夫、印度总理辛格、南非总统祖马等就金砖国家合作和二十国集团领导人戛纳峰会相关问题交换了意见。

2011 年 11 月 19 日，由中国上海 WTO 事务咨询中心、印度国际消费者团结与信任协会、巴西格图里奥·瓦加斯研究基金会、俄罗斯环境和可持续发展中心以及南非国际事务研究院共同发起在上海成立金砖国家间一个非政府性质的研究团体"金砖国家贸易与经济研究网络"（BRICS-TERN）。它旨在通过以网络为基础的政策研究和对当代相关发展问题的倡导，协助金砖国家政府间在贸易和经济问题上开展合作，共同创造出有助于金砖国家政策制定的成果。

2011 年 11 月 25 日，金砖国家就中东局势举行副外长级磋商会议，会议发表了联合公报，呼吁各方尊重中东地区国家主权独立和领土完整，以和平方式开展了广泛对话，积极寻求解决危机的方法。金砖国家反对外部势力干涉地区国家内政，主张联合国安理会应发挥积极作用，各方应严格执行安理会授权。

2011 年 12 月 1～3 日，由中国人民对外友好协会、中国国际友好城市联合会联合主办的以"展望未来，共享繁荣，发展友城，推动合作"为主题的首届金砖国家友好城市暨地方政府合作论坛于海南省三亚市举办并发表了《首届金砖国家友好城市暨地方政府合作宣言》。该合作宣言决定，每年在金砖国家领导人会晤的轮值国举办"金砖国家友好城市暨地方政府合作论坛"。巴西总统府跨机构交流秘书处联邦事务处、俄罗斯国际友好城市联合会、印度城市发展部、中国国际友好城市联合会、南非共和国代表机构将分别作为论坛的五国指定机构或组织。

2011 年 12 月 14 日，在日内瓦出席世贸组织第八届部长会议期间，由巴西召集金砖国家贸易部长举行午餐会。这是"金砖五国"首次在世贸组织同台亮相。中国商务部部长陈德铭，巴西外交部部长帕特里奥塔及发展、工业和外贸部部长皮门特尔，印度商工部部长夏尔玛，南非贸工部部长戴维斯以及俄罗斯经济发展和贸易部部长纳比乌林娜共同出席了午餐会。

（三）2012年

2012 年 3 月 28～29 日，"金砖五国"（巴西、俄罗斯、印度、中国和南非）领导人在印度首都新德里举行第四次会晤，并发表了《德里宣言》和行动计划。这次会晤明确提出，金砖国家将在开放、团结、互谅互信的基础上深化共同发展的伙伴关系，并将其作为金砖国家下一步开展合作的重要指导原则。会议要求 IMF 和世界银行增加金砖国家的投票权，以保障欠发达国家的利益。此外，会议签署了两项协议，意在稳步推进金砖国家间的结算与贷款业务，使得金砖国家间的贸易和投资便利化。与会的领导人还探讨了成立金砖国家新的开发银行的可能性，希望该银行能与世界银行并驾齐驱。金砖国家领导人在峰会上明确提出全球治理改革的诉求，呼吁建立更具代表性的国际金融架构，提高发展中国家的发言权和代表性，提出在 2012 年国际货币基金组织、世界银行年会前如期落实 2010 年治理和份额改革方案的要求。此外，金砖国家共同签署了两项旨在扩大本币结算和贷款业务规模的协议，并考虑共同成立一家新的开发银行的可能性。

2012 年 3 月 28 日，第二次金砖国家经贸部长会议在印度新德里举行。中国商务部部长陈德铭，印度商工部部长夏尔马，南非贸工部部长戴维斯，巴西外交部部长帕特里奥塔及发展、工业和外贸部部长皮门特尔，俄罗斯经济发展和贸易部部长纳比乌琳娜出席会议。本次金砖国家经贸部长会议主要有三项议题：一是审议经贸联络组（CGETI）报告；二是讨论多边议题，包括各国经济发展概况、全球经济形势及对贸易投资的影响、多哈回合谈判现状和前景、金砖国家在二十国集团等多边机制中的合作；三是探讨深化金砖国家经贸合作。

2012 年 3 月 28 日，金砖国家工商论坛在印度首都新德里举行。来自金砖五个国家的 500 位首席经理，包括来自俄罗斯的 80 多位经理，参加了工商论坛。他们讨论了金砖国家在稳定、安全与发展问题上的合作。为此举行了五次会议，其中一次的主题是五国在能源安全领域的合作。文件指出，发展金砖国家经济合作是必要的条件，它应有助于解决每个国家所面临的内部问题，并促进全球经济的增长。金砖国家（巴西、俄罗斯、印度、中国、南非）计划把贸易总额在 2015 年前翻一番，达到 5000 亿美元。

2012 年 4 月 13 日，中、俄、印外交部部长在俄罗斯首都莫斯科举行三国外交部部长第十一次会晤，三国外交部部长将就共同关心的国际和地区问题、深化三方务实合作等交换意见并签署联合公报。

2012 年 4 月 19 日，在美国首都华盛顿举行的国际货币基金组织（IMF）和世界银行春季会议期间，金砖国家财长和央行行长举行会议。

2012 年 5 月 7 日，普京在克里姆林宫正式宣誓就任新一届俄罗斯总统，重新掌管"核手提箱"。普京提名梅德韦杰夫为新一届政府总理。

2012 年 5 月 9～10 日，第二届金砖国家铸造业高层论坛在北京举行，五国行业协会负责人、专家、学者以及行业内颇具影响力的企业与会者紧扣"发展"与"交流"主题，进行了深入细致的研讨和交流。探讨五国铸造行业协会机制的作用，探讨通过开展贸易投资、技术转让、人力资源开发等方式，提升五国之间的行业合作水平，帮助企业寻找更多的商机。

2012 年 5 月 22 日，在瑞士日内瓦参加第 65 届世界卫生大会期间，"金砖五国"卫生部部长举行了金砖国家卫生会议，会后发表了《金砖国家关于卫生的联合公报》。

2012 年 6 月 18 日，中国、巴西、俄罗斯、印度和南非在二十国集团（G20）峰会上讨论了货币互换协议和储备库的议题，并宣布将向国际货币基金组织增资 750 亿美元，法新社认为"在欧元区危机肆虐之际，新兴经济体承诺增资以增强 IMF 防火墙，提高了世界应对危机的实力"，是个"令人振奋的消息"。

2012 年 8 月 27～28 日，金砖国家农产品和粮食安全专家会议及金砖国家农业合作工作组第二次会议在印度新德里召开。巴西农牧业和供给部、俄罗斯联邦农业部、印度农业部和印度农业研究理事会、中国农业部以及南非农林渔业部等有关单位代表约 50 人出席会议。与会代表围绕农产品和粮食安全主题，就绿色农业、最脆弱人群保障粮食安全与营养安全战略、资源保护、科技合作、能力建设和渔业合作等诸多议题进行了深入讨论并签署了会议纪要。

2012 年 9 月 11 日，由上海社科院国际关系研究所与上海市对外文化交流协会联合主办的"金砖国家的崛起与发展：新国际秩序展望"国际研讨会在上海社科院召开。与会者围绕会议主题，讨论了以金砖国家为代表的新兴经济体整体崛起对国际格局带来的深远影响，分析了当前金砖国家在维护国际体系、推动国际机制改革等重大问题上的战略共识与政策分歧，评估了金砖国家在后国际金融危机时期对全球经济复苏的重要贡献及其发展潜力，阐述了金砖国家之间建立互信、加强合作的必要性与可行性方案。与会者就加强金砖国家之间的学术交流达成了普遍共识。

2012 年 9 月 14 日，由中国商务部和浙江省人民政府联合举办的金砖国家贸易救济政策说明会在浙江省杭州市召开，这是 2012 年金砖国家贸易救济国际论坛的活动之一，中国、俄罗斯、巴西、南非的贸易救济机构负责人和世贸组织规则负责人分别发言，介绍了各自国家贸易救济的法律和实践，以及贸易救济多边规则的发展情况。此次政策说明会旨在加强业界对金砖国家贸易救济政策和调查实践的了解，加强政府、业界之间的沟通与交流，通过增强合作妥善解决国际贸易摩擦。

2012 年 9 月 26 ~ 27 日，金砖国家智库论坛在重庆举行。此次论坛由中国当代世界研究中心和中国和平发展基金会主办，重庆市外侨办协办，主题是"调整、创新、合作"。在为期两天的会议中，来自中国、巴西、俄罗斯、印度、南非的 40 多位中外专家就国际金融危机背景下金砖国家发展模式的调整、创建金砖国家开发银行的可行性、进一步推动金砖国家之间的经贸合作等议题进行深入研讨。

2012 年 10 月 11 日，金砖国家财长和央行行长会议在国际货币基金组织和世界银行东京年会期间举行。来自巴西、俄罗斯、印度、中国、南非五国的代表在会议上就当前欧美经济形势及其对金砖国家的影响、国际货币基金组织份额改革、基础设施融资、金砖国家有关工作组的进展情况以及探讨建立一个新的开发银行的可能性等议题进行了讨论，取得良好效果。

2012 年 10 月 15 日，第四届金砖国家统计局局长会议于印度新德里举行。中国、巴西、俄罗斯、印度、南非五国的国家统计局局长共同回顾了《金砖国家联合统计手册（2012）》的编辑工作，确定了 2013 年版手册的编辑框架；介绍了金砖各国统计工作中应用抽样调查技术的情况；初步探讨了金砖国家统计机构进一步开展协调，深入数据发布方面的合作。

2012 年 10 月 29 日，中国驻以色列大使高燕平出席金砖国家驻以色列大使午餐会。金砖国家大使们就共同关心的问题深入交换了看法，表示愿意进一步加强联系和沟通。这是金砖国家驻以色列大使的第四次午餐会。

2012 年 10 月 30 日，由联合国工业发展组织、联合国全球南南发展中心联合主办，中国国际经济技术交流中心协办的"2012 全球 CEO 发展大会"（Global CEO Conference）以"新型经济体与世界：在大转型中实现共赢"为主题在中国上海召开。大会期间举行了金砖国家投资贸易专题论坛，探讨金砖国家贸易环境、现代服务业模式与政策、企业开放性发展、"新兴经济体加强合作应对后金融危机时代的挑战"等热点重大话题。

2012 年 11 月 6~7 日，在广州举办第九届中国国际半导体照明（SSL）展览会暨论坛期间，国际半导体照明联盟（ISA）举办了金砖国家半导体照明高峰论坛（2012 BRICS SSL Summit：Emerging Economies，Emerging Market，Emerging Technology）。巴西科技部、中国科技部、印度能源效率署、俄罗斯、南非代表出席了会议。五国代表在会议上介绍了各自国家在节约能源、支持半导体照明产业和应用方面的战略、政策及相关促进措施。参加会议的国际半导体照明知名公司介绍了它们在金砖国家的实践、经验、启示和建议。参会的金砖国家代表一致同意成立"金砖国家半导体照明合作网络"（BRICS SSL Network，BSNet），并同意以该网络为平台举办金砖国家半导体照明论坛和开展其他合作事务。

2012 年 12 月 4 日，由经济日报社主办、中国经济网承办的首届"金砖国家经济形势研讨会"在北京举行。相关部委的负责人，以及俄罗斯、巴西、印度和南非等 26 个国家和地区的驻华大使、参赞以及相关专家学者和企业家等约 200 人出席研讨会。中国国务院新闻办公室副主任王国庆、财政部副部长朱光耀、商务部部长助理李荣灿等嘉宾先后致辞。本届金砖国家经济形势研讨会的主题为"金砖2013：挑战与机遇并存"。

（四）2013年

2013年1月10日，国务委员戴秉国在新德里出席金砖国家安全事务高级代表第三次会议。戴秉国还会见印度总理辛格和南非国家安全部部长奎莱。

2013年1月11日，中国卫生部部长陈竺出席在印度新德里举行的第二次金砖国家卫生部长会议。会议发表联合公报，承诺将继续努力加强合作，通过公平、可持续和可以负担得起的解决办法，包括让广大发展中国家能够获得低价抗逆转录病毒药物，来抗击艾滋病等全球健康挑战。联合国艾滋病规划署执行主任西迪贝对此表示欢迎。

2013年3月11日，在南非德班大学举行的金砖国家智库论坛就"金砖国家联合智库"的议题进行了讨论并签署了建立"金砖智库委员会"的联合声明。"金砖智库委员会"将分别由来自金砖五个成员国的研究机构组成。该委员会将致力于成为金砖国家研究机构及学者间交流的重要平台，同时担负起召开金砖国家学术会议的任务。

2013年3月21日，《金砖国家联合统计手册（2013）》中英文版出版。按照2009年金砖国家外长达成的备忘录，金砖国家统计机构自2010年起每年共同编辑出版一本《金砖国家联合统计手册》，以服务金砖国家领导人的每年会晤。由南非国家统计局联合其他金砖四国国家统计局共同编辑的《金砖国家联合统计手册（2013）》英文版在南非完成编辑工作并交付印刷。基于英文版的中文版手册的编辑工作也于21日同步完成。

2013年3月27日，金砖峰会主办国南非总统祖马在由金砖国家领导人和各成员国工商界代表出席的早餐会上，宣布成立金砖国家工商理事会。祖马说，金砖国家工商理事会将在加强金砖国家之间的经贸合作方面扮演重要角色，理事会将推动金砖国家工商界在经济、贸易、商业、投资方面的联系。

2013 年 3 月 27 日，金砖国家领导人第五次会晤在南非德班举行。中国国家主席习近平、南非总统祖马、巴西总统罗塞夫、俄罗斯总统普京、印度总理辛格出席。五国领导人围绕"金砖国家与非洲：致力于发展、一体化和工业化的伙伴关系"的主题进行了讨论，发表《金砖国家领导人第五次会晤德班宣言》。五国领导人决定建立金砖国家开发银行，筹备建立金砖国家外汇储备库，并成立工商理事会。在会议期间举行的金砖国家第三次经贸部长会议发表了经贸部长共同联合公报并签署了《金砖国家贸易投资合作框架》。会议期间，金砖国家进出口银行和开发银行达成了《可持续发展合作和联合融资多边协议》和《非洲基础设施联合融资多边协议》。

2013 年 7 月 17 日，由中国前外交官联谊会主办的"金砖国家经贸合作论坛"在北京举行，来自中国、俄罗斯、印度、巴西、南非等的外交官与企业家们，就"金砖国家的经贸发展、投资环境与机遇"主题发表演讲并互动交流。

2013 年 9 月，由巴西、俄罗斯、印度、中国和南非推动的全长 3.4 万公里、具备 12.8Tbit/s 容量的双路对光纤"金砖国家海缆"开始建设。建设金砖国家海缆的目的是便利金砖国家之间的信息交流，强化彼此间信息交流安全，推动金砖国家摆脱"美国互联网"的控制。

2013 年 10 月 14 日，金砖国家第二届创新论坛"开放式创新"举行，除了来自"金砖五国"的代表团出席外，G20 其他国家代表也出席创新合作论坛，俄罗斯、芬兰和法国三国总理出席本次论坛成为亮点。创新论坛由莫斯科市政府、俄罗斯纳米技术公司、斯科尔科沃基金会、对外经贸银行、俄罗斯新闻社等主办。论坛展示了美国麻省理工学院的创新趋势研究成果、讨论了与金砖国家伙伴及 G20 伙伴进行创新合作的议题。

2013 年 10 月 29 日，第三届金砖国家农业部长会议在南非行政首都比勒陀利亚召开，巴西、俄罗斯、印度、中国和南非五国农业部部长会面商讨如何应对气候变化对世界粮食安全的负面影响。与会各方共同签署的联合声明称，五国将在农业和农村地区发展领域合作，以共同利益为基础，努力通过深入讨论为应对挑战寻求解决方案。

　　2013 年 10 月 31 日，由国际多媒体协会联盟主办、重庆市外经贸委协办的，作为第五届国际服务贸易（重庆）高峰会一项重要内容的第二届数字金砖国家合作论坛在重庆举行。论坛旨在探讨金砖国家数字媒体产业与数字服务业合作路径，推进金砖国家的交流合作。来自"金砖五国"的代表分别就数字服务的国际南南合作实践、数字创意、数字化与数字商务、金砖国家数字媒体产业与数字服务业合作等内容发表观点。

　　2013 年 11 月 5 日，在巴黎举行的联合国教科文组织第 37 届大会期间召开了首届金砖国家教育部长会议，会议围绕金砖国家间高等教育、职业教育合作，建立教育、研究和技术发展领域的伙伴关系以及金砖国家与联合国教科文组织伙伴关系等议题进行了讨论。这是新兴国家在致力于实现"千年发展目标"及与联合国教科文组织合作推动 2015 年后全球教育进程方面，向参与制定国际规则和主动促进发展中国家可持续发展迈出的重要一步。

　　2013 年 11 月 5 ~ 7 日，"金砖五国"卫生部部长以及联合国艾滋病规划署和世界卫生组织的代表参加了在南非开普敦举行的第三届金砖国家卫生部长会议。为能够确定共同卫生目标和开展交流与合作，2012 年金砖国家峰会上发表的《德里宣言》中提出了将金砖国家卫生部长会议机制化的建议。本届会议是基于 2013 年 3 月金砖国家领导人会晤发表的《金砖国家领导人第五次会晤德班宣言》以及 2013 年 1 月在印度召开的第二届金砖国家卫生部长会议提出的有关倡议举办的，并由南非主办。会议发布了《开普敦公报》。

　　2013 年 11 月 27 ~ 29 日，来自中国、印度、巴西、俄罗斯及东道国南非的政府官员、各国相关组织及友好城市代表等共近 200 人出席了在南非德班举行的第三届金砖国家友好城市暨地方政府合作论坛。会议就如何落实金砖国家领导人峰会达成的共识、进一步加强各国友好城市间合作机制建设、共同应对所面临的发展问题等进行了友好交流。与会各方对金砖国家友好城市的合作前景及其对推动各国相关地方政府合作起到的积极作用表示充分肯定，并分别就经济发展、公共服务、城市管理、社会稳定、环境保护等方面介绍彼此的经验，希望加强互利互惠合作，为实现各国共同发展创造良好条件。

（五）2014年

2014年3月24日，金砖国家五国外交部部长在荷兰核安全峰会期间举行会晤，讨论有关地区政治动向及金砖国家合作问题，并就当前乌克兰局势交换了看法。

2014年5月14～16日，在巴西库提里巴举行金砖国家合作社会议。

2014年7月15日，金砖国家领导人第六次会晤在巴西福塔莱萨举行。中国国家主席习近平、巴西总统罗塞夫、俄罗斯总统普京、印度总理莫迪、南非总统祖马出席。金砖国家领导人第六次会晤期间，五国领导人决定，成立金砖国家新开发银行，总部设在中国上海；建立金砖国家应急储备安排。五国领导人还共同见证了多项合作协议的签署。会议发表《金砖国家领导人第六次会晤福塔莱萨宣言》。

2014年10月14日，中国国务院总理李克强在莫斯科与俄罗斯总理梅德韦杰夫共同出席第三届"开放式创新"莫斯科国际创新发展论坛开幕式，并发表题为《以创新实现共同发展包容发展》的演讲。

2014年11月6日，由清华大学中国与世界经济研究中心、重建布雷顿森林体系委员会共同主办的首届"金砖国家经济智库论坛"在北京举行。本届论坛的主题为"通力合作应对挑战，共谋改革国际金融体系"。中国财政部副部长朱光耀，上海市委常委、常务副市长屠光绍，国家开发银行行长郑之杰等出席会议并致辞。来自中国、俄罗斯、印度、巴西、南非的上百位专家学者会聚一堂展开研讨。清华大学中国与世界经济研究中心主任、金砖国家经济智库发起人李稻葵主持论坛。

2014年11月17～18日，中国国家统计局局长马建堂率团在巴西出席第六届金砖国家统计局局长会议，研究落实金砖国家领导人第六次会晤对于统计工作的指示。马建堂于11月19～20日访问阿根廷统计和普查局，商讨落实中阿两国政府之间共同行动计划有关统计合作事宜。

2014年12月5日，第四届金砖国家卫生部长会议在巴西首都巴西利亚举行。会议讨论埃博拉防控、结核病防控、慢性非传染性疾病、药物研发等议题。

（六）2015年

2015年2月9～10日，金砖国家工商理事会2014～2015年度中期会议在巴西巴西利亚举行。来自"金砖五国"的代表就《2014～2015年度报告》、金砖国家新开发银行、基础设施建设、贸易便利化、技术标准统一等共同关心的议题进行了详细探讨。巴西外交部，财政部，国家开发银行，发展、工业与外贸部等重要政府部门官员出席会议，并与工商理事会代表进行圆桌会晤。会后，工商理事会发布了共同声明。

2015年3月28日，由中国最高人民法院主办的金砖国家大法官论坛在三亚举行，与会的"金砖五国"大法官围绕"金砖国家司法制度新发展""环境司法保护"等议题，商讨加强司法交流与合作大计，通过并共同签署了《三亚声明》。该声明倡议各国司法界加强务实合作，加强本区域内的司法交流与合作，共同构建互惠双赢的法治环境。推动完善相关法治体系，努力实现在可持续发展框架下经济增长、社会发展和环境保护的和谐统一。金砖国家最高法院将致力于不断拓展司法合作范围，加强各国在深化司法改革、完善司法制度方面的经验交流，愿在《金砖国家司法合作议定书》框架下，开展广泛的司法交流，共同提高司法水平。

2015年6月29日至7月1日，首届金砖国家民间论坛在莫斯科举行，来自"金砖五国"的专家学者及民间机构代表参加了本次论坛。俄罗斯金砖国家研究国家委员会主席尼科诺夫在会上指出，首届金砖国家民间论坛旨在将金砖国家间合作水平推向新高度。本次论坛形成的政策建议将提交给7月9～10日的金砖国家乌法峰会五国领导人。俄罗斯联邦消费者权益保护与公益监督局局长安娜·波波娃在论坛上指出，在15～49岁年龄段感染艾滋病的人口占比方面，中国为0.1%，印度为0.3%，巴西为0.6%，俄罗斯为0.8%，南非为19%，金砖国家应共同努力降低艾滋病的治疗费用。

2015年7月1～7日，金砖国家青年峰会在莫斯科和喀山两地举行，来自"金砖五国"的青年代表参加了本次峰会。青年峰会旨在促进金砖国家青年对话交流，并就各国加强政治、经济、人文、传媒、科技等领域合作达成具体行动计划。俄罗斯联邦机构青年事务负责人谢尔盖·波斯彼洛夫、俄罗斯联邦外交部部长谢尔盖·拉夫罗夫出席会议并发表讲话。

2015 年 7 月 9 日，第七次金砖国家领导人峰会在俄罗斯南部城市乌法举行。本次峰会主题为"金砖国家伙伴关系——全球发展的强有力因素"。这次峰会是与上合组织峰会一起举办的。会议通过了《金砖国家领导人第七次会晤乌法宣言》《金砖国家经济伙伴战略》《金砖国家文化领域合作的政府间协议》等纲领性文件，为金砖国家中长期合作指明了方向。《金砖国家领导人第七次会晤乌法宣言》共 77 条，除了涉及经济合作领域，还涉及共同维护世界和平、共同维护第二次世界大战胜利成果、推动国际关系民主化、2015 年后发展议程、气候变化谈判、反恐、网络安全、国际货币基金组织改革等全球治理重点问题和热点问题，体现了金砖国家在改革国际经济金融秩序和全球治理层面的共同心声。《金砖国家经济伙伴战略》明确了金砖国家在贸易、投资、矿藏加工、能源、农业、科技、创新、财经等领域扩大合作的方向，将推动各国向建设"一体化大市场、多层次大流通、陆海空大联通、文化大交流"的目标迈进。

2015 年 7 月 21 日，金砖国家新开发银行正式成立。中国财政部部长楼继伟、上海市市长杨雄及金砖国家新开发银行首任行长卡马特（印度人）在上海虹桥迎宾馆为新开发银行主持开业仪式。楼继伟在随后召开的国际研讨会上说，新开发银行是对现行国际金融体系的有益补充，也将在治理模式方面进行探索创新。

2015 年 9 月 9 日，由中国驻迪拜总领事馆、巴西驻阿联酋大使馆、俄罗斯驻迪拜总领事馆、印度驻迪拜总领事馆及南非驻迪拜总领事馆联合发起并由阿联酋中国商会、阿联酋俄罗斯商会、印度（迪拜）专业与商务理事会、印度（拉斯海马）专业与商务理事会、印度（沙迦）贸易与展览中心及阿联酋南非商会联合主办的金砖国家迪拜商务论坛在阿联酋迪拜 JLT 阿勒玛斯大厦举行。金砖国家驻阿使节及总领事、商会负责人、企业家及迪拜多种商品交易中心（DMCC）主席艾哈迈德等约 400 人出席，签署了《金砖国家商会关于进一步加强合作的共同决议》。

2015 年 9 月 29 日，金砖国家外长会在纽约联合国总部举行。中国外交部部长王毅在题为《传递信心　推进合作　共创未来》的讲话中提出，金砖国家要在国际政治安全问题上加强协调，共同发声，深化合作，激发经济增长潜力，发挥搭建桥梁促进发展的独特作用，扎实推进各领域务实合作。

2015 年 9 月 30 日，世界经济论坛发布的《2015—2016 年全球竞争力报告》显示，在全球 144 个经济体中"金砖五国"排名大致稳定，有升有降，其中中国排名第 28，与上年持平，居金砖国家之首；俄罗斯位列第 45，同比上升 8 位；巴西排名第 75，同比下降 18 位；印度排名第 55，同比上升 16 位；南非位居第 49，同比上升 7 位。

2015 年 10 月 8 日，金砖国家主流媒体论坛在俄罗斯首都莫斯科举行。论坛由俄罗斯联邦新闻出版和大众传媒署与今日俄罗斯国际新闻通讯社共同主办，来自"金砖五国"的近百名媒体代表围绕"通往金砖国家共同信息空间之路"这一主题重点讨论了加强金砖国家框架内主流媒体合作，构建金砖国家共同信息空间的首要任务和机制问题，媒体与国家、记者与社会的相互协作问题以及促进建立和平、安全、开放、合作的网络空间进程等问题。俄罗斯国际新闻通讯社社长基谢廖夫指出，目前的地缘政治局势赋予了金砖国家信息合作新的意义。这次论坛开启了新的合作领域，同时将促进"金砖五国"的进一步协作。

2015 年 10 月 9 日，第五届金砖国家农业部长会议在俄罗斯首都莫斯科召开。与会的"金砖五国"农业部部长在采取措施加强农业经贸与投资合作，推动农业共同发展，通过启动农业信息交流机制，搭建农业信息与数字农业平台，改善农业决策、贸易、投资信息服务，加强农业技术及农业适应气候变化合作，提升粮食安全保障水平等方面达成共识。

（七）2016年

2016 年 1 月 12 日，经济日报社主办、中国经济网承办的"第四届金砖国家财经论坛"在北京举行。此次论坛以"金砖新视野：共生共荣融合发展"为主题。中国商务部国际司司长张少刚出席论坛并致辞。他表示，相信金砖国家经济增长的趋势不会改变，应当坚定信心，从包括经贸在内的各个领域，进一步深化彼此间的互利合作，充分发挥经济发展潜能，共同克服暂时困难，尽快重拾增长势头，为世界经济复苏继续做出积极的贡献。同时，他还为进一步深化金砖国家经贸合作提出三点看法。

2016 年 2 月 15 日，印度正式接任金砖国家主席国，任期持续到 2016 年 12 月 31 日。

2016 年 4 月 14 日，金砖国家财长和央行行长在美国华盛顿二十国集团（G20）财长和央行行长会议及国际货币基金组织春季例会系列会议期间举行了会议。会议主要讨论了全球和金砖国家当前经济金融形势、金砖国家共同关心的 G20 议题，以及金砖国家应急储备安排和金砖国家开发银行的相关问题。

2016 年 6 月 24 日，金砖国家最高审计机关领导人第一次会议在北京举行，中国审计署审计长刘家义、印度主计审计长夏尔马、巴西审计法院院长赛德拉斯、南非审计长马奎图和俄罗斯联邦审计院审计委员玛努洛娃等参加会议。此次会议以"审计如何促进经济社会发展"为主题进行交流并通过成果文件，呼吁各国最高审计机关更好地发挥国家审计在国家治理中的基石和重要保障作用，促进国家治理，推动经济社会可持续发展。

2016 年 9 月 2 日，首届金砖国家电影节在印度首都新德里的斯里堡大礼堂开幕。《大唐玄奘》《滚蛋吧！肿瘤君》《百鸟朝凤》等 4 部中国影片参加竞赛单元的角逐。霍建起的《大唐玄奘》获得最佳导演奖，《百鸟朝凤》获得评委会特别大奖。

2016 年 9 月 15 日，国务委员杨洁篪在新德里出席金砖国家安全事务高级代表第六次会议。会议为将于 10 月在印度果阿举行的金砖国家领导人第八次会晤进行了政治准备，围绕网络安全、能源安全、反恐、西亚北非及中东局势等问题交换了意见，并就加强金砖国家合作达成广泛共识。

2016 年 9 月 20 日，金砖国家外长会议在第 71 届联合国大会期间例行举行。外交部部长们强调，2006 年 9 月金砖国家外长会议在第 61 届联合国大会期间第一次举行以来，在开放、团结、平等、互谅、包容、合作、共赢原则指导下，金砖国家在深化战略伙伴关系方面取得了积极进展。

2016 年 9 月 23 日，第六届金砖国家农业部长会议在印度首都新德里召开，中国农业部副部长屈冬玉率团出席会议并做主旨发言。

2016 年 9 月 30 日，第四届金砖国家教育部长会议在印度新德里召开，会上"金砖五国"教育部代表签署了《新德里教育宣言》。

2016 年 10 月 4 日，第七届金砖国家知识产权局局长会议在瑞士日内瓦召开，中国国家知识产权局局长申长雨率团出席。印度专利、外观设计、商标和地理标志局局长欧姆·帕卡什·古普塔，俄罗斯联邦知识产权局局长戈利高里·伊夫利耶夫，南非公司与知识产权注册局局长罗伊·沃勒和巴西工业产权局局长路易斯·奥特维·皮曼塔尔等出席会议。

2016 年 10 月 13 日，在印度新德里举行的金砖国家第六次经贸部长会议在知识产权等方面取得了一系列成果，为即将召开的金砖国家领导人第八次会晤在经贸方面做好准备。此次会议由印度商工部部长希塔拉曼主持，巴西、俄罗斯、中国、南非经贸部长或代表出席。会议重点讨论了全球经济形势及其对金砖国家贸易投资影响、金砖国家多边立场协调、经贸领域务实合作等议题，通过了经贸部长会议联合公报，并就服务贸易、知识产权、单一窗口、中小企业、贸易促进、标准化等达成了多项重要成果。

2016 年 10 月 15～16 日，金砖国家领导人第八次会晤在印度果阿举行。中国国家主席习近平在印度果阿出席金砖国家领导人第八次会晤时，发表了题为《坚定信心，共谋发展》的讲话。会晤主题为"打造有效、包容、共同的解决方案"。金砖国家领导人第八次会晤通过了《金砖国家领导人第八次会晤果阿宣言》，五国同意进一步推动保险和再保险市场合作、税收体系改革、海关部门互动等，并探讨设立一个金砖国家评级机构的可能性。

2016 年 10 月 20 日，第四届金砖国家科技创新部长级会议在印度斋普尔举行，"金砖五国"科技部长级代表出席会议。此次部长级会议是基于2015 年 7 月在俄罗斯召开的金砖国家领导人第七次会晤上发表的《金砖国家领导人第七次会晤乌法宣言》和《金砖国家政府间科技创新合作谅解备忘录》举办的。中国科技部副部长侯建国率代表团出席会议。侯建国介绍了中国在金砖国家科技创新合作框架下开展的活动，表达了中国推进金砖国家科技联合研究、创新创业、青年科学家论坛等合作的愿望和建议。

（八）2017年

2017年2月16～17日，二十国集团外长会议在德国波恩召开，会议以"塑造全球秩序——超越危机管理的外交政策"为主题，分两阶段重点讨论落实2030年可持续发展议程、在复杂世界中维持和平、对非伙伴关系等问题。

2017年3月17日，金砖国家财长和央行行长会议在德国巴登举行，会议围绕金砖国家领导人第九次会晤关于"深化金砖伙伴关系，开辟更加光明未来"这一主题，就宏观经济形势和政策、二十国集团财金议程协调以及务实财金合作等议题举行了讨论，并通过了全年工作安排。

2017年3月20～21日，金砖国家经贸联络组中国年首次会议（总第十四次会议）在北京召开。巴西、俄罗斯、印度、中国和南非等五个金砖国家成员，世贸组织、联合国贸发会议、联合国工发组织、国际贸易中心等国际组织以及金砖国家工商理事会代表与会。会议重点围绕贸易便利化、投资便利化、服务贸易、电子商务、知识产权、经济技术合作和支持多边贸易体制等议题进行了深入讨论，取得了积极进展。

2017年3月23～24日，二十国集团（G20）峰会第二次协调人会议在德国法兰克福举行，会议期间，中国外交部副部长李保东还出席了"三驾马车"协调人会议和新兴市场国家协调会，并同有关国家G20事务协调人举行双边会见。

2017年5月18日，金砖国家反恐工作组第二次会议在北京举行。中国外交部涉外安全事务司司长刘光源主持会议。中方代表团由外交部、公安部、中国人民银行等有关部门代表组成。俄罗斯外交部新挑战和新威胁局局长罗加乔夫、印度外交部反恐事务联合秘书辛格维、南非国家情报协调委员会代理情报协调员马西亚帕托、巴西驻华使馆副馆长马塞洛率代表团与会。

本次会议是 2017 年金砖国家合作系列会议之一。会上，各方就国际地区反恐形势、金砖国家反恐合作、金砖国家反恐工作组未来发展等议题进行了深入探讨，普遍认为，金砖国家在反恐领域具有广泛共同利益和广阔合作空间，应充分利用好金砖国家反恐工作组机制这一平台，逐步扩大在反恐情报、执法、能力建设、海外利益安全保护等领域务实合作，加强在多边场合的沟通协调，共同为国际反恐斗争贡献"金砖力量"。

2017 年 5 月 23 日，在瑞士日内瓦举行的第 70 届世界卫生大会期间，中国、巴西、俄罗斯、印度和南非卫生部部长举行午餐会议，就深化金砖国家卫生合作交换意见，承诺加强金砖国家卫生领域合作，提高金砖国家人民健康水平。

2017 年 5 月 23～25 日，金砖国家经贸联络组中国年第二次会议（总第十五次会议）在北京召开。会议就 2017 年金砖国家经贸合作总体成果方向达成广泛共识，取得了积极进展。本次会议围绕贸易便利化、投资便利化、服务贸易、电子商务、知识产权、经济技术合作和支持多边贸易体制等议题进行讨论。巴西、俄罗斯、印度、中国和南非等五个金砖国家成员，世贸组织、联合国贸发会议、联合国工发组织、国际贸易中心等国际组织以及金砖国家工商理事会代表与会。此外，会议期间还召开了金砖国家示范电子口岸专家对话、金砖国家知识产权合作机制首次会议和金砖国家电子商务合作专家对话。

2017 年 6 月 8 日，金砖国家媒体高端论坛在北京开幕。中共中央政治局委员、中央书记处书记、中宣部部长刘奇葆出席开幕式并发表题为《深化媒体交流合作，助力金砖国家发展》的致辞。金砖国家媒体高端论坛由新华社倡议并联合巴西、俄罗斯、印度、南非主流媒体共同发起，以"深化金砖国家媒体合作，促进国际舆论公平公正"为主题。来自"金砖五国"的 27 家媒体负责人出席论坛。

2017 年 6 月 14～15 日，金砖国家协调人第二次会议在山东省青岛市举行。各国金砖国家事务协调人、副协调人和新开发银行代表等出席会议。会议系统梳理了 2017 年以来金砖国家在政治安全、经贸财金、人文交流、机制建设等重点领域的合作进展，重点讨论了金砖国家领导人厦门会晤、汉堡非正式会晤以及新兴市场国家与发展中国家对话会预期成果，金砖国家安全事务高级代表会议，外长会晤筹备工作等问题，达成广泛共识。与会各方一致同意继续加强金砖国家伙伴关系，深化各领域务实合作，共同开创金砖国家合作第二个"金色十年"。

2017 年 6 月 16 日，第七届金砖国家农业部长会议在江苏省南京市召开，中国、巴西、俄罗斯、印度、南非五个国家的农业部和联合国粮农组织、世界粮食计划署、国际农发基金、金砖新开发银行共 9 个代表团，就密切金砖国家农业合作、推动世界农业持续发展达成广泛共识。这次会议围绕"创新与共享，共同培育农业发展新动能"的主题进行了深入交流，确定今后 5 年金砖国家将重点在提高粮食安全保障能力、小农生产适应气候变化、科技创新与示范、农产品投资贸易以及农业信息技术应用等五个领域进行合作。会议还通过了《第七届金砖国家农业部长会议共同宣言》和《金砖国家农业合作行动计划（2017—2020）》等成果文件。

2017 年 6 月 19 日，金砖国家外长会晤在北京钓鱼台国宾馆举行。中国外交部部长王毅主持会晤。五国外长回顾总结了过去 10 年五国合作的成果和经验，就金砖合作下一步发展、当前国际形势和热点问题进行深入探讨。各方一致认为，金砖国家应推动新兴市场国家及发展中国家团结合作，维护和增进广大发展中国家整体利益和福祉；继续致力于维护国际公平正义、促进世界和平稳定，维护联合国在国际事务中的核心地位，推动政治解决热点问题，携手应对全球性挑战，努力构建合作共赢的新型国际关系；促进世界多极化和国际关系民主化，推动国际秩序和国际体系朝着更加公平合理的方向发展，为人类社会集体繁荣进步贡献更多"金砖智慧"和"金砖方案"，为构建人类命运共同体发挥积极和建设性作用。

2017 年 6 月 19 日，中国担任金砖国家主席国期间的第二次金砖国家财长和央行行长会议在上海成功举行，"金砖五国"就财金合作成果文件达成共识，承诺在九大领域加强合作，为金砖国家领导人厦门会晤做好了财金领域的政策和成果准备。

2017 年 6 月 23 日，第三次金砖国家环境部长会议在天津举办。中国环境保护部党组书记李干杰出席并主持会议，南非环境事务部部长艾德娜·莫莱瓦，印度环境、森林与气候变化部常务副部长阿杰·纳拉扬·贾，巴西环境部代表团团长费尔南多·科伊姆布拉，俄罗斯自然资源与生态部代表团团长努里丁·伊纳莫夫出席会议。联合国副秘书长、联合国环境署执行主任埃里克·索尔海姆应邀参加会议。会议发表了《第三次金砖国家环境部长会议天津声明》，通过了《金砖国家环境可持续城市伙伴关系倡议》。

2017 年 7 月 5 日，第五届金砖国家教育部长会议在北京召开，金砖五国代表团团长签署了《北京教育宣言》，并就金砖国家教育未来合作达成了一系列共识。

2017 年 7 月 6 日，第二届金砖国家文化部长会议在天津举行，中国文化部部长雒树刚，俄罗斯文化部部长弗拉基米尔·梅津斯基，印度文化部部长马赫希·夏尔马，南非艺术和文化部部长代表、代理总司长加拉德·武西特巴·恩迪玛，巴西文化部部长代表、国际推广司司长阿当·穆尼兹出席会议。中国文化部副部长张旭、中国香港特区政府民政事务局局长刘江华和中国澳门特区政府社会文化司司长谭俊荣作为中方代表团成员与会。会后，雒树刚与梅津斯基、夏尔马、恩迪玛、穆尼兹共同签署了《落实〈金砖国家政府间文化协定〉行动计划（2017—2021 年)》，并一同见证了金砖国家图书馆联盟、博物馆联盟、美术馆联盟和青少年儿童戏剧联盟签署成果文件。

2017 年 7 月 6 日，第七届金砖国家卫生部长会暨传统医药高级别会议在天津召开并通过《天津公报》。《天津公报》强调金砖国家将积极分享改善卫生体系、提高卫生服务质量的有益经验；支持金砖国家监管机构开展合作，同意共同促进创新医疗产品的研究与开发；同意建立结核病研究网络；认识到实现儿童生存权的重要性；认识到国际社会始终警惕疾病暴发的威胁并准备做出反应的重要性；认识到抗菌药物耐药问题严重威胁公共健康和经济增长；承诺在全球艾滋病防治方面采取集体行动和保持领导力；认识到需要在卫生服务中更多地利用信息和通信技术，以提高医疗服务可及性。

2017 年 7 月 8 日，二十国集团（G20）领导人第十二次峰会在德国汉堡继续举行。与会领导人就非洲伙伴关系、数字化问题、移民、卫生、就业、妇女赋权等议题交换意见。会议通过了《二十国集团领导人汉堡峰会公报》，强调应对当今时代挑战、塑造联动世界是二十国集团作为国际经济合作主要论坛的共同目标；承诺在杭州峰会成果基础上携手合作，推动贸易投资，发挥数字化潜力，推动可持续发展，与非洲国家建立伙伴关系，推动世界经济实现强劲、可持续、平衡和包容增长，塑造全球化，造福全人类。

2017 年 7 月 18 日，第五届金砖国家科技创新部长级会议在中国杭州成功举行。会议的主题是"创新引领，深化合作"。会议就科技创新政策交流、专题领域合作、联合资助多边研发项目、青年创新创业、青年科学家交流、科技园区合作等达成了多项重要成果。会后，金砖国家科技创新部长们共同召开了新闻发布会，并发表了《杭州宣言》、《金砖国家创新合作行动计划》和《金砖国家 2017—2018 年科技创新工作计划》。

2017 年 7 月 21 日，第三届金砖国家外交政策规划对话会在北京举行。对话会由中国外交部政策规划司代司长汪文斌主持，南非国际关系与合作部地区组织司司长马尔科姆森、巴西外交部政策规划司司长贝利、俄罗斯外交部政策规划司司长斯捷潘诺夫、印度外交部政策规划司司长达门德拉率团与会。各方就当前国际和地区形势、金砖国家合作等议题进行了坦诚、深入交流，同意用好外交政策规划对话会平台，为深化金砖合作提供有力智力支持。各方期待并相信金砖国家领导人厦门会晤将取得圆满成功，开辟金砖合作更加光明的未来。

2017 年 7 月 25 日，金砖国家青年论坛在北京开幕，为期三天，来自巴西、俄罗斯、印度、中国、南非五个金砖国家的 50 名青年代表相聚北京，本次论坛的主题为"构建伙伴关系，促进青年发展"。来自金砖国家的青年公务员、青年学者、青年企业家、青年艺术工作者、青年媒体工作者以及大学生等各行各业的 20 名优秀代表，围绕"新时期各国青年政策重点和特点""金砖国家青年创新创业""金砖国家青年在全球治理中的责任"等议题进行深入探讨，并最终形成《2017 年金砖国家青年论坛行动计划》。

2017 年 7 月 26～27 日，金砖国家劳工就业部长会议在重庆召开。会议通过了《2017 年金砖国家劳工就业部长会议宣言》以及《金砖国家劳动世界未来的治理共同立场文件》、《金砖国家技能扶贫减贫行动计划》、《金砖国家社会保障合作框架》和《金砖国家劳动研究机构网络工作章程》4 个成果文件。金砖各国劳工就业部部长、社会伙伴代表以及国际劳工组织、国际社会保障协会等国际组织高级官员 100 多人出席。

2017 年 7 月 27 日，第三届金砖国家通信部长会议在浙江杭州召开。围绕"数字经济时代的信息通信技术创新与融合发展"这一主题，本届部长会议通过，并发表了《第三届金砖国家通信部长会议宣言》，在数字经济、包容性增长、技术创新、产业融合发展等方面达成了多项共识。

2017 年 7 月 27 日，金砖国家税务局长会议在杭州举行。会议期间，金砖各国税务部门负责人联合签署了金砖国家税务合作的第一份机制性文件——《金砖国家税务合作备忘录》，首次以官方文件形式将金砖国家税收领域合作上升至制度层面，标志着金砖国家税务合作机制建设进入了一个新的时期。会后，发布了金砖国家税务局长会议公报，规划了金砖国家税收合作路线图，承诺推动落实二十国集团税制改革成果，支持建立公平和现代化的国际税收体系，倡议金砖国家深化多边税收合作，加强税收征管能力建设并向发展中国家提供能力建设援助，鼓励发展中国家深度参与国际税收合作。

2017 年 7 月 28 日，第七次金砖国家安全事务高级代表会议在北京钓鱼台国宾馆举行。各方围绕全球治理，反恐、网络安全和能源安全，国际和地区热点问题、国家安全和发展等议题深入交换意见，达成广泛共识。各方同意，不断加强金砖安代会机制作用，推动金砖政治安全合作深入发展；致力于完善全球治理体系，有效应对全球性威胁和挑战，推动国际秩序向更加公正、合理的方向发展，推动经济全球化更加公平、普惠和包容；加强反恐、网络安全和能源安全等领域的沟通与合作；发挥各层级会晤磋商机制作用，就国际和地区热点问题加强沟通协调，发出金砖国家声音；加强彼此交流合作，促进金砖国家安全与发展。

2017 年 7 月 29 日，第二届金砖国家工业部长会议在杭州召开。

2017 年 7 月 30 日，金砖国家经贸联络组中国年第三次会议（总第十六次会议）在上海召开。巴西、俄罗斯、印度、中国和南非等五个金砖国家成员，以及联合国贸发会议、联合国工发组织、国际贸易中心等国际组织代表与会。

2017 年 8 月 1 日，金砖国家第七次经贸部长会议在上海开幕。本次会议主席、中国商务部部长钟山主持会议并致开幕词。俄罗斯经济发展部部长奥列什金，印度商工部部长希塔拉曼，南非贸工部部长戴维斯，巴西工业、外贸和服务部副部长马亚出席。

2017 年 8 月 29 日，"2017 年金砖国家贸易救济国际研讨会"在北京召开。

2017 年 9 月，金砖国家领导人第九次会晤在中国厦门举行，主题为"深化金砖伙伴关系，开辟更加光明未来"，五国协商一致通过《金砖国家领导人厦门宣言》。

2017 年 9 月 4 日，金砖国家领导人同工商理事会对话会在厦门召开，中国国家主席习近平、巴西总统特梅尔、俄罗斯总统普京、印度总理莫迪、南非总统祖马出席会议。对话会后，金砖国家领导人见证了《金砖国家经贸合作行动纲领》《金砖国家创新合作行动计划》《金砖国家海关合作战略框架》《金砖国家工商理事会与新开发银行关于开展战略合作的谅解备忘录》4 个合作文件的签署。

2017 年 9 月 5 日，金砖国家海关署长会晤在广州召开。会晤期间，金砖国家海关署长就如何实施《金砖国家海关合作战略框架》交换意见并达成共识。

2017 年 9 月 8 日，"金砖国家在世界上的作用"研讨会在比利时布鲁塞尔埃格蒙宫举行，来自金砖五国驻比利时的使节、学者以及比利时官员和欧盟智库专家就金砖国家在世界上所扮演的角色进行了深入探讨，并就金砖国家如何与欧盟加强合作交换了意见。

2017 年 10 月 14 日，金砖国家议会论坛在俄罗斯圣彼得堡举行。这是中国作为 2017 年金砖国家主席国主办的一场重要活动，主题为"加强议会间交流合作，推动落实金砖国家领导人厦门会晤成果"。中国全国人民代表大会常务委员会副委员长张平主持论坛，南非全国省级事务委员会主席莫迪塞，巴西参议长奥利维拉，俄罗斯国家杜马主席沃洛金、联邦委员会第一副主席费德罗夫，印度人民院议长马哈詹出席。

2017 年 10 月 30 日，中国外交部副部长李保东会见沙特阿拉伯王室顾问法哈德·穆巴拉克及沙特二十国集团事务协调人哈马德·本·苏莱曼·巴兹，就二十国集团事务交换了看法。

（九）2018年

2018 年 3 月 26 日，第十届金砖国家知识产权局局长会议在成都召开，金砖五国知识产权主管部门负责人共同签署了《金砖五局关于加强金砖国家知识产权领域合作的联合声明》，首次以官方联合声明的形式明确金砖国家知识产权合作目标和合作领域。

2018 年 4 月 23 日，金砖国家智库国际研讨会暨"万寿论坛"在广东省广州市召开，此次研讨会主题是"金砖国家开放创新与包容性发展"。会议分别围绕"金砖国家区域发展战略对接与进一步开放""金砖国家可持续发展的制造业创新""金砖国家经济与社会改革与包容性发展"举办了三个环节的闭门研讨会。

2018 年 5 月 6 ~ 7 日，金砖国家智库国际研讨会暨第十七届"万寿论坛"在对外经济贸易大学举行。本次研讨会以"深化金砖伙伴关系 促进新型国际发展合作"为主题，与会专家学者围绕人类命运共同体与新国际发展观、金砖合作的新机制与新路径、金砖合作与实现国际可持续发展及国际发展与合作、来自金砖国家的最佳经验四个议题进行了探讨交流。

2018 年 5 月 18 日，第四次金砖国家环境部长会议在南非德班召开，会议以"加强金砖国家在可持续消费与生产背景下的循环经济合作"为主题。

2018 年 5 月 21 日，国务委员兼外交部部长王毅在布宜诺斯艾利斯出席二十国集团外长会议期间会见南非外交部部长西苏鲁。王毅表示，中南作为重要发展中大国和新兴市场国家，在国际和地区事务中发挥着重要作用，保持着密切协作。中南关系的战略意涵已超越双边范畴，具有全球性影响。中方愿与南非密切沟通协作，有力维护发展中国家的团结和合作，推动完善全球治理体系。

2018 年 6 月 23 日，金砖国家智库国际研讨会暨第二十二届"万寿论坛"在上海举行。国内外专家学者围绕"全球经济治理格局中金砖国家务实合作"主题展开了深入探讨，形成了广泛共识。

2018 年 6 月 29 日，第八次金砖国家安全事务高级代表会议在南非德班召开，会议着眼于为 7 月金砖国家领导人约翰内斯堡会晤做政治准备，就国际形势和地区热点问题以及加强金砖国家在维和行动、反恐、网络安全等领域合作深入交换意见，达成广泛共识。

2018 年 7 月 4 日，金砖国家治国理政研讨会在南非约翰内斯堡举行。来自金砖国家、南部非洲国家的 120 多位代表围绕"参与全球治理：维护人民利益，贡献金砖智慧"主题深入交流治国理政经验。

2018 年 7 月 5 日，金砖国家第八次经贸部长会议在南非约翰内斯堡举行。会议重点围绕支持多边贸易体制、深化经贸务实合作等议题进行了讨论，通过了经贸部长会议联合公报以及有关支持多边贸易体制、反对单边主义和保护主义的单独声明，并就贸易投资便利化、服务贸易、知识产权、电子商务、贸易促进、中小企业、标准化等达成一系列经贸成果。

2018 年 7 月 16 日，金砖国家青年峰会在南非林波波省贝拉镇开幕。在本届金砖国家青年峰会举办期间，与会代表将围绕"金砖青年政策框架""第四次工业革命""金砖国家青年经济参与""保护妇女儿童，关于性别暴力和识别的对话""教育获得、课程体系改革和未来工作"等议题进行探讨。

2018 年 7 月 18～19 日，第三届金砖国家媒体高端论坛在南非开普敦举行。与会代表就加强各领域合作达成广泛共识，并共同发表《金砖国家媒体高端论坛行动计划（2018—2019 年）》。

2018 年 7 月 19～29 日，中国国家主席习近平对阿联酋、塞内加尔、卢旺达和南非进行国事访问，出席金砖国家领导人第十次会晤，过境毛里求斯并进行友好访问。此次亚非之行引领中国特色大国外交开辟了新境界，打开了中外关系和南南合作的新局面，拓宽了国内发展和战略运筹的新空间，推进了构建人类命运共同体的新实践，对构建新型国际关系具有示范意义。

2018年7月25日，中国国家主席习近平应邀出席在南非约翰内斯堡举行的金砖国家工商论坛，并发表题为《顺应时代潮流 实现共同发展》的重要讲话。

2018年7月25~27日，金砖国家领导人第十次会晤在南非约翰内斯堡举行。五国领导人围绕"金砖国家在非洲：在第四次工业革命中共谋包容增长和共同繁荣"主题，就金砖国家合作及共同关心的重大国际问题深入交换看法，达成广泛共识。会晤发表《金砖国家领导人第十次会晤约翰内斯堡宣言》，就维护多边主义、反对保护主义发出明确信号，决定启动金砖国家新工业革命伙伴关系，深化在经贸金融、政治安全、人文交流等领域合作。

2018年8月22~24日，第五届"金砖国家国际法律论坛"在开普敦国际会议中心隆重举行，大会共分四个平行专题进行研讨，包括"金砖国家仲裁""金砖国家合同法与公司法""金砖国家金融法与财税法""金砖国家争议解决中心的运行"。

2018年9月10日，第二次金砖国家科技创新创业伙伴关系工作组会议于中国昆明举行。18个来自金砖国家的技术转移机构在金砖国家技术转移中心正式成立的背景下签约开展金砖国家技术转移合作。以金砖国家技术转移中心落地为基础，常态化举办金砖国家技术转移与创新合作论坛，建立金砖国家技术转移线上平台，组织金砖国家技术转移经理人培训、项目对接与创新创业竞赛等具体工作将陆续开展。

2018年9月12日，印度批准参与金砖国家合作研究区块链谅解备忘录，该谅解备忘录是金砖国家银行间合作机制下的一项合作倡议，旨在深入对DLT的了解并确定可以部署该技术的相关领域。

2018年9月21~22日，金砖国家智库国际研讨会暨第二十三届"万寿论坛"在天津举行，本次会议主题为"金砖国家新工业革命伙伴关系与科技创新"。

2018 年 9 月 27 日，国务委员兼外交部部长王毅在纽约出席金砖国家外长会晤。金砖国家外交部部长一致同意，努力落实好金砖国家领导人在约翰内斯堡会晤上达成的共识，进一步加强战略沟通，深化务实合作，密切人文交流，实现互利共赢，落实联合国《2030 年可持续发展议程》。

2018 年 10 月 25 日，首届金砖国家博物馆联盟大会在中国国家博物馆召开，金砖国家文博同仁齐聚一堂，共同见证金砖国家博物馆联盟成立，共商金砖国家博物馆合作共赢大计，为未来开展务实合作奠定坚实的基础。

2018 年 10 月 31 日，第三届金砖国家文化部长会议在南非玛罗彭举行。本次会议成果文件《玛罗彭宣言》凝聚了各方对深化文化领域务实合作的重要共识，清晰地勾勒了今后一段时期金砖国家合作的方向、具体领域、项目和内容。

2018 年 11 月 7 日，联合国工发组织总干事李勇与上海社会科学院沈开艳教授一同发布《"金砖国家＋"2018 年电子商务报告》。该报告提供了金砖国家以及奥地利、柬埔寨、埃塞俄比亚、墨西哥和英国电子商务发展的最新信息。

2018 年 11 月 18 日，金砖国家智库国际研讨会、第二十六届"万寿论坛"暨第六届新兴经济体智库圆桌会议在广州举行。会议围绕"金砖命运共同体建设与改革创新"这一话题进行深入交流与研讨，对弘扬改革创新的时代精神、推动金砖命运共同体建设具有重要的现实意义。

2018 年 11 月 30 日，金砖国家领导人在二十国集团领导人布宜诺斯艾利斯峰会前夕，举行非正式会晤。五国领导人围绕世界经济形势、应对当前挑战和金砖国家合作等议题深入交换意见，达成广泛共识。本次非正式会晤发表了《金砖国家领导人布宜诺斯艾利斯非正式会晤新闻公报》。

（十）2019 年

2019 年 4 月 1 日，金砖国家新开发银行第四届年会在南非开普敦国际会展中心开幕。此次年会为期两天，将讨论进一步加强金砖国家之间的金融合作，推动成员国及其他发展中国家基础设施建设等事宜。新开发银行行长卡马特在年会致辞中说，银行今后将把工作重点放在促进可持续发展上，并将支持金砖国家的相关努力。卡马特表示，新开发银行 2019 年贷款总额将从目前的 80 亿美元增加至约 160 亿美元。

2019 年 6 月 28 日，二十国集团（G20）领导人第十四次峰会在日本大阪正式举行。作为新兴国家和发展中国家的代表，金砖国家领导人集体出席本次峰会，并在此期间举行金砖国家领导人第九次非正式会晤，在 G20 峰会正式开启之前协调各国在世界经济和贸易、数字经济、可持续发展、基础设施建设、气候、能源、环境等大阪峰会主题议题的立场，从而在全体会议期间代表发展中国家发出金砖国家的声音，捍卫新兴国家和发展中国家的利益，应对单边主义和保护主义对国际经济秩序的严重冲击，维护和巩固多边主义及以规则为基础的国际秩序的合法性。

2019 年 7 月 25 日，国家主席习近平应邀出席在南非约翰内斯堡举行的金砖国家工商论坛，并发表题为《顺应时代潮流 实现共同发展》的重要讲话。该讲话指出了如何在国际格局演变的历史进程中运筹金砖合作，如何在世界发展和金砖国家共同发展的历史进程中谋求自身发展，如何在第二个"金色十年"里实现新的飞跃。习近平重要讲话推动金砖合作再出发。

2019 年 7 月 26 日，国务委员兼外交部长王毅在巴西出席金砖国家外交部长正式会晤。会晤由巴西外交部部长阿劳若主持，俄罗斯外交部部长拉夫罗夫、南非外交部部长潘多尔和印度国务部部长辛格出席。五国与会代表围绕当前国际形势、地区热点问题和金砖合作深入交换意见，一致认为要维护《联合国宪章》宗旨和原则，捍卫多边主义和自由贸易，反对单边主义和保护主义，加强全球治理，构建人类命运共同体；一致认为应通过对话协商解决地区热点问题；一致认为应深化金砖合作造福五国人民。五国对将网络安全问题泛化滥用，并以此为由打压他国科技发展保持警惕，同意努力为信息技术的应用营造开放、非歧视性的环境。

2019 年 9 月 26 日，金砖国家外长在第 74 届联合国大会期间举行例行会晤，就联合国议程上的政治、安全、经济、金融、可持续发展等领域的全球和地区问题以及金砖国家合作进行了深入交流。

2019 年 10 月 17 日，金砖国家财长和央行行长会议在美国华盛顿举行，中国人民银行副行长陈雨露出席了会议。此次会议主要讨论了推进金砖国家本币债券基金筹建、就跨境支付加强交流，以及金砖国家新开发银行等议题。会议期间，陈雨露参加了金砖国家应急储备安排理事会，会议就应急储备安排第二次演练以及进一步完善应急储备安排机制进行了探讨。陈雨露还应约会见了法国财政部副部长奥蒂尔·雷诺－巴索、日本财务省武内良树、卡塔尔央行行长阿卜杜拉·阿勒萨尼，以及沙特金融管理局副总裁图尔基·穆泰里，就双边金融合作、亚洲区域金融合作、二十国集团下的协调及其他双方共同关心的话题交换了意见。

2019 年 10 月 28 日，金砖国家治国理政研讨会在巴西里约热内卢举行，来自中国、俄罗斯、印度、巴西、南非五个金砖国家的近 150 位代表围绕"新时代、新动力，治理创新促进经济发展"的主题深入交流治国理政经验。在平行会议中，与会代表围绕"聚焦数字经济、创新驱动发展""捍卫多边主义、开放赢得未来""彰显以人为本、合作惠及世界"三个分议题展开充分讨论。研讨会期间还举行了《中国关键词：治国理政篇》葡文版首发式和"'一带一路'与巴西"网站上线发布仪式。

2019 年 11 月 11 日，金砖国家第九次经贸部长会议在巴西首都巴西利亚举行。会议由巴西经济部部长格德斯主持，俄罗斯经济发展部副部长塔雷博夫、印度商工部部长戈亚尔、南非贸工部部长帕特尔等参会。中国商务部副部长兼国际贸易谈判副代表王受文代表钟山部长出席会议并发言。本次会议重点讨论了全球经济形势、推进金砖经贸务实合作及多边立场协调等议题，并发表联合公报，就投资便利化、电子商务、知识产权及中小企业合作等达成了一系列积极共识。会议期间，金砖五国贸易和投资促进机构代表还共同签署了合作谅解备忘录。与会各方重申将全力支持以世贸组织为核心的、基于规则的多边贸易体制，避免采取单边主义和保护主义措施，强调世贸组织改革应充分考虑包括发展中成员和最不发达成员在内的全体成员利益。

2019 年 11 月 14 日，金砖国家领导人第十一次会晤在巴西首都巴西利亚举行。本次会晤的主题为"金砖国家：经济增长打造创新未来"。巴西总统博索纳罗主持会晤。习近平主席发表题为《携手努力共谱合作新篇章》的重要讲话。俄罗斯总统普京、印度总理莫迪、南非总统拉马福萨出席。会晤发表了《金砖国家领导人第十一次会晤巴西利亚宣言》。同日，金砖国家领导人同金砖国家工商理事会和新开发银行对话会在巴西利亚举行。习近平出席并发表讲话。他指出，要深入开展创新、数字经济等领域合作，打造更多精品项目；加强同金砖国家内外合作机制协同增效和沟通协调，继续向政府部门建言献策，帮助各国不断改善营商环境；既重视经济效益又承担社会责任，心系民生福祉；在建设高质量、可持续、包容可及的基础设施方面加强合作，开发、推广绿色环保技术；加强内部建设，提升政策水平和研究能力，做好新开发银行扩员准备工作。

（十一）2020年

2020年1月3日，由金砖国家智库合作中方理事会主办的"第三届金砖国家智库合作中方理事会年会暨第二届万寿国际形势研讨会"在北京举行。本次会议以"百年变局下的复兴之路"为主题。

2020年4月28日，金砖国家召开应对新冠肺炎疫情特别外长会议。会议以视频方式举行，五国外交部部长就坚持多边主义、携手抗击疫情、深化金砖合作等问题深入交换意见。

2020年4月29日，金砖国家经贸联络组第二次会议（总第二十四次会议）以视频方式举行。巴西、俄罗斯、印度、中国、南非等成员参会。会上，各成员分享了应对疫情影响的经贸举措，认为金砖国家应加强协调合作，坚定支持多边贸易体制，反对单边主义和保护主义，维护良好的国际贸易投资环境，支持发展中国家和最不发达国家，为疫情后经济复苏和可持续、包容增长蓄力。会议还就《金砖国家经济伙伴战略2025》、数字时代服务贸易、多边贸易体制等议题进行了讨论。

2020年7月23日，金砖国家第十次经贸部长会议以视频方式举行。本次会议在疫情全球蔓延、国际经贸发展面临严峻形势背景下召开。五国部长就疫情应对、《金砖国家经济伙伴战略2025》、支持多边贸易体制和经贸务实合作等议题进行了深入讨论，达成了《金砖国家第十次经贸部长会议联合公报》和《金砖国家关于多边贸易体制和世贸组织改革的联合声明》。

2020年7月23日，金砖国家反垄断政策协调委员会召开视频会议。会上，金砖国家竞争机构负责人签署了《金砖国家竞争机构负责人声明》，宣布对有效期至2020年5月的《金砖国家竞争法律与政策领域合作谅解备忘录》进行延期。会议发布了《金砖国家竞争机构应对新冠肺炎疫情联合声明》，就进一步深化金砖国家竞争领域合作、共同应对疫情带来的经济挑战表明立场。

2020年7月30日，第六次金砖国家环境部长会议以视频形式召开。中方在会上呼吁，共同探寻应对生态环境问题的"金砖方案"。会议审议通过了《第六次金砖国家环境部长会议联合声明》。

2020年7月30日，金砖国家自然灾害管理工作组举行视频会议。各方认为，此次会议是践行团结互助金砖精神的务实举措，为各国应急管理专业部门加强能力建设提供了借鉴。

2020年8月25日，金砖国家体育部长会议正式举行，会议通过了金砖国家体育部门间合作谅解备忘录。会上，各方表示将在谅解备忘录框架下加强金砖国家体育交流与合作，共同应对疫情挑战，在国际体育事务中协调立场，促进各国体育事业不断发展。各方支持北京举办冬奥会，相信北京冬奥会将取得圆满成功。

2020年8月26日，第十二届金砖国家知识产权局局长会议以视频会议形式召开。金砖国家知识产权局局长听取了"金砖国家知识产权合作路线图"下各局牵头项目的进展和下一步工作汇报。会议重点围绕各局为减少新冠疫情影响所采取的措施和新冠肺炎疫情发生以来药物专利授权进行了交流和讨论，并就各局数字化技术应用情况及未来可能开展的合作做了探讨。

2020年9月4日，金砖国家外长视频会晤召开。与会五国外交部部长就全球形势、地区热点问题以及金砖国家合作等深入交换了意见。各方一致认为当前形势下金砖国家需要加强团结，共迎挑战。

2020 年 9 月 17 日，第六届金砖国家通信部长会议以视频方式举行。会议主题为"全球数字化：新机遇和新挑战"。工业和信息化部部长肖亚庆出席并表示金砖国家要更加紧密地团结在一起，发扬金砖精神，深化金砖合作，共同把握全球数字化带来的新机遇。

2020 年 10 月 27 日，第六届金砖国家议会论坛视频会议召开。与会各方围绕"维护全球稳定、保障共同安全、促进创新增长的金砖国家伙伴关系：议会合作"的会议主题进行了深入交流。会议通过了《第六届金砖国家议会论坛宣言》。

2020 年 11 月 13 日，第八届金砖国家科技创新部长级会议以线上方式举行。会议通过了《第八届金砖国家科技创新部长级会议宣言》和《金砖国家科技创新活动计划（2020—2021 年)》。

2020 年 11 月 16 日，金砖国家银行合作机制 2020 年年会暨金砖国家金融论坛以视频会议方式召开，会议上各成员行和应邀参会的金砖国家新开发银行围绕共同应对疫情挑战、支持金砖国家经济复苏、倡导负责任融资原则、推动金砖国家绿色融资体系建设与合作等议题进行了交流。会上，五个成员行共同签署了《金砖国家开发性金融机构负责任融资原则备忘录》。

2020 年 11 月 17 日，金砖国家领导人第十二次会晤以视频方式举行。习近平主席发表题为《守望相助共克疫情 携手同心推进合作》的重要讲话，与各国领导人共商抗疫合作大计，共绘金砖发展蓝图，为深化金砖国家战略伙伴关系指明方向。此次会议还为推动金砖国家经济伙伴关系进一步发展奠定了基础，将有利于未来成员间在更多领域达成合作，深化伙伴关系，维护国际多边合作机制，促进金砖国家经济和世界经济的复苏和繁荣。

2020 年 11 月 30 日，金砖国家媒体高端论坛第五次主席团会议以视频方式举行，各主席团成员一致承诺携手努力，进一步推动论坛机制发展与完善，推动和加强金砖国家媒体交流与合作。

2020 年 12 月 3 日，金砖国家治国理政研讨会暨人文交流论坛开幕式线上举行，中共中央政治局委员、中宣部部长黄坤明在京出席并发表主旨演讲，强调这次研讨会和论坛是贯彻落实习近平主席在金砖国家领导人会晤上重要倡议的具体举措，要以此为契机加强治国理政经验交流，深化人文交往合作，促进金砖伙伴关系走深走实，推动构建人类命运共同体。

2020 年 12 月 8 日，由工业和信息化部、厦门市人民政府、金砖国家智库合作中方理事会共同主办的 2020 金砖国家新工业革命伙伴关系论坛在厦门举行，会议期间举行了金砖国家新工业革命伙伴关系创新基地启动仪式。与会各方就加快建设新工业革命伙伴关系和打造"数字金砖""绿色金砖"等议题进行了深入研讨。

2020 年 12 月 16 日，第四次金砖国家总检察长会议以视频形式召开。此次会议的主题是打击网络领域、经济领域犯罪。会议达成成果性文件，强调提高打击经济犯罪和利用网络实施恐怖主义、极端主义犯罪的效率；加强在刑事司法协助领域的合作，在国际追逃追赃和资产返还方面形成合力；加强检察机关和其他司法执法机关的合作，共同打击利用网络虚假信息破坏社会秩序和经济秩序的犯罪行为。

（十二）2021 年

2021 年 4 月 6 日，印度接任金砖国家主席国后的首次财长和央行行长会议以视频方式举行。会议主要就全球经济形势和疫情应对、新开发银行合作、基础设施投资、海关合作，以及国际货币基金组织改革、金融服务合作、信息安全合作、金砖国家债券基金等议题进行了讨论。

2021 年 4 月 19 日，金砖国家灾害管理工作组会议以视频方式举行。金砖五国代表重点围绕多灾害早期预警系统、志愿服务与灾害管理及灾害韧性基础设施等议题分享了本国经验和举措，表达了进一步加强相关领域务实交流与合作，不断提升各国灾害管理能力的共同愿望。

2021 年 6 月 1 日，金砖国家外长会晤正式举行，与会各国外交部部长就当前国际和地区热点问题以及金砖国家合作等深入交换了意见。各方高度评价金砖国家外长会晤机制建立 15 年来取得的丰硕成果，支持金砖国家在政治安全、经贸财金、人文交流"三轮驱动"合作框架下，加强在共同关心领域的合作。与会外交部部长就当前国际抗疫进行了深入讨论，强调双边和多边国际合作对有效抗击疫情具有重要作用。外交部部长们重申对多边主义的坚定承诺，强调要把《联合国宪章》的宗旨和原则作为国际法不可或缺的基石，维护联合国在国际体系中的核心地位，发挥金砖国家合作机制作用，构建更加公平、公正、包容、平等、更具代表性的多极国际体系。会晤发表了《金砖国家关于加强和改革多边体系的联合声明》和《金砖国家外长会晤新闻公报》。

2021 年 6 月 10 日，由金砖国家智库合作中方理事会和厦门市人民政府共同主办，以"携手共建创新基地 打造金砖合作典范"为主题的 2021 金砖国家智库国际研讨会在厦门举行，来自金砖国家的智库专家学者及业界代表聚集厦门，共商金砖创新基地建设，共谋金砖国家务实合作。

2021 年 7 月 6 日，第八届金砖国家教育部长会议以视频方式召开。与会各国表达了推动优质教育发展、加强科研与学术合作交流的共同愿望。会议通过了《第八届金砖国家教育部长宣言》。

2021 年 7 月 15 日，金砖国家劳工就业部长会议以视频方式举行。中国人力资源和社会保障部副部长李忠出席会议，会议通过《金砖国家劳工就业部长会议宣言》。

2021 年 7 月 28～29 日，中国外交部涉外安全事务司司长白天出席金砖国家反恐工作组第六次会议，各方就当前国际地区反恐形势、各国反恐举措和金砖国家反恐合作交换了意见，认为世纪疫情、网络和社交媒体、新技术等被滥用，以及美国自阿富汗撤军给全球反恐安全形势带来严峻挑战，金砖国家作为具有全球性影响的新兴大国代表，应维护和践行真正的多边主义，加强团结协作，推动金砖反恐合作走深走实。

2021 年 8 月 16～18 日，金砖国家工商论坛以视频会议的方式举行。会议主题为"加强金砖国家商业联系，促进可持续增长和发展"。论坛主要讨论"金砖五国"在数字、金融、基础设施、健康、女性工作等方面的可持续发展合作。

2021 年 8 月 18 日，国家航天局局长张克俭与巴西航天局局长卡洛斯·莫拉、俄罗斯国家航天集团总经理罗戈津、印度空间研究组织主席西万和南非国家航天局局长穆萨米等金砖国家航天机构负责人进行了视频会议，并签署了《关于金砖国家遥感卫星星座合作的协定》。

2021 年 8 月 18 日，由厦门市金砖创新基地建设领导小组办公室（以下简称"厦门市金砖办"）主办的中英文网站（jzb. xm. gov. cn）及微信公众号（厦门市金砖办）正式上线，未来将发布金砖国家新工业革命伙伴关系创新基地（以下简称"金砖创新基地"）各类信息资讯，为金砖国家政府、企业、机构等参与金砖创新基地建设提供政策咨询、人才培训、项目对接等一站式服务。

2021 年 8 月 18 日，第五届金砖国家工业部长会议以视频方式举行。工业和信息化部部长肖亚庆指出，当前全球疫情复杂严峻，新一轮科技革命和产业变革深入推进，为金砖国家产业转型升级带来了新的发展机遇。会议通过了《第五届金砖国家工业部长会议联合宣言》。

2021 年 8 月 25 日，第十一次金砖国家安全事务高级代表视频会议召开，会议就国际和地区热点问题、执法机构合作、卫生安全、反恐及网络安全等议题深入交换了意见，通过《金砖国家反恐行动计划》。各方一致同意加强沟通协调和团结合作，确保金砖国家领导人会晤取得丰硕成果。

2021 年 8 月 25 日，第十三届金砖国家知识产权局局长会议以视频会议形式举行。会上，金砖国家知识产权局长共同听取了"金砖国家知识产权局合作路线图"下各局牵头项目的进展以及下一步工作计划，重点围绕数字化技术和其他新兴技术应用，分享了各局成功实践经验，对未来可能开展的合作进行了交流讨论。

2021 年 8 月 26 日，金砖国家轮值主席国印度主持召开了金砖国家财长和央行行长视频会议，中国人民银行副行长陈雨露出席会议并发言。会议就完善金砖应急储备安排机制等金砖金融合作议题进行了讨论。

2021 年 8 月 27 日，第十一届金砖国家农业部长视频会议召开，会议围绕"金砖国家携手合作，加强农业生物多样性，促进粮食安全和营养"主题展开研讨。本次会议由印度农业和农民福利部部长托马尔主持，会议通过了《第十一届金砖国家农业部长会议共同宣言》和《金砖国家农业合作行动计划（2021—2024）》。

2021 年 8 月 27 日，第七次金砖国家环境部长会议以视频形式召开。会议主题是"为持续、巩固和共识而合作"。会上，各方就近年来合作成果和各自国家生态环境保护工作进展进行交流分享，并就金砖国家未来生态环境合作方向达成共识。会议审议通过了《第七次金砖国家环境部长会议联合声明》。

2021 年 9 月 9 日，金砖国家领导人第十三次会晤以视频形式召开。中国国家主席习近平、南非总统拉马福萨、巴西总统博索纳罗、俄罗斯总统普京出席，印度总理莫迪主持会晤。本次会晤主题是"金砖 15 周年：开展金砖合作，促进延续、巩固与共识"。五国领导人围绕"金砖 15 周年：开展金砖合作，促进延续、巩固与共识"主题深入交流，通过了《金砖国家领导人第十三次会晤新德里宣言》。

附录二　金砖国家统计摘要

表1　2019年金砖国家概况

国家	国土面积 （万平方公里）	首都	年中人口 （万人）	人口密度 （人/公里²）	货币名称
巴西	852[1]	巴西利亚	21010[2]	24.7	雷亚尔（R$）
俄罗斯	1713	莫斯科	14680	8.6	卢布（Rub）
印度	329	新德里	133764[3]	407	卢比（Rs）
中国	960	北京	139772	146	人民币（RMB）
南非	122	比勒陀利亚	5880	48.1	兰特（ZAR）

注：标（1）根据2016年6月21日第02号决议，巴西的国土面积仍然为发布在2016年6月22日第118号巴西官方公报上的8515767.049平方公里；（2）2000~2060年的年中人口和其他人口统计指标来自分年龄和性别组的成分分析预测方法；（3）截至2019年7月1日的数据，该数据基于印度注册总署依据2011年普查结果发布的印度及各邦2011~2036年人口预测报告可得。

资料来源：巴西国家地理与统计局；俄罗斯联邦统计局，俄罗斯联邦地理登记、地籍勘察和制图局；印度内政部，印度注册总署；中华人民共和国文化和旅游部，中国国家统计局，《中国统计摘要（2020）》。

表2　金砖国家经济社会指标比较

指标	年份	数值
人口		
年中人口（万人）		
巴西[1]	2019	21010
俄罗斯	2019	14680
印度[2]	2019	133764
中国	2019	139772
南非	2019	5880
男性人口所占比重（%）		
巴西[1]	2019	49.4
俄罗斯	2019	46.4
印度[3]	2019	51.4
中国[4]	2019	51.1
南非	2019	48.8

续表

指标	年份	数值
女性人口所占比重(%)		
巴西[1]	2019	51.1
俄罗斯	2019	53.6
印度[3]	2019	48.6
中国[4]	2019	48.9
南非	2019	51.2
人口密度(人/公里^2)		
巴西[1]	2019	24.7
俄罗斯	2019	8.6
印度[2]	2019	407
中国	2019	146
南非	2019	48.1
粗出生率(‰)		
巴西[1]	2019	14.2
俄罗斯	2018	10.9
印度	2018	20.0
中国	2019	10.5
南非	2019	19.9
粗死亡率(‰)		
巴西[1]	2019	6.5
俄罗斯	2018	12.5
印度	2018	6.2
中国	2019	7.1
南非	2019	9.2
婴儿死亡率(‰)		
巴西[1]	2019	11.9
俄罗斯	2018	5.1
印度	2018	32.0
中国	2018	6.1
南非	2019	22.1
孕产妇死亡率(每10万例活产婴儿)		
巴西[1]		
俄罗斯	2018	9.1
印度	2016～2018	113.0
中国	2018	18.3
南非	2016	121

续表

指标	年份	数值
经济活动人口		
经济活动人口占总人口比重（%）		
巴西[5]	2019	63.9
俄罗斯	2019	62.3
印度[6]	2018	36.9
中国[7]	2019	55.3
南非	2019	55.2
失业率（%）		
巴西	2019	12.1
俄罗斯	2019	4.6
印度	2018	6.1
中国[8]	2019	3.6
南非	2019	28.7
国民经济核算		
国内生产总值（现价）（亿美元）		
巴西	2019	18398
俄罗斯	2019	16999
印度[9]	2019	27130
中国[10][11]	2019	143630[P]
南非	2019	3514
人均国内生产总值（现价）（美元）		
巴西	2019	8754
俄罗斯	2019	11584
印度[9]	2019	2045
中国[10]	2019	10276[P]
南非	2019	5979
居民生活水平		
公共教育支出占 GDP 的比重（%）		
巴西	2015	6.2
俄罗斯	2019	3.7[p]
印度[9]	2017	2.7
中国[12]	2019	4.0
南非	2015	6.9
公共医疗支出占 GDP 的比重（%）		
巴西	2017	4.0
俄罗斯	2019	3.5[p]
印度[9]	2016	1.2
中国[13]	2019	6.6
南非	2019	4.2

指标	年份	数值
基尼系数		
巴西[14]	2018	0.539
俄罗斯[15]	2019	0.411
印度		
农村	2011～2012	0.280
城市	2011～2012	0.367
中国[16]	2019	0.465
南非[17]	2015	0.639
工业		
工业生产指数(上年=100)		
巴西	2019	98.9
俄罗斯	2019	103.3
印度[9]	2018	103.8
中国	2019	105.7
南非	2019	100.5
铁矿石产量(万吨)		
巴西	2018	44800
俄罗斯	2019	9770
印度[9]	2018	19200
中国	2019	84440
南非	2019	7470
钢产量(万吨)		
巴西	2019	3220
俄罗斯	2019	7390
印度[9]	2018	10700
中国	2019	99600
南非(产值数据,单位:万兰特)	2010	9218000
乘用车产量(万辆)		
巴西	2016	188
俄罗斯	2019	153
印度[9]	2017	379
中国	2019	2067
南非(产值数据,单位:万兰特)	2012	9304900
电视机生产量(万台)		
巴西	2016	1056
俄罗斯	2019	692
印度		
中国[18]	2019	18999
南非		

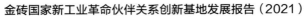

续表

指标	年份	数值
能源		
石油产量(万吨)		
巴西	2019	14190
俄罗斯[19]	2019	56100
印度[9]	2018	3420
中国	2019	19101
南非	2016	22329
原煤(万吨)		
巴西	2016	750
俄罗斯	2019	43900
印度[9]	2018	73000
中国	2019	384633
南非		
天然气(亿立方米)		
巴西	2017	401
俄罗斯	2019	7380
印度[9]	2018	328.7
中国	2019	1761.74
南非	2015	4673
发电量(亿千瓦时)		
巴西	2018	6014
俄罗斯	2019	11210
印度[9]	2018	15470[P]
中国	2019	75034
南非	2019	2526
一次能源生产量(万吨标准油当量)		
巴西[18]	2016	29500
俄罗斯	2018	203980
印度[19]	2018	53100
中国[20]	2019	204257
南非	2015	13800
能源消费量(万吨标准油当量)		
巴西	2016	28832
俄罗斯	2018	137420
印度[9]	2018	57000
中国[20]	2019	340900[P]
南非	2015	7800

指标	年份	数值
农业		
耕地面积（万公顷）		
巴西	2016	7456
俄罗斯	2019	12300
印度[21]	2014	15500
中国	2019	12786
南非	2019	1200
谷物产量（万吨）		
巴西	2018	9900
俄罗斯	2019	12100
印度[21][22]	2019	27350[P]
中国	2019	61400
南非	2017	1900
水果和蔬菜产量（万吨）		
巴西	2018	3649
俄罗斯	2019	2010
印度[23]	2019	28400
中国	2019	99500
南非	2019	514
肉类产量（万吨）		
巴西	2017	2509
俄罗斯	2019	1087
印度[24]	2018	811
中国	2019	7759
南非	2017	289
鱼类捕获量（万吨）		
巴西	2011	80
俄罗斯[25]	2019	498[P]
印度[24]	2018	1261
中国	2019	821
南非	2010	2
交通运输		
铁路营业里程（万公里）		
巴西	2016	3.0
俄罗斯	2019	8.7
印度[26]	2018	6.7
中国	2019	14.0
南非	2010	2.1

续表

指标	年份	数值
公路里程（万公里）		
巴西	2016	157.1
俄罗斯[27]	2019	109[P]
印度[26]	2017	29
中国	2019	501
南非		
航空旅客周转量（亿人公里）		
巴西	2017	1289
俄罗斯	2019	3230
印度	2019	2206
中国	2019	11705
南非		

注：（1）标（P）的数据为临时数据；（2）根据2001年人口普查数据估计的2019年7月1日数据；（3）根据2001年人口普查数据估计的2019年3月1日数据；（4）年末人口数；（5）数据来源于劳工统计数据库；（6）劳动力人口占总人口的比重；（7）就业人口数占总人口的比重；（8）城镇登记失业率；（9）所有数据均指财政年度数据；（10）按美元计算的GDP和人均GDP利用年平均汇率进行折算；（11）GDP按生产者价格计算；（12）国家财政性教育经费占GDP比重；（13）卫生总费用占GDP比重；（14）数据来源于世界银行贫困与公平数据库；（15）基尼系数是在居民人均收入数据以及住户预算抽样调查数据的基础上计算得出；（16）基尼系数指标是按居民年人均可支配收入计算的；（17）基尼系数基于剔除税收后的人均支出计算得到；（18）仅指彩色电视机；（19）包括液态天然气，为初步数据；（20）一次能源生产总量和能源消费总量中的电力、热力按等价热值折算；（21）农历年度指从当年7月至下一年6月；（22）2019/2020年为第四次预估数；（23）2019/2020年（仅卡里夫作物）为第一次预估数；（24）财政年度数据，即从当年3月至下一年2月；（25）鱼类捕获和其他野生水生生物；（26）2017年3月31日数据，公路仅包括国家和邦一级的公路（不包括乡村道路、工程道路和城市道路等）；（27）铺有路面的公里。

资料来源：巴西国家地理与统计局调查司，巴西国家石油局（ANP），巴西能源研究公司（EPE），巴西渔业和水产养殖部（MPA），巴西环境和可再生资源协会（IBAMA），联合国教科文组织统计研究所（UIS）数据库，世界卫生组织数据库，世界银行贫困与公平数据库，经济合作发展组织统计数据库，世界钢铁协会，国际劳工组织劳工统计数据库，国际能源署；俄罗斯联邦统计局，俄罗斯联邦地理登记、地籍勘察和制图局，俄罗斯联邦交通运输局，俄罗斯联邦公路局，俄罗斯联邦渔业署；《技术委员会1996—2006年人口预测报告》，《技术委员会2001—2026年人口预测报告》，《人口预测技术小组报告》，《全国抽样调查报告：印度就业和失业状况》（各期），《道路交通年鉴》，印度科技部，《工业生产指数快报新闻发布稿》，印度农业和农民福利部经济和统计司，印度道路交通及公路部；中国国家统计局，中华人民共和国自然资源部，中华人民共和国人力资源和社会保障部，2019年中华人民共和国民政部、交通运输部、水利部、教育部、生态环境部年度统计资料，2019年中华人民共和国国家卫生健康委员会、中国国家广播电视总局年度统计资料，2020年《工业生产调查月报》《中国统计摘要》《中国统计年鉴》，2019年中国国家铁路集团有限公司年度统计资料；《南非研究和试验发展概况调查统计报告，2015～2016年》，南非人民议会网站，南非能源局。

参考文献

李建民：《俄罗斯产业政策演化及新冠疫情下的选择》，《欧亚经济》2020 年第 5 期。

林旖：《中国与金砖各国共建新工业革命伙伴关系创新基地及其实现路径的若干思考》，《厦门特区党校学报》2021 年第 3 期。

《拨开世界迷雾 奏响时代强音》，《光明日报》2020 年 11 月 23 日。

韩民青：《新工业论：工业危机与新工业革命》，山东人民出版社，2010。

李伟编《工业 4.0 与上海产业转型升级研究》，上海社会科学院出版社，2016。

宁朝山：《工业革命演进与新旧动能转换——基于历史与逻辑视角的分析》，《宏观经济管理》2019 年第 11 期。

李晓华：《新工业革命对产业空间布局的影响及其表现特征》，《西安交通大学学报》（社会科学版）2021 年第 2 期。

赵昌文：《新型工业化的三个新趋势》，《智慧中国》2019 年第 4 期。

王友明：《全球治理新态势下的金砖国家政治安全合作》，《当代世界》2019 年第 12 期。

秦铮等：《金砖国家科技创新合作的进展、问题与对策》，《科技中国》2021 年第 6 期。

骆嘉：《金砖国家智库合作的现状、困境与策略》，《智库理论与实践》2018 年第 2 期。

臧秀玲：《后危机时代金砖国家合作机制的发展困境及其突破》，《理论视野》2015 年第 8 期。

张长龙：《发展中国家争取国际经济金融新秩序的困境与出路——以"金砖国家"合作机制的形成为背景》，《贵州社会科学》2011年第7期。

杨修等：《金砖国家科技创新发展现状与对策研究》，《国际经济合作》2017年第7期。

许鸿：《中国－金砖国家科技创新合作现状与对策建议》，《科技中国》2021年第3期。

徐铖：《金砖国家科技创新发展现状与合作路径初探》，《学术探索》2021年第3期。

欧阳峣、罗会华：《金砖国家科技合作模式及平台构建研究》，《中国软科学》2011年第8期。

马箭飞：《办好孔子学院贡献中国智慧》，《中国教育报》2018年1月24日。

黄茂兴：《直面2017：金砖国家峰会的热点聚焦》，经济科学出版社，2017。

李建平等主编《二十国集团（G20）国家创新竞争力发展报告（2015~2016）》，社会科学文献出版社，2016。

李建平等主编《二十国集团（G20）国家创新竞争力发展报告（2016~2017）》，社会科学文献出版社，2017。

赵新力等主编《金砖国家综合创新竞争力发展报告（2017）》，社会科学文献出版社，2017。

李建平等主编《世界创新竞争力发展报告（2011~2017）》，社会科学文献出版社，2018。

李建平等主编《二十国集团（G20）国家创新竞争力发展报告（2017~2018）》，社会科学文献出版社，2019。

赵新力等主编《金砖国家综合创新竞争力研究报告（2019）》，社会科学文献出版社，2020。

黄茂兴：《中国在二十国集团中的创新竞争力提升研究》，人民出版社，2020。

黄茂兴等：《"金砖"增色：金砖国家科技创新与可持续发展合作》，经济科学出版社，2020。

李建平等主编《二十国集团（G20）国家创新竞争力发展报告（2019～2020）》，社会科学文献出版社，2021。

王修君：《俄外经银行研究报告：明年金砖国家将成世界经济复苏主动力》，中国新闻网，2020 年 11 月 17 日，https：//www. chinanews. com. cn/gj/2020/11 – 17/9340167. shtml。

高伟东：《国际货币基金组织：中国将是今年唯一正增长主要经济体》，中国经济网，2020 年 10 月 15 日，http：//www. ce. cn/xwzx/gnsz/gdxw/202010/15/t20201015_ 35889114. shtml。

《习近平用"协同创新"思维促发展》，中国青年网，2014 年 10 月 30 日，http：//pinglun. youth. cn/wywy/shsz/201410/t20141030_ 5944054. htm。

后　记

中国国家主席习近平站在人类发展和国际格局演变的战略高度，从"金砖五国"各自以及共同发展的历史进程出发，呼吁各方一起加快建设金砖国家新工业革命伙伴关系，并提出在福建省厦门市建立金砖国家新工业革命伙伴关系的创新基地（以下简称"金砖创新基地"）。金砖创新基地的建立标志着金砖国家新工业革命伙伴关系从倡议已经走向落地，它将帮助金砖国家在新工业革命浪潮中把握机遇，以科技创新和数字化变革激发新的发展动能、提供有利的抓手和重要的平台。2021 年 9 月 7 日，金砖创新基地在福建省厦门市正式揭牌，将为金砖国家开启新的合作之门，将推动金砖国家第二个"金色十年"的美好愿望逐步变为现实，同时将引领广大的新兴市场和发展中国家共同实现更好的创新发展。

在世纪疫情和百年变局叠加的背景下，金砖国家秉持"开放包容，合作共赢"的金砖精神，继续深化金砖国家新工业革命伙伴关系，共同擦亮金砖这块"金字招牌"，为确保金砖国家合作顺利实现第二个"金色十年"起到了凝心聚力的重要作用，为促进全球团结扛起了金砖责任，为破解治理赤字提供了金砖智慧，为应对共同挑战贡献了金砖力量，具有特殊重要的意义。

本书深入分析了金砖创新基地建设的总体情况，着重介绍了金砖创新基地在政策协调、人才培养合作、产业合作方面的落实推进情况，并进一步阐述了金砖国家合作发展基础及其全球影响、金砖国家新工业革命伙伴关系概要、金砖创新基地的科技创新合作和发展愿景、福建省及厦门市与金砖国家合作情况，努力找寻金砖各国利益契合点、合作增长点、共赢新亮点，为金砖国家深化经济社会合作、培育经济发展新动能、参与推动和引领全球治理变革提供决策借鉴。

　　本书凝聚了厦门市金砖创新基地建设领导小组办公室、全国经济综合竞争力研究中心福建师范大学分中心联合课题组全体研究人员的智慧和汗水。这是一项集体创作的"产物"，厦门市金砖创新基地建设领导小组办公室主任黄晓舟、常务副主任黄峰、副主任李铭，以及政策协调组的黄玉玲、杨帆、黄英、朱嘉珑为本书的撰写提出指导意见，并为本书顺利完成积极创造便利化的调研条件；全国经济综合竞争力研究中心福建师范大学分中心常务副主任黄茂兴教授提出本书的总体设计思路和框架结构，各部分内容大家通力合作和协调配合，最终形成了这份研究成果。在此谨向全力支持本项目顺利进行的课题组成员王荧博士、郑蔚博士、李成宇博士、周利梅博士、郑清英博士、余官胜博士、易小丽博士、程俊恒博士、唐杰博士、韩莹博士、陈洪昭博士、张宝英博士、吴武林博士、蔡菲莹博士以及博士生张建威，硕士生李屹、黄滢虹、贺晓波、贺清、张文馨、李薇表示深深的谢意。他们放弃暑假和节假日休息时间，每天坚持工作10多个小时，为本书的顺利完成付出了极大辛劳。

　　本书还直接或间接引用、参考了其他研究者相关研究文献，书中没有一一列出，对这些文献的作者表示诚挚的感谢和敬意。由于时间仓促，本书难免存在疏漏和不足，敬请读者批评指正。

　　　　　　　　全国经济综合竞争力研究中心福建师范大学分中心

　　　　　　　　　　　　　　　　　　　　2021 年 9 月 15 日

图书在版编目（CIP）数据

金砖国家新工业革命伙伴关系创新基地发展报告.
2021/黄茂兴主编 . -- 北京：社会科学文献出版社，
2022.6
ISBN 978 - 7 - 5228 - 0274 - 9

Ⅰ.①金… Ⅱ.①黄… Ⅲ.①产业革命 - 国际经济 -
经济合作 - 研究报告 - 2021 Ⅳ.①F419

中国版本图书馆 CIP 数据核字（2022）第 101701 号

金砖国家新工业革命伙伴关系创新基地发展报告（2021）

主 编／黄茂兴

出 版 人／王利民
责任编辑／黄金平
文稿编辑／孙玉铖
责任印制／王京美

出 版／社会科学文献出版社 · 政法传媒分社（010）59367156
　　　　地址：北京市北三环中路甲 29 号院华龙大厦　邮编：100029
　　　　网址：www. ssap. com. cn
发 行／社会科学文献出版社（010）59367028
印 装／三河市东方印刷有限公司

规 格／开 本：787mm × 1092mm　1/16
　　　　印 张：19.25　字 数：291 千字
版 次／2022 年 6 月第 1 版　2022 年 6 月第 1 次印刷
书 号／ISBN 978 - 7 - 5228 - 0274 - 9
定 价／98.00 元

读者服务电话：4008918866